本书由五邑大学学术出版基金资助出版

民商法学专题研究书系

FEISHANGSHI GONGSI LIFA GOUZAO

非上市公司立法构造
——以股东权和控制权为中心

陈雪娇　王继远　著

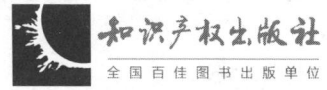

知识产权出版社
全国百佳图书出版单位

图书在版编目（CIP）数据

非上市公司立法构造：以股东权和控制权为中心／陈雪娇，王继远著．—北京：知识产权出版社，2014.6
 ISBN 978-7-5130-2802-8

Ⅰ.①非… Ⅱ.①陈…②王… Ⅲ.①公司法-研究-中国 Ⅳ.①D922.291.914

中国版本图书馆CIP数据核字（2014）第140512号

内容提要

本书以转轨经济条件下非上市公司的实际运作和现行公司立法中存在的问题为主线，以股东权和控制权为中心，综合运用历史分析、经济分析、法律规则分析、比较分析、实证分析等研究方法，对非上市公司的基本概念、股权转让、控制权滥用、公司治理和立法政策等进行了深入的分析。同时，本书还研究了非上市公司中的公司权力、公司政治和利益平衡，提出了实现公司内部和外部和谐的法律对策。全书系统地梳理了我国非上市公司中所面临的主要问题，为非上市公司立法提供必要的制度支持和政策建议。

责任编辑：彭小华
特约编辑：李　军　　　　　　　　责任出版：刘译文

非上市公司立法构造——以股东权和控制权为中心

陈雪娇　王继远　著

出版发行：	知识产权出版社 有限责任公司	网　址：	http://www.ipph.cn
社　址：	北京市海淀区马甸南村1号	邮　编：	100088
责编电话：	010-82000860 转 8115	责编邮箱：	pengxiaohua@cnipr.com
发行电话：	010-82000860 转 8101/8102	发行传真：	010-82005070/82000893
印　刷：	三河市国英印务有限公司	经　销：	网上书店、新华书店及专业书店
开　本：	880mm×1230mm　1/32	印　张：	11.25
版　次：	2014年7月第一版	印　次：	2014年7月第一次印刷
字　数：	295千字	定　价：	38.00元
ISBN 978-7-5130-2802-8			

出版权专有　侵权必究
如有印装质量问题，本社负责调换。

前　言

　　包括中国在内的世界各国的公司实践中存在数以百万计的中小型企业。这些中小企业多为非上市公司，在组织形态上或为有限责任公司，或为未上市股份有限公司，在国外有的称为私公司、闭锁公司和人合性公司等。而非上市公司的身份在公司法中并未作出任何立法界定。一个公司究竟是上市公司还是非上市公司，众说纷纭，莫衷一是。在立法上无论大陆法系还是英美法系，无论国外还是国内，非上市公司并非立法文本中正式的法律术语，与之比较接近的概念主要是"封闭公司"。在理论上，对于封闭公司的定义和范围也没有达成共识，在名称上或称为非公众股份公司、闭锁公司、不上市公司、封闭公司，在日本和我国台湾地区通常包含有限责任公司和闭锁股份有限公司。至于对封闭公司的界定，在公司法较为完备的美国，其各州的立法的规定也不太统一，但概括起来主要采用了两种立法模式：❶一是北卡罗来纳州立法模式，其并未将封闭公司进行直接界定，而认为其系股票不能上市的所有公司；二是特拉华州立法模式，其明确界定"封闭公司"是特定的法定条文的客体，认为封闭公司应具备一个或四个资格，即（1）股东人数的限制；（2）对股票的公开发行的禁令；（3）股票转让限制的要求；（4）封闭公司由股东选举。在实践中人们通常通过二种资本数额和资本来源方式进行判断，即如果资本来自一小部分人，则该公司就是非上市公司；但是如果需要邀请公众认购其证券，或者先由机构投资者认

---

❶ Dennis S. Karjala, *An Analysis of Close Corporation Legislation in United States*. 1 Ariz. St. L. J. （Fall 1989）. p. 663.

购,然后再在市场上销售,或者公司的证券通过证券交易所发行和交易,则该公司就是上市公司。也就是说,判断的标准取决于两个因素:是否上市,在哪里上市。若"未上市或不能上市",则分为有限责任公司与未上市的股份有限责任公司;若虽可上市交易,但不能在全国性证券交易场所上市交易,则为未上市的股份有限责任公司。

理论研究者必须正视我国经济生活中存在大量非上市公司和非上市公司立法的政策性这一现实,实践中人们也必须尊重我国有限责任公司和未上市股份有限公司之间的同一性,以及未上市股份有限公司与上市公司之间的差异性等事实。由于非上市公司并非是我国公司法上的法定形态,其在适用公司法时出现了诚如"大人坐小车"的种种不适应。

非上市公司的主要法律问题无外乎是大股东的控制权滥用、小股东的股东权保护和公司治理,其核心是围绕股权转让展开。因此,需要厘清非上市公司股份转让的概念、类型,阐明股权转让的理论基础和转让途径,构建非上市公司的股权合法流动的法律制度。而非上市公司股权转让必然涉及大小股东之间的控制权争夺和控制股东的控制权滥用。因此,有必要探讨控制权到底是什么。虽然这个概念已经被公司法学界广泛使用,但其内涵却仍处于变动不定中,它在某种程度上仍然是一个较新的概念。其行使主体,即控制人可能是股东,也可能不是股东,通常包括股东控制、经理人控制和生产者控制三种。❶ 控制股东转让其股份一方面是因为控制权本身的权力属性、财产属性和可交易性,另一方面则在控制权转让中往往能够获得高额的控制权溢价。因此,研究控制权的真实原因在于控制概念的公司法化一定程度上填补

---

❶ 张广根、胡智:"公司控制权的分配研究",载《现代管理科学》2006年第1期。

了控制人责任追究的公司法空白。❶ 然而，要真正预防公司控制权非法争夺和滥用控制权的法律良策其实是股东平等原则。赋予小股东更多的权利，课以控制股东以信义义务。此外，加强非上市公司权力配置，加强非上市公司公司治理。就非上市公司而言，因其人合性更强，公司的治理要更突出公司内部治理，即公司自治，具体表现为章程自治和公司法人治理结构。同时，也要在兼顾公司价值最大化和社会责任的前提下，实现银行、债权人、顾客、经理等各利益相关者收益最优的治理模式，即经济型治理。❷

非上市公司要"入法"，或将其作为公司法中的"法定"类型，其关键是公司经济结构类型划分。对此，英美法系公司法直接将公司分为封闭公司和公开公司，前者在一定程度上等同于非上市公司，后者一般为上市公司，其中以公开公司为典型公司，以封闭公司为例外而适用特殊的立法规则。如根据英国学者介绍，非公开公司享有诸多法律规定的特权，如果公司法未就非公开公司事宜作出特别规定，应当适用公开公司的相关规则。❸ 而大陆法系传统公司法将股东承担有限责任的公司分为股份有限公司与有限责任公司。以股份有限责任公司为典型公司，在此基础上又创设其他公司，如日本的持份公司、法国的民事公司等，这些均与非上市公司相当，往往将这些非上市公司的规定散见于普通公司法中的立法模式中。而非上市公司的立法政策需要在坚持股东平衡原则的基础上，考虑非上市公司中公司权力与股东利益的平衡；树立从"股东至上"向"利益共同体"转变的观念，实现公司股东和公司利益相关者利益平衡，加强小股东权益

---

❶ 张辉：“控制的公司法分析——公司治理视角下的思考”，载《甘肃社会科学》2008 年第 4 期。

❷ 张鲁彬：“公司治理需要内部治理和外部治理的互动平衡之美”，载《网络财富》2009 年第 11 期。

❸ 叶林：《公司法研究》，中国人民大学出版社 2008 年版，第 9 页。

前　言

保护。

　　有鉴于此，本书拟针对中小企业的需求，重新检视我国现行公司法规定和我国的非上市公司立法，首先界定非上市公司的范围，以股东权和控制权为中心，集中探讨非上市公司的股权转让、控制权滥用，进而探讨非上市公司法制的政策取向，监管路径，以降低经营成本、促进组织弹性，寻求人合与资合、强制规定与任意规定的平衡。全书共分六章：第一章绪论；第二章非上市公司的基本原理：概念阐释与制度生成；第三章非上市公司股东权的正当行使：以股权转让为中心考察；第四章非上市公司的控制权：一种实证分析方法；第五章非上市公司治理：公司组织与利益相关者的权力制衡；第六章非上市公司立法政策：公司和谐与利益平衡。

　　纵观非上市公司的发展，我们可以很清楚地发现：其有着特定的国家经济烙印和文化特征，具有坚实的政策导向和深厚的发展土壤，还需要深厚理论蕴涵去支撑。在此意义上，研究我国非上市公司的立法构造，真正展现中国非上市公司的发展与变迁，时刻把握我国公司立法和世界公司立法的脉搏，在我国经济持续发展的今天意义更加重大。

陈雪娇、王继远
2014 年 2 月 20 日

目 录

第一章 绪论 …………………………………………………… (1)
第一节 非上市公司：立法困惑和监管难题 ………………… (1)
一、非上市公司法律问题的产生 ………………………… (1)
二、非上市公司立法：一个现实的问题 ………………… (2)
第二节 非上市公司研究的新课题 …………………………… (5)
一、选题的目的和意义 …………………………………… (5)
二、文献综述与国内外的研究现状 ……………………… (6)
三、研究方法和技术路线 ………………………………… (15)
第三节 本书的结构安排、创新之处和结论 ………………… (17)
一、本书的结构安排 ……………………………………… (17)
二、本书的创新之处与结论 ……………………………… (19)

第二章 非上市公司的基本原理：概念阐释与制度生成 …… (21)
第一节 商事组织的法律光谱 ………………………………… (23)
一、企业的形成与嬗变 …………………………………… (23)
二、企业的法律形态及其类型化 ………………………… (31)
三、企业组织形态的变迁与模式化公司的兴起 ………… (36)
第二节 非上市公司：不得不澄清的概念 …………………… (41)
一、各国和地区对非上市公司的学说定义及其评价 …… (45)
二、非上市公司概念厘定 ………………………………… (57)
三、非上市公司的法律属性 ……………………………… (60)
第三节 非上市公司：问题与展望 …………………………… (65)
一、非上市公司与上市公司的异同 ……………………… (65)
二、我国非上市公司所存在的问题 ……………………… (66)
三、非上市公司立法：公司法改革的方向 ……………… (69)

第三章　非上市公司股东权的正当行使：以股权转让为中心考察 …………………………………………………… (83)

第一节　非上市公司股份转让的一般理论 ……………… (84)
一、非上市公司股份转让的概念与性质 …………… (84)
二、非上市公司股份转让的理论基础 ……………… (93)
三、非上市公司股份转让的市场功能 ……………… (97)

第二节　我国非上市公司股份转让的现状分析 ………… (101)
一、我国非上市公司股份转让的立法规定 ………… (101)
二、我国非上市公司股份转让的法律困境 ………… (104)
三、我国非上市公司股权转让的现状评析 ………… (108)

第三节　我国非上市公司股份转让的制度构建 ………… (110)
一、健全非上市公司股份转让的法律体系 ………… (111)
二、构建非上市公司股份转让的法律制度 ………… (116)

第四章　非上市公司的控制权：一种实证分析方法 …… (135)

第一节　实证分析的一般理论 …………………………… (135)
一、实证分析、定性分析和定量分析的法律界定 … (135)
二、定量分析与定性分析的关系 …………………… (136)
三、实证调查中的技术规范 ………………………… (137)

第二节　非上市公司中控制权问题的实证分析 ………… (141)
一、控制权的界定 …………………………………… (143)
二、非上市公司控制权之争 ………………………… (150)
三、非上市公司控制权之争的法律问题 …………… (154)
四、我国非上市公司控制权滥用 …………………… (162)
五、控制权溢价之分享与控制权交易的法律规制 … (174)

第三节　非上市公司控制权现状的实地调查 …………… (179)
一、实地调查的缘由与策略 ………………………… (179)
二、珠三角非上市公司控制权调查结果分析 ……… (186)
三、研究结果 ………………………………………… (196)

第四节　非上市公司控制权交易的立法规制 …………… (198)

一、非上市公司内部的权力体系 …………………………（199）
　　二、非上市公司权力配置的路径选择 ……………………（202）
　　三、非上市公司控制权滥用的法律规制 …………………（204）
第五章　非上市公司治理：公司组织与利益相关者的权利
　　　　制衡 ………………………………………………………（217）
　第一节　非上市公司治理概述 …………………………………（218）
　　一、公司治理的含义 ………………………………………（218）
　　二、非上市公司治理的学理分类 …………………………（221）
　第二节　非上市公司的内部治理 ………………………………（223）
　　一、非上市公司内部治理之一——公司章程治理 ………（223）
　　二、非上市公司的内部治理之二——公司法人治理
　　　　结构 ……………………………………………………（240）
　第三节　非上市公司的外部治理 ………………………………（252）
　　一、非上市公司外部治理的基本概述 ……………………（253）
　　二、我国非上市公司外部治理的现状 ……………………（256）
　　三、非上市公司外部治理的完善 …………………………（260）
第六章　非上市公司立法政策：公司和谐与利益平衡 ………（267）
　第一节　非上市公司中的利益平衡概述 ………………………（267）
　　一、利益平衡的法学内涵 …………………………………（267）
　　二、公司法上利益平衡之理论渊源 ………………………（270）
　　三、非上市公司中利益平衡关系 …………………………（272）
　第二节　法哲学视野下的股东与股东利益平等
　　　　——平等原则的适用 …………………………………（274）
　　一、法哲学理论下的平等原则 ……………………………（274）
　　二、平等原则作为公司法规范正当性之依据 ……………（279）
　　三、平等原则之于股东权利的运用 ………………………（281）
　第三节　法政策学理论下的公司与股东利益平衡
　　　　——公司权力与股东权利 ……………………………（288）
　　一、法律政策学概述 ………………………………………（288）

二、法律政策学分析之理论基础 …………………………（290）
　　三、非上市公司中公司权力与股东权利平衡机制的法
　　　　政策学分析 ……………………………………………（293）
　第四节　法政治学理论下的公司利益相关者利益平衡
　　　　——和谐的公司政治 ……………………………（298）
　　一、法政治学理论概述 ……………………………………（298）
　　二、法政治学视野下的公司政治之具体内涵 ………（301）
　　三、公司和谐：从"股东至上"向"利益共同体"
　　　　观念转变 ………………………………………………（309）
结语 …………………………………………………………（317）
　　一、回顾 ……………………………………………………（317）
　　二、结论 ……………………………………………………（318）
　　三、展望 ……………………………………………………（320）
参考文献 ……………………………………………………（321）
后记 …………………………………………………………（347）

第一章 绪　　论

第一节　非上市公司：立法困惑和监管难题

一、非上市公司法律问题的产生

我国企业进行股份制改革和建立现代企业制度始于20世纪80年代，而20世纪90年代初上海证券交易所和深圳证券交易所相继成立，为符合条件的股份有限公司提供了融资平台。然而，上证、深证交易所对股票在该所上市交易设置了很高的门槛。自此之后在金融界和公司实务中就有了上市公司和非上市公司之分。但从公司法理论上讲，各国立法并未对非上市公司下一个明确的定义，非上市公司也只是我国学者为区别上市公司而提出的一个概念。然而，实质上，两者不仅在概念、特征、税收、股权转让、自治程度和治理结构方面存在不同之处，而且在信息披露、法律环境、监管要求以及自身经营特征等方面也存在明显的差别。与此同时，我国学界对非上市公司的定义也可谓众说纷纭。实践中，绝大多数非上市公司在设立时就存在定位错误，且发展偏离预定路线，另外，虽然我国以前基于国有产权交易，设立了产权交易中心，但由于公司法和证券法在非上市公司股份转让场所方面的规定不明确，且交易规则、信息披露制度、定价机制和监管制度等都没有成熟的立法规定，非上市公司的股权转让不能在公开交易场所进行。因此，外部治理机制，特别是资本市场，无法约束非上市公司内部的法人治理结构。反而，两者之间互相掣肘、恶性循环，直接导致非上市公司发展步入困境，进退两难。因此，如何解决非上市公司的立法模式与价值取向、非上市公司的治理结构、非上市公司的股权转让、非上市公司中的利益平衡及非上市公司控制权问题，已经成为现代公司法所要解决的难题，这也是本书研究的出发点。

二、非上市公司立法：一个现实的问题

近年来，随着商事法律制度的立法经验和理论研究的不断深入，各国都加强了企业立法，大致体现在两个方面，企业组织立法和企业发展立法。其中，企业组织立法主要涉及企业的组织体系、企业的设立、组织形式、管理与运行等方面。而企业发展方面的法律，主要体现为国家的经济政策、产业政策。而在企业组织法方面，大陆法系国家的企业组织立法模式大致有三种：一是民法典的模式，如瑞士、意大利、荷兰；二是商法典和单行法的模式，即在一部分民商分立的国家，商事企业分别规定在商法典和单行的公司法中，如德国和日本；三是公司法典的模式，如法国于1966年制定的《商事公司法》，对各种商事公司作了系统规定；在英美法系国家，通常采用制定法和判例法的模式，对商事企业进行规制。

对非上市公司的立法来说，最大的困惑在于目前没有对非上市公司进行统一的立法界定，因为各国采用的立法方式并不一样。如在英美法系，一般直接将公司分为封闭公司和公开公司，其中封闭公司在一定程度上类似于我国的非上市公司，有其特殊的立法规则。而非上市公司立法又以英国、美国最为典型，以美国为例，美国现行公司法中或以单独立法的方式规范非上市公司，或于一般公司法中另立专章以供非上市公司选择适用，或于公司法条文中就非上市公司另予特别规定，惟不论采用何种方式规范非上市公司所面对的特殊情况，均足以显示非上市公司的特殊性，这已为美国各州立法所共识。而在大陆法系以德国和日本最具有代表性，其中德国采用对有限责任公司与股份有限责任公

司分别制定单行法。日本则专门制定公司法典,统一将有限责任公司和股份有限公司合并立法,但不同的是最新的日本公司立法,将以往的有限公司法律制度作为股份公司的原则性制度加以采用,并对其公司法体系进行了重组,以不发行股票为原则,以非公开公司作为基础,而将上市公司作为例外构建。❶

由上述英国、美国、德国、日本的公司组织立法可以看出,在有限责任公司和股份有限公司之间有个组织转换技术,只是德国专门出台了一部《企业形式转换法》,而美国、日本则运用了立法的技术性,在一部法典中分别构建有限责任公司制度与股份有限公司制度。

尽管我国2013年第三次修订后的公司法对股份有限公司、有限责任公司和上市公司进行了立法界定,但是对于非上市公司却没有明确规定,在有限责任公司和股份有限公司之间,也缺乏"公司的组织转换技术"的设置。而实践中,我国非上市公司非法证券蔓延却普遍存在,因此,非上市公司立法迫在眉睫。对非上市公众公司的监管和查处非法证券活动是2005年修订的《证券法》赋予证监会的新职能。据报道,当前在打击非法证券活动的同时,证监会也正积极研究将非上市公众公司发行股票和股份转让纳入法制轨道,并按照证券法所赋予的职责和国办发99号文的要求,研究制定非上市公众公司股票发行管理相关规定,明确发行条件、发行审核程序、登记托管及转让规则等,建立全国统一的非上市公众公司监管体系。❷ 目前各地证监局正在对辖区内的非上市公众公司进行摸底调查,非上市公众公司的监管立法

---

❶ [日]江头宪治郎:《新公司法制定的意义》,转引自王保树主编:《最新日本公司法》,法律出版社2006年版,第10页。

❷ 于扬:"建立全国统一的非上市公司监管体系",载 http://www.sina.com.cn,2007年11月2日访问。

第一章 绪　论

也进入了建章建制阶段。[1] 2008年中央机构编制委员会办公室作出批复,同意中国证监会设立非上市公众公司监管部。[2] 2012年9月28日,中国证监会发布《非上市公众公司监督管理办法》以及三份监管指引、《非上市公众公司股份登记存管业务实施细则》《全国中小企业股份转让系统有限责任公司管理暂行办法》及其所属14部业务细则的出台,终结了我国非上市公众公司监管空白与融资无序的历史,将非公开发行与场外交易正式纳入我国证券市场监管体系,从而确立了非上市公众公司股份公开转让的合法性。但是,2013年《公司法》再次修订了12条,截至目前,非上市公司仍然没有纳入公司法典之中,原因在于,在大陆法系,非上市公司并不是根据公司组织形态进行的划分,也非公司法上的法定形态,其具有很强的政策性。而现有《非上市公众公司监督管理办法》及其"监管指引"能否承载非上市公众公司的制度革新使命与体系组建价值?以《全国中小企业股份转让系统有限责任公司管理暂行办法》及其业务细则为代表的场外交易市场治理与监管规则能否掌控非上市公众公司的发行与交易风险?《非上市公司监督管理暂行办法》及其相关规则能否与现行制度有效对接?这些问题都值得我们去反思。因为公司法的一般规定未必符合非上市公司股东的需求,如在我国台湾地区,非上市公司实际上包含了有限责任公司和股份有限责任公司中非公开发行公司及公开发行公司中的未上市、上柜公司。因此,我国到底应该采用何种立法技术和立法模式,非上市公司立法的具体内容非常值得探讨和研究。

---

[1] 佚名:"非上市公众公司监管立法破题",载http://wzgqjy.com/Article_Context_Show.aspx?ArticleID=100,2007年11月2日访问。

[2] 佚名:"非上市公众公司监管正式纳入法制轨道",载《商业会计:上半月》2008年第8期。

第二节 非上市公司研究的新课题

一、选题的目的和意义

近年来,笔者对公司法、证券法和经济法十分关注。特别是在阅读了大量的证券法和公司法专著、教材和相关论文后,笔者发现,我国的公司法和证券法在立法体系、立法模式、公司类型的划分方面,与英美法系国家,以及大陆法系其他国家等存在很大差异,例如在英美法系,一般直接将公司分为封闭公司和公开公司,以美国为例,由于封闭公司的特殊性已为美国各州所共识,故专门制定了法定封闭公司附加规定。而在大陆法系尽管传统的公司立法并没有采用上市公司和非上市公司的分类,但德国、日本两国对有限责任公司和股份有限公司的立法态度有某种相似性,都采用了特殊的立法技术,通过立法对非上市公司进行了规定。而我国政府机关、新闻媒体和学术界一直都在呼吁要加强非上市公司监管,但如何加强监管立法却成为一个无法破解的难题。2007 年一次偶然的机会,笔者看到一则新闻,当时的中国证监会主席在召开的证券期货监管系统视频会议上指出,"将深入开展打击非法证券活动,构建非上市公众公司监管长效机制"[1]。从而使笔者萌发了从事非上市公司立法研究的冲动。尽管在当时有关非上市公司的研究主要还停留在一些新闻片段、政策文件的层面上,但在后续的持续关注中,特别是在阅读了大量的著作和论文以后,笔者以为,构建非上市公司法律制度,无论在实践还是理论上都是一个值得研究的问题。本书以《非上市公司立法构造:以股东权和控制权为中心》作为研究

---

[1] 尚福林:"今后将重点解决中国资本市场深层次问题",载 http://news.xinhuanet.com/politics/2007-03/22/content_ 5883563.htm,2008 年 1 月 22 日访问。

论题，主要是想通过对非上市公司的理论基础、公司治理、股权转让、控制权滥用规制和立法政策进行系统研究，以便为立法者提供一些借鉴和参考，并为非上市公司的实务提供理论支持。

二、文献综述与国内外的研究现状

就目前而言，国内外以非上市公司作为标题展开研究的论著并不多见，虽然研究美国、英国、德国、日本和我国台湾等国家或地区的公司法的文章和专著已经有不少，但是对美国封闭公司进行介绍的文章却很少见，而对其他国家的封闭公司、闭锁性公司或非公开公司等的介绍就更是凤毛麟角。所以，本书所搜集的资料主要以本国为主，而在资料的收集、整理和分析上，也分别从非上市公司的渊源、含义和外延，非上市公司治理结构和股份转让的现状、存在的问题及其对策等方面入手，以本书的主体结构为依托，以此来把握目前对非上市公司法律制度研究的内容，从中得到一些启发。

首先，本书着重寻找了非上市公司存在的理论根源，因为这样做，能更好地为我国非上市公司立法构造研究提供指导。从现有的文件检索发现，日本江头宪治郎·武井一浩的《闭锁会社编》，提出日本公司中包括闭锁性公司。❶ 刘俊海教授在2008年出版的《现代公司法》专著中，提出依据股份是否在证券交易所挂牌上市流通为准，可以将公司划分上市公司与非上市公司。❷ 王保树教授在《上市公司法制总论》一书中，提出以公司是否公开发行股票为标准，股份有限公司可以分为公开发行公司和非公开发行公司，前者是指向社会公开募集股份的公司，后者是指向特定对象募集股份的公司。在公开发行公司中，又可分为

---

❶ ［日］江头宪治郎·武井一浩：《闭锁会社编》，商事法务2006年10月。
❷ 刘俊海：《现代公司法》，法律出版社2008年版，第12页。

上市公司和公开发行非上市公司。❶胡金焱在《非上市公司：一种非规范公司形式的规范化运作》一文中，提出非上市公司在西方称为私募公司，是指股票不向社会公开发行，只向特定投资对象募集资金，其股票一般也不在证券交易所挂牌交易的股份有限公司，与我国因特定的历史形成背景和独特的运行机制而颇具现实复杂性的非上市公司存在不同。❷井涛在《非上市股份有限公司的特殊性》一文中，曾提到过"在我国，也有研究结论认为非上市的股份有限公司与有限责任公司在运作中和规范上并没有实质性的差异，所以建议在《公司法》修改中重新划分公司的类型，不再就有限责任公司和股份有限公司分别立法，而是将上市公司和非上市公司作为公司相关立法中对于公司的基础性分类。"❸毛玲玲的《论闭锁公司与公众公司立法范式之区分——合同路径下的公司法修改之一》一文中，认为闭锁公司和公众公司在经济结构上存在巨大差异，因此这些公司中的股东在议定公司合同时，不可能遵循同样的协商和谈判路径。❹美国学者罗伯特·C. 克拉克教授在其《公司法则》一书中，认为封闭公司的存在意味着学生在阅读公司法的判例时必须考虑它是否涉及封闭公司，以及如果涉及的话，这个事实是否重要。另外，一方面，处理小型公司企业的从业人员必须不仅要学会公司法的标准规则和原则，而且还要学会一大堆对封闭公司的效率和免于纠纷作用至关重要的经营策划技巧、清购协议、雇佣合同、投票信托协议、关键人物的保险政策等。另一方面，主要担任公开公司顾问

---

❶ 王保树："上市公司法制总论"，见王保树、王文宇主编：《公司法理论与实践：两岸三地观点》，法律出版社2010年版，第3页。

❷ 胡金焱："非上市公司：一种非规范公司形式的规范化运作"，载《经济经纬》1999年第5期。

❸ 井涛："非上市股份有限公司的特殊性"，载《法学》2004年第7期。

❹ 毛玲玲："论闭锁公司与公众公司立法范式之区分——合同路径下的公司法修改之一"，载《金融法苑》2005年第5期。

的人必须非常熟悉证券规范的细节。这种分离即使在联邦税收法那样的领域都是恰当的。封闭公司的从业人员必须先行掌握这些规则，涉及公司交易、过高薪金、股息、赎回、部分清算和完全清算及出售企业。❶

其次，非上市公司内部治理结构研究，该部分的文献资料主要包括实证研究，如中山大学课题组在《控股股东性质与公司治理结构安排——来自珠江三角洲地区非上市公司的经验证据》一文中认为上市公司的治理状况备受瞩目，但非上市公司却很少受到研究者的关注，通过对珠三角地区268家非上市公司的实地调查，提出上市公司的理论和实证研究结果不能无条件地推行到非上市公司的治理中去。❷ 王保树在《非上市公司的公司治理实践：现状与期待——公司治理问卷调查分析》一文中，通过对非上市公司治理实践进行抽样调查，认为应进一步改善董事会的决策机制、保障监事会获得信息的权利和途径，以及进一步完善会计监查制度，才能保障非上市公司治理的高效性和安全性。❸ 唐福睿在《闭锁性公司章程自治之法律经济分析与公司法制之改革——以我国与日本新公司法为中心》一文中，提出闭锁性公司法制的重点在于章程自治。❹ 傅明在《非上市公司中如何设立独董》一文中认为因为各国资本市场的发展程度不一样，虽然我国资本市场发展相对落后，但是不能照搬外国的经验，而应该考虑到自身现状，因地制宜地提出完善我国非上市公司股份转让制度

---

❶ ［美］罗伯特·C. 克拉克：《公司法则》，胡平、林长远、徐庆恒、陈亮译，李静冰译校，工商出版社1999年版，第19页。

❷ 中山大学课题组："控股股东性质与公司治理结构安排——来自珠江三角洲地区非上市公司的经验证据"，载《管理世界》2008年第6期。

❸ 王保树："非上市公司的公司治理实践：现状与期待——公司治理问卷调查分析"，载《当代法学》2008年第4期。

❹ ［中国台湾］唐福睿：《闭锁性公司章程自治之法律经济分析与公司法制之改革——以我国与日本新公司法为中心》，天主教辅仁大学财经法律研究所2009年7月硕士论文。

的建议和对策。❶而对非上市公司股份转让的了解，主要通过网上查阅相关新闻和期刊获得。刘纪鹏在《应该让非上市公司股权转让合法化》一文中认为，我国非上市股份公司30多万家，还有大量的成长型企业，这些企业面临的产权流转和融资问题，主板市场解决不了。❷吕甲木在《对非上市公司股权转让的回顾与展望》一文中，对我国非上市公司股份转让渠道的产生、发展、衰弱、恢复发展进行了较为全面的分析，指出了目前我国非上市公司股份转让的主要场所在地方产权交易所，技术产权交易商和NET、STARQ系统以及后来的"代办股份转让系统"，并对我国非上市股份公司股份转让场所的变化及其中存在的问题进行了分析。❸张令柏、张乐善在《产权交易市场非上市公司股票交易问题研究》中，具体介绍了我国产权交易市场中非上市股份公司股票转让存在的问题，如：交易合法性受到质疑，交易价格失去公允力，交易信息不对称，监管严重缺位等问题，并对产权交易市场从事非上市公司股票转让的风险做出了分析。❹卢昭庆在《闭锁性公司股东地位与其股份转让之研究》一文中认为公司法应订定一套制度，使少数股东在其权利遭受控制股东侵害时，在欠缺交易市场转让其股份的情形下，强制公司收回其投资，以保障其股东权益。同时对股份转让价格计算方式进行规定。❺张治在《关于非上市公司的规范化建设及其股权转让的探讨》一文中认

---

❶ 傅明："非上市公司中如何设立独董"，载《上海国资》2008年第18期。

❷ 刘纪鹏："应该让非上市公司股权转让合法化"，载《产权导刊》2007年第1期。

❸ 吕甲木："对非上市公司股权转让的回顾与展望"，载北大法律信息网，http://article.chinalawinfo.com/Article_Detail.asp? ArticleID = 37149&Type = mod，2011年2月25日访问。

❹ 张令柏、张乐善："产权交易市场非上市公司股票交易问题研究"，载《财会研究》2007年第3期。

❺ 卢昭庆：《闭锁性公司股东地位与其股份转让之研究》，"国立"台湾海洋大学2006年硕士论文。

为，开辟非上市公司的股权交易市场，一是要有一个立法问题，在《公司法》和《证券法》把非上市公司的股权转让纳入法律调整范围之内以前，应当允许地方先制定法规作为依据，先行进行探索；二是制定非上市公司股权转让交易规则，规范交易行为，防止出现大的失误和风险；三是开辟交易市场；四是明确监管主体；❶ 侯东德在《封闭公司股权转让限制的契约解释》一文中认为我国公司法对股权转让限制的类型单一，没有规定估价方法，损害了股东的契约自由。所以，应当以公司契约理论为指导，正确处理自由与限制的关系，完善股权转让限制类型、确立全面的估价方法，为公司参与者提供全面、充足的选择菜单——任意性规则，才能全面构建合理完善的封闭公司股权转让限制制度。❷ 美国学者 Hodge. O'Neal 在 *Restrictions on Transfer of Stock in Closely Held Corporations: Planning and Drafting* 中，指出非上市公司所有权和控制权不分，公司股份没有公开交易市场；提出由于股份缺乏流动性导致封闭责任公司股东出资风险性较大，影响了股东出资的积极性。❸ 鲁阳在《非上市公司股权转让场所应定位在产权市场》一文中认为基于法律以及历史原因，应该将非上市公司股权转让定位在产权市场，且产权市场能够为非上市公司股权转让提供有效服务，有利于促进我国的多层次资本市场建设。❹ 韦国宇在《论我国非上市公司的股权转让》一文中认为要解决非上市公司股权转让，必须要明确非上市公司的法律地位，加强产权市场的内部建设，提高经营管理和服务水平，加强非上

---

❶ 张治："关于非上市公司的规范化建设及其股权转让"，载《改革与理论》2008年第12期。

❷ 侯东德："封闭公司股权转让限制的契约解释"，载《西南民族大学学报》（人文社科版）2009年第8期。

❸ See Hodge. O'Neal, Restrictions on Transfer of Stock in Closely Held Corporations: Planning and Drafting, 65 Harv1L1Rev1 1952, p.7731.

❹ 鲁阳："非上市公司股权转让场所应定位在产权市场"，载《产权导刊》2006年第2期。

市公司股权转让的监管和信息披露。❶ 蒋大兴在《私法自治与国家强制——闭锁性股权收购中的定价困境》一文中认为闭锁性公司缺乏公开公司中股权收购定价的传导和反馈机制,因此导致企业的高管人员很少能知晓其所治理的企业的真实价值,也不清楚什么因素能够影响到企业的价值。❷ 蒋大兴在《私法正义缘何而来——闭锁性股权收购定价原则的再解释》一文中认为对于闭锁性股权收购的定价机制而言,正义的方式是:一切都将交给"私法自治"。现行股权收购定价规则中所流行的"净资产衡量标准",一方面,未能完整地理解"净资产规则"在会计体系中的滞后性,净资产本身不能完整地反映企业的真实价值;另一方面,也误解了私法交易以交换正义,或者说过程正义为核心的本质,仍然坚持所谓客观价值论理解股权转让的公平性。此种交易公平理念需要一场及时的改革。❸ 么学禹在《我国未上市公司股份交易的途径及其存在的问题》一文中认为,我国目前非上市股份公司股份交易行为的主要表现方式有:非上市公司或者股东自行通过洽谈方式交易股份;非法发行和转让行为来交易股份;中介机构的违规代理行为交易股份;最后是通过内部职工股的社会化流动实现股份交易。在分析非上市股份公司股份交易的表现方式的同时,对各种表现方式中存在的问题也进行了简略的分析。❹ 我国非上市公司股份转让经历了一个曲折的发展过程,目前,我国正逐步推动非上市公司股份转让的发展,各种问题也暴露出来。美国乔治·J. 斯蒂格勒的《经济管制论》(the theory

---

❶ 韦国宇:《论我国非上市公司的股权转让》,广西师范大学 2008 年硕士学位论文。

❷ 蒋大兴:"私法自治与国家强制——闭锁性股权收购中的定价困境",载《法制与社会发展》2005 年第 2 期。

❸ 蒋大兴:"私法正义缘何而来——闭锁性股权收购定价原则的再解释",载《当代法学》2005 年第 6 期。

❹ 么学禹:"我国未上市公司股权交易的途径及其存在的问题",载《现代商业》2008 年第 17 期。

ofeeonomie regulation）谈到"监管是利益集团为增加自身收入，通过国家权力从社会其他团体手中重新分配财富的一种途径"，并预测哪些产业部门将被监管，以及进行监管所采取的形式，这个理论成为证券市场监管的一种理论基础。任胜利在《非上市公司股份流转的监管模式研究》一文中，主要集中对非上市公司股份流转监管方面提出建议，包括制定非上市公司股份流转的法律法规，把非上市股份交易市场统一纳入资本市场体系；在多层次资本市场统一的监管制度下，完善以省级政府为主的监管体制；以全国产权市场整合为契机，对非上市公司股份实行全面集中登记托管；按照非上市公司股份交易和监管的需要，完善股份登记托管制度；逐步把省级产权市场改造成为非上市公司股份交易市场等。杨宁在《股票场外交易市场法律规制研究》一文中对股票场外交易市场法律规制进行了研究，提出从更新对于风险和场外交易市场功能的认识入手，促进法律规制理念的更新；以非上市股票统一托管为基础推动全国性场外交易市场的建立，奠定法律规制的基础；明确市场层次和交易机制，使得法律规制的程度、重点得以明确；以信息披露规制和券商行为规制为重点，设置法律规制的主要内容。再次，为改善非上市公司内外交困的现状，非上市公司的利益平衡是一剂良药。虽然没有关于上述问题直接论述的资料，但查阅到的专著和期刊文章对非上市公司的利益平衡提供了指引。张民安在《公司法上的利益平衡》一书中认为，公司的重要作用之一是为公司法上的利益主体提供法律上的保护。公司作为一种民主组织，必须在贯彻公司大股东规则的前提下有效地保护好公司小股东的利益，不允许在公司内部出现大股东欺诈、压制和排挤小股东的现象，否则，公司小股东的利益就会遭受严重的损害。应当保护公司股东利益以及其他利益主体的利益。❶ 最后，非上市公司控制权问题研究。胡智强在《公

---

❶ 张民安：《公司法上的利益平衡》，北京大学出版社2002年版，第1~2页。

司控制权的法律透视》一文中认为，公司控制权是指对公司的所有可供支配和利用的资源的控制和管理的权利。[1] 法国学者米歇尔·克罗齐埃在《科层现象》一文中认为，权利问题始终是组织社会学的一个难题，一个组织内部的权利分配和权利关系体系对每一成员的适应和整个组织的效率起着决定性的影响。[2] 美国法学家肯尼斯·万德威尔德探讨了财产权概念的新变化，认为当代社会财产权发展的一个结果是，从权利人对物的控制权就可以引申出财产的含义。[3] 甘培忠在《公司控制权正当行使的制度经纬》一文中认为，对我国而言，要发挥公司制度的效能必须把完善和发展公司治理结构放在优先地位，其中一项重要任务是确立和完善公司控制市场，健全相关法律制度。[4] 而 Mary Siegel 在 *Fiduciary Duty Myths in Close Corporate Law* 中认为封闭公司的"封闭性"带来的股东"压迫"和"公司僵局"困境；[5] 而 Robert B. Thompson，在 *The Shareholder's Cause of Action for Oppression*[6] 中提出，公司僵局等是公众公司不会出现的独特问题，因此提出应当设立有别于以公众公司为样板制定的传统公司法，美国学者 F. Hodge O'Neal & Robert B. Thompson，在 *O'Neal and Thompson's*

---

[1] 胡智强："公司控制权的法律透视"，载《安徽大学学报》（哲学社会科学版）2009 年第 1 期。

[2] ［法］米歇尔·克罗齐埃：《科层现象》，刘汉全译，上海人民出版社 2002 年版，第 138 页。

[3] 梅夏英："民法上'所有权'概念的两个隐喻及其解读——兼论当代财产权法律关系的构建"，载《中国人民大学学报》2002 年第 1 期。

[4] 甘培忠："公司控制权正当行使的制度经纬"，载北大法律信息网，http://news.mylegist.com/1607/2010-08-17/28576.html，2011 年 2 月 17 日访问。

[5] See Mary Siegel, Fiduciary Duty Myths in Close Corporate Law, 29 *Del. J Corp. L.*, 2004, pp. 377, 381~382.

[6] See Robert B. Thompson, The Shareholder's Cause of Action for Oppression, 48 *Bus. Law.* (1993), pp. 699~702.

*Close Corporations and LLCs*❶ 中，认为美国"在解决封闭公司问题出路上的变化最引人注目的立法和司法反映在，股份收买作为公司僵局或异议的救济方式日益流行"，而简婉伦的《闭锁性股份有限公司之法制研究》，杨碧惠的《闭锁性股份有限公司立法规范之研究》，李月治的《闭锁性公司规范之研究》，酒卷俊雄的《闭锁的会社の法理と立法》，青竹正一的《小规模闭锁会社の法规整》等主要是对闭锁公司提出立法建议，本论文中，还查询到了《英国私人有限公司师范章程草案及起草说明》，虞政平的《美国公司法规精选》和《美国法定封闭公司附加规定》等。

除一些法规资料外，其他理论文章或专著分别针对非上市公司的某些问题进行了研究，学者们从不同角度提出了自己的见解。这些见解为我国非上市公司法律制度研究提供了参考，具有重要的意义，但是也有一些不足之处。首先，非上市公司内涵和外延观点各异，众说纷纭。由于各国在公司分类的标准上存在差异，所以对非上市公司的称谓各异：英国法创造"私人公司"（private company），美国则称为"封闭公司"（closed corporation），它们常被译作"私公司""不上市公司""少数人公司"或"非公开招股公司"；相对地，德国法则在股份有限公司之外，另创设"有限公司"制度，法国则系指"非公开募集公司资本的公司"，日本和韩国则直接称为"非开放式公司"和"非上市法人"，我国台湾地区则将其称为"非公开发行公司"或"非上市公司"。加之，我国公司法专家在名词翻译上的混乱，导致我国不仅与其他国家在非上市公司的内涵和外延上存在错位，而且国内学者对其的界定也是五花八门，致使笔者在搜集资料时存在较大的难度。其次，各学者仅仅针对非上市公司的某一领域进行探讨，没有将非上市公司中存在的问题进行全面的分

---

❶ See F. Hodge O'Neal & Robert B. Thompson, *O'Neal and Thompson's Close Corporations and LLCs* §9, 2004, p. 30.

析；在研究非上市公司股权转让时，大部分学者经常将研究主体局限于未上市的股份有限公司，虽有少数文章也对我国未上市有限责任公司的股权转让进行了讨论，但人为地割裂了两种非上市公司间在股权转让问题上的同一性；在非上市公司股权转让的规制中仅仅侧重监管措施的构建而忽略了其他措施对规制的重大作用。再次，有些文章在讨论非上市公司股权转让的制度构建时，提出的规制交易的措施较为空洞，在实际执行方面缺乏操作性；在公司分类方面虽有学者在其专著中提出了上市公司与非上市公司应当作为一种公司的分类形式，但对于为什么、如何进行上述分类，以及是否应当取代现行公司法中有限责任公司和股份有限公司的分类形式等问题，皆没有进行后续性的讨论。最后，通过资料的搜集和整理，发现美国、英国、日本等国家已对非上市公司进行了单独立法，而我国，尽管部分学者编译了《美国公司法规精选》《美国封闭公司的附加规定》《英国私人有限公司示范章程草案及起草说明》和《私人有限公司的百年论战与世纪重构——中国与欧盟的比较》等法规，但学者们仅对法规进行了介绍性说明，对我国公司法的立法却缺乏具体、可操作性的建议。因此，我国立法者应完善我国公司立法，借鉴美国《封闭公司法补充规则》《英国私人有限公司示范章程草案及起草说明》等立法规范及其立法模式，并对非上市公司进行单独立法，从而推动我国中小企业的蓬勃发展，已成为一个现实的重要课题。

三、研究方法和技术路线

本书主要采用了历史分析、比较分析、法律规则分析、法政治学分析、法政策学分析、实证分析等多种论证和分析方法。

第一，历史分析法。本书首先在回顾我国商业组织形态时，运用了历史分析方法分析了我国商业组织从契约到组织、从无限责任到有限责任、从简单到复杂、从一元到多元的企业体系的历史演变，并指出目前非上市公司之所以成为我国中小企业组织形态首选的原因。

第二，比较分析法。本书主要将中国现有的公司法律体系与美、英、日、德、法和中国台湾等国家或地区的公司法律体系进行比较，指出我国现行公司法将公司分为有限责任公司和股份有限公司的做法，其实质上是人为地割裂了两种公司的联系，而忽视了上市公司与非上市公司之间存在的巨大差异性，并提出立法建言，提出可以仿照日本新《公司法》的做法，废除有限责任公司。❶

第三，法律规则分析法。本书运用了法律规则分析法，以概念法学中主体、客体、权利、义务、责任为出发点，构建了非上市公司股份转让市场中股份信息财产权制度，从而与信息披露制度互为补充。

第四，文献研究法。同时，本书在讨论非上市公司股权转让市场的监管问题时，采用了文献研究法，即搜集了美国、日本和英国有关三板市场的相关文献，包括美国期刊文献，以掌握国际最新信息，作为构建我国多层次资本市场监管制度的研究基础。

第五，法哲学、法政策学和法政治学的分析方法。本书在针对非上市公司内外交困的现状，平衡公司内部利益矛盾和外部利益矛盾时，主要运用了法哲学、法政策学和法政治学的分析方法，提出实现公司内部和公司外部的整体和谐。

第六，实证分析法。本书在讨论非上市公司控制权滥用的问题上，始终贯穿了第一手调研资料的运用和分析，以现实问题为分析样本。比如，第六章中对我国非上市公司中控制权争夺和滥用问题，以及其他控制权的现状问题的分析都非常注重实证分析方法。

本书研究技术路线如图1-1所示。

---

❶ ［日］日本法务省民事局参事官室，会社法のパンフレツト，页3：http：//www.moj.go.jp/MINJI/minji96.pdf，最后浏览日期：2011年2月22日。

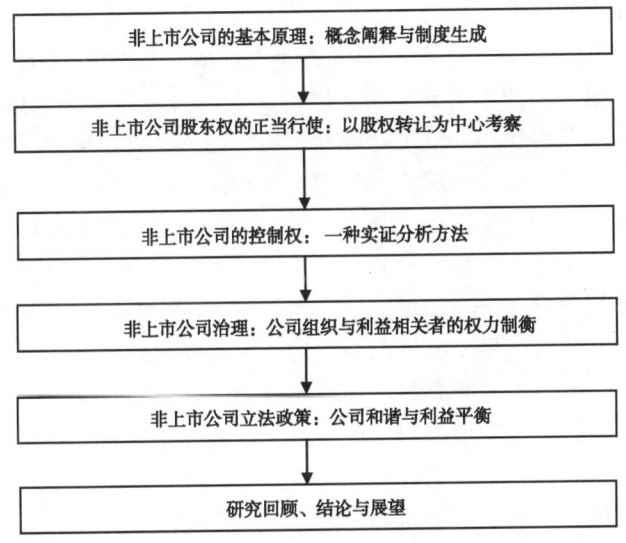

图1-1 本书研究技术路线

第三节 本书的结构安排、创新之处和结论

一、本书的结构安排

第一章,绪论。

第二章,非上市公司的基本原理:概念阐释与制度生成。首先,介绍了商事组织的法律光谱以及企业的形成与嬗变;其次,通过将我国公司的分类与包括美国在内的七个国家或地区的公司分类进行比较,界定了非上市公司的概念、外延和法律属性;最后,通过将非上市公司与上市公司进行比较,得出非上市公司的五个特点,由于非上市与上市公司存在的差异性导致成熟的上市公司的理论无法解决非上市公司所面临的问题,因此,指出以非上市公司法律制度研究作为本书选题的理论和实践基础。

第三章，非上市公司股东权的正当行使：以股权转让为中心考察，共分三节。首先，介绍了非上市公司股份转让的一般理论。通过对相关术语的辨析，得出非上市公司股份转让的内涵，并分析了股份转让的理论基础和市场功能。其次，从立法层面审视了我国非上市公司股权转让中关于转让场所、定价机制和转让程序等方面的规定，认为我国《公司法》和《证券法》仍存在许多不妥和缺失之处。另外，从实践操作的层面，指出我国股份转让市场中存在产权市场定位不明，信息披露不全，以及监管不严等诸多实践问题。并针对股权转让立法规定的不足，提出完善我国《公司法》《证券法》和地方性立法规定的建议，以及构建有关非上市公司中股权转让的场所、信息披露、监管和托管等立法框架的建议。

第四章，非上市公司的控制权：一种实证分析方法。本章共分四节。首先，运用规范分析方法，介绍了我国实证分析方法、定量分析和定性分析方法的概念，并指出定量分析和定性分析方法的联系和区别，同时具体介绍了实证分析方法的技术性规范。其次，运用规范分析方法、追因法分析非上市公司中的控制权问题。再次，运用实地调查法和追踪法对我国广东省五邑地区的138家非上市公司进行实地调查，指出目前实践中普遍存在的控制权问题。最后，针对非上市公司控制权问题的现状，提出解决控制权问题的制度保障。

第五章，非上市公司的治理：公司组织与利益相关者的权力制衡。本章共分为三节。其一，首先分析了非上市公司治理的含义和学理分类；从法的公平、正义、效率和安全等价值分析非上市公司治理的价值基础。其二，从公司章程和法人治理结构两个方面来分析非上市公司目前内部治理的现状，并提出如何完善公司内部治理的建议。其三，通过借鉴发达资本主义国家外部治理模式，提出规范我国非上市公司外部治理的制度构建。

第六章，非上市公司立法政策：公司和谐与利益平衡。本章共分四节。首先,通过介绍利益平衡的法学内涵,分析公司法上的利益平衡的理论渊源,指出非上市公司利益平衡关系的概说。其次,从法哲学的角度,论述非上市公司中股东与股东利益的平等,兼谈平等原则在公司法中的适用。再次,在法政策学理论的指导下,分析公司与股东利益,即公司权力与股东权利的平衡。最后,从法政治学的角度,讨论公司利益相关者的利益平衡,从而建立和谐的公司政治。

二、本书的创新之处与结论

本书的主要创新和结论表现在以下三个方面。

第一,本书提出的创新性观点。首先,第二章对非上市公司的内涵和外延进行了新的界定,目前,我国公司法学界对非上市公司外延的界定主要存在六种观点,而本书在通过将我国现行公司分类与美、英、中国台湾等国家或地区进行比较后,对"非上市公司"作出新的身份界定,认为非上市公司是指上市公司以外的所有公司,包括有限责任公司和未上市股份有限公司。其次,在第五章中,为完善非上市公司股份转让的信息披露制度,本书提出了股份信息财产权的概念,并构建了股份信息财产权的权利体系。最后,在第六章讨论非上市公司中的利益平衡时,从法政治学的角度提出了和谐公司政治的概念。

第二,本书的结构安排具有一定的独特之处。第一章,首先回顾了我国商业组织形态从契约到组织、从无限责任到有限责任、从简单到复杂、从一元到多元的企业体系历史演变,指出目前非上市公司之所以成为我国中小企业组织形态首选的原因;其次,通过各国公司分类的比较,认为有限责任公司与股份有限公司分类方式存在疑义,于是,我国新《公司法》将何去何从便成为本书对非上市公司法律制度的研究基础,而股东权和控制权的正当行使也成为串联后面章节的一条重要绳索。第二章和第五章主要阐述了缺乏法律依据的非上市公司处于一种内困外扰交织的现状：首先，非上市公司的内在问题：缺乏科学的法人治理结构、融资混乱；其次，非上市公司的外缘问题：缺乏透明、有序和完善的股权转让市场。两者互相掣肘，恶性循环。最后，从完善内部治理和外部治理两个方面，提出了构建制度的建议。第六章，从理论上找到解决非上市公司目前所面临的问题的有效途径——实现利益平衡，和谐公司政治。第三章，非上市公司控制权问题进行实证分析，通过案例、实地调研的实证分析方法对珠三角部分非上市公司的现状进行抽样性调查，得出较为真实的结论，供立法者参酌。

第三，本书还有一个值得注意的创新之处，运用了历史分析、比较分析、法经济学分析、实证分析、法律规则分析、法政治学分析、法政策学分析等多种论证和分析方法，从理论上分析了我国新《公司法》和《证券法》中表面上完全合乎法律规定，但实质上却有违公平正义原则的滥用控制权、损害股东权的行为。在讨论法学问题时，很少有人运用实证分析法，特别是样本分析法，因为本书中关于非上市公司的论题，其实是一个多学科交叉的问题，不仅是一个法学问题，也是一个经济学和管理学上的问题，所以本书运用了管理学中的样本分析法，对我国非上市公司中控制权问题的现状进行了分析，避免了一味地理论探讨的局限性，能够做到有的放矢。当然，本书的研究只能看作抛砖引玉，希望能够引起更多学者、专家对非上市公司法律问题的关注和研究。而笔者也愿在本书的研究基础上继续围绕非上市公司或封闭公司的国外学说和判例作收集和整理分析的工作，继续进行有典型意义的个案研究，在这条尽管充满艰难险阻但却富于开拓创造性的道路上继续前行，从而为我国公司法的完善和多层次资本市场的构建贡献自己的一点绵薄之力，这也是笔者对自身的期许和要求。

第二章 非上市公司的基本原理：
概念阐释与制度生成

随着商品经济的不断发展，人们在商品交易中需要依照法律制度为市场上的商业活动，这种依照法律规定参与商事法律关系，能够以自己的名义从事商行为，享受权利和承担义务的个人和组织被称为商事主体。❶ 其中，商事主体，或称为商主体、商事组织、商人、企业。事实上，商人与商主体并非完全对立、非此即彼的概念，因为企业概念并非严格的法律术语，并无统一确定的法律上的含义，将商主体直接界定为企业的观点，也不能赞同。❷ 一是，商主体并不能简单地等同于商人，还应包括商人、非商人从事商行为者和非从事商行为而参加商事法律关系者；❸ 商人是从事商事交易的商事营业体，商事主体则是受商法调整、参加商事法律关系的任何人，商事主体是商人的属概念，两者在范围上是包含而非等同的关系。这种定位明确了商事主体的本质在于营利性而非营业性，揭示了普通民事主体参与商事交易的行为也是商事行为的基本事实，这也与商人的商事营业体本质——持续性地从事营业行为——相对应，使抽象的理论能够诠释具体鲜活的商事交易之实践，从而走出等同论所带来的逻辑悖论之困

---

❶ 覃有土：《商法学》，中国政法大学出版社2007年版，第17页。
❷ 胡晓静："构建我国商主体制度的基础性问题——以德国商法典为借鉴"，载王保树主编：《商事法论集》（第22卷），法律出版社2013年版。
❸ 王保树：《中国商法》，人民法院出版社2010年版，第45页。

境。❶ 而"组织"主要指的是商事组织，通常有合伙、商事信托❷、公司、个人独资、加盟事业、虚拟组织等存在形态。现在，随着财产形态的变化和主体制度的创新，还不断涌现出新的企业形态，如风险投资基金、对冲基金、私募基金和不动产投资信托，等等。❸ 二是，商事组织不能等同于企业，但是一般认为，商事组织形态实质上是企业作为社会关系主体的存在形态，是以一定的企业形态而存在的。❹ 简言之，商事组织的重要表现形式为企业。因为，商人制度是沿着以自然人为中心的商人向以企业为中心的商人发展的。在此过程中商人的性质与结构都发生了实质性变化。基于公司商人化、企业人格化以及商人企业化这一历史变迁线索的探索，应将现代商法中的商主体直接定位于企业，并将企业本身界定为商主体。就我国形式商法而言，则应直接以企业作为商主体的替代性概念。❺ 但是，商事组织并不完全等同于企业，因为企业的内涵至少表现为以下三种：一是作为法律关系主体的企业；二是作为独立的资产、权利和义务的统一体；三是个人合伙的经营方式。❻ 正如有学者所认为，"'企业主体论'是经济学的产物，将其不加辨别地移植入商法理论体系，存在着重大的理论误区与陷阱"，"不论从语源意义，还是从法学方法论上，企业只能是一种客体存在，是通过物质的企业组织起来的权利、法律关系及事实关系的综合统一体，并且构成商事主体的资格依托和经营目的，代表和反映着商事主体经营方面的

---

❶ 华德波："对商人与商事主体关系等同论的反思与重塑"，载《河北法学》2011年第2期。
❷ 陈雪萍："商事信托之商主体地位研究"，载《法商研究》2010年第6期。
❸ 邓峰：《普通公司法》，中国人民大学出版社2009年版，第71~72页。
❹ 孙长坪："论企业形态与企业分类"，载《学术研究》2008年第12期。
❺ 王建文："从商人到企业：商人制度变革的依据与取向"，载《法律科学》(西北政法大学学报) 2009年第5期。
❻ 孙宪忠：《德国当代物权法》，法律出版社1997年版，第220页。

组织举措。"❶ 正因如此，20世纪80年代以来，无论是英美法系的美国、英国、澳大利亚，还是大陆法系的德国、法国、日本，都进行了一场企业立法革命，其基本点是打破传统定型化的企业立法模式，根据企业的具体构成细化企业形态，特别是改进中小型企业立法，给予它们更多的自治，减少不必要的管制，以适应不同投资者和资源组合的需要，加强企业竞争力，促进经济发展。❷ 本书研究的主体为非上市公司，而非上市公司作为企业的一种，其存在着法律地位如何、应遵行何种法律规则等问题，因此，有必要进一步探讨企业的发展演变，以及非上市公司的界定及其与上市公司的关系。

第一节 商事组织的法律光谱❸

一、企业的形成与嬗变

（一）企业的含义

企业首先是一个经济学上的概念。西方学者关于企业的概念有三个主要流派：关于企业存在的技术观点，把企业看成是在挖掘规模或范围经济时在给定时间点的不同组成部分的协同体；关于企业体现了一种长期的契约关系的观点，当事人在交易前必须进行交易特用投资，在买者与卖者之间所形成的双边垄断关系；第三种观点则认为企业是与契约不同的"治理模式"，是为解决

---

❶ 周长德：《论商主体》，山东大学硕士论文，2009年5月。
❷ 徐强胜："企业形态的法经济学分析"，载《法学研究》2008年第1期。
❸ 法律光谱是指"在资产分割此一概念底下，合伙、公司、信托三者仅具有类似光谱上的程度之差异，进而作出不同的契约安排。"之借用。参见王文宇著《新公司与企业法》，中国政法大学出版社2003年版，第12页。

第二章 非上市公司的基本原理：概念阐释与制度生成

签约时无法预测到的状态出现时应该如何行动的特殊方式。❶ 而关于企业的含义，1979 年版的《辞海》将"企业"定义为"从事生产、流通或服务活动的独立核算经济单位"。

由于企业对不同商事组织具有兼容性，它不仅限于经济领域，现在也逐渐地为法学家和立法者们所接受，成为法律领域，特别是商法范畴中的一个重要概念。美国的《布莱克法律词典》对于表示企业的"enterprise"、"business"以及"verture"三个词作了大致相同的解释，即"人们投资时间和资本，以期获得未来的收益的组织"❷。日本《新法律学词典》中将企业的概念分为广义与狭义两层，"就广义而言，系指有计划地继续进行同一种类的经济行为的独立经济单位的生活体；就狭义而言，企业只意味着专门进行营利活动"❸。瑞士商法学者 K. Willand 曾对企业作出著名的表述："企业就是为了获得无限的利润而投入资本和劳动力"。❹ 在我国，对于企业的法律概念不少学者进行了大量的考察。如郑立、王益英在其《企业法通论》中将企业定义为："企业是按一定的生产方式和经营方式将生产资料、劳动者和经营者结合为一个整体的，以营利为目的的，从事商品生产、运输、销售或提供劳务或服务的社会组织体"。❺ 徐开墅在《民商法辞典》中认为企业是指"在社会分工的条件下，结合各种生产要素，从事生产经营活动，实行独立经济核算，以营利为目的的经济组织。"❻ 当然，企业成为法律领域内的一个范畴，不仅

---

❶ [法]泰勒尔：《产业组织理论》（中译本），中国人民大学出版社 1997 年版，第 20~22 页。

❷ *The Black Law Dictionary* (8th edition), West Publishing Co., 2004. p. 179.

❸ [日]我妻荣：《新法律学大辞典》（中译本），中国政法大学出版社 1991 年版，第 140 页。

❹ 田学伟：《设计伦理视野下的设计经济》，东南大学 2009 年设计艺术学硕士学位论文，第 4 页。

❺ 郑立、王益英：《企业法通论》，中国人民大学出版社 1993 年版，第 11 页。

❻ 徐开墅：《民商法辞典》，上海人民出版社 1977 年版，第 246 页。

第二章 非上市公司的基本原理：概念阐释与制度生成

仅表现在法理上，更是体现在各国的立法实践中。如德国商法对于不同形式的企业做了明确的法律规定，如无限公司、两合公司、股份公司及股份两合公司，另外还有德国关于企业的单行立法，如1952年的《企业法》，1937年的《股份及股份两合公司法》，1995年的《合伙企业法》等。法国除商法典中关于商人的规定外，《法国公司法》（1996年）等单行法也有关于企业的规定。美国的企业立法主要体现在1914年的《美国统一合伙法》，1976年的《美国统一有限合伙法》以及1950年的《美国模范商业公司法》中。我国有关企业的专门立法同样也已颇具规模，除了《外商投资企业法》等"三资"企业法外，特别是《公司法》《合伙企业法》以及最近制定的《独资企业法》构成了我国企业立法的基本框架。❶

为什么企业要存在？虽然企业不是降低交易成本的唯一办法，因为订立一项长期契约，一次性谈妥价格，可以避免每次重复谈判而节约交易成本，但是，由于长期契约订得再详细，仍然难免有些疏漏，也无法完全避免人们利用合同的疏漏或不严密性使契约的最初目的无法实现。因此，降低交易成本，仍是建立企业进行生产的根本原因。但是，商业组织，作为一种团队合作，为避免搭便车行为，需要支付组织企业的成本，另外，许多组织性机制只要创设代理关系，就会产生代理人滥用权力的问题，为了避免代理人的偷工减料或谋私，委托人可以加强监管，也可以让代理人交纳一定价值的"保证金"。但是，尽管有了监管与保证金，代理人仍然可能因为其他动机使被代理人受到损失。同时，创办企业本身也是一种风险投资。虽然有的企业可以将自己的投资分散到各种不同的企业中去，从而减少风险。但对于无限责任企业的投资者来说，却无法分散自己的风险。当然对于现代化的大生产而言，组织企业是不可避免的。可见，企业固然可以

---

❶ 任先行、周林彬：《比较商法导论》，北京大学出版社2000年版，第283页。

节约交易成本，但又带来了另一类成本。如果此类成本太高，而可以采用其他替代办法时，人们仍然愿意选择单干而不去建立企业。为此，需要规制企业的法律。

问题是，有了商事法，为什么还需要《企业法》？笔者认为，尽管根据商事主体出台了《个人独资企业法》《合伙企业法》《中华人民共和国公司法》等商事单行法，但《企业法》依然需要，其原因在于：一方面，企业法是调整企业在设立、组织、运营、终止过程中发生的社会关系的法律规范的总称。企业法所调整的特定的社会关系包括：国家对企业的经济管理关系，企业的内部组织关系，与企业组织特点直接相关的经营活动所产生的社会关系。企业法是由调整有关企业的特定社会关系的全部法律规范组成的，既包括形式意义的企业法，也包括实质意义的企业法。如在我国的企业立法与我国企业体制改革相伴，历经了整个新旧体制转换时期，形成了按企业资本构成和投资人责任形式为标准的立法，如，1997年通过，2006年修改的《合伙企业法》，1993年通过，2005年修改的《公司法》等；按内外资区别为标准立法，如1979年通过，1990、2001年修改的《中外合资经营企业法》，1986年通过的《外资企业法》，1986年通过，2000年修改的《中外合作经营企业法》，以上三种企业立法并存。按所有制为标准立法，如1988年颁布的《全民所有制工业企业法》、1988年颁布的《私营企业暂行条例》等；另一方面，企业与公司、合伙等尽管均为商事组织，但其内涵与外延并不尽相同。通常认为，企业的概念只是被作为一个经营实体或劳动生产单位，而不被看作一个法律实体，但是，由于我国特殊的政治与经济环境，"企业"这一概念已经由立法上升为法律概念，并以"企业法"命名了多部法律，我国企业的分类如图2-1所示。❶

企业法与商事法如何兼容？经过30年的发展，我国现行商

---

❶ 郭富青：《中国非公司企业法》，法律出版社2009年版，第4页。

第二章 非上市公司的基本原理：概念阐释与制度生成

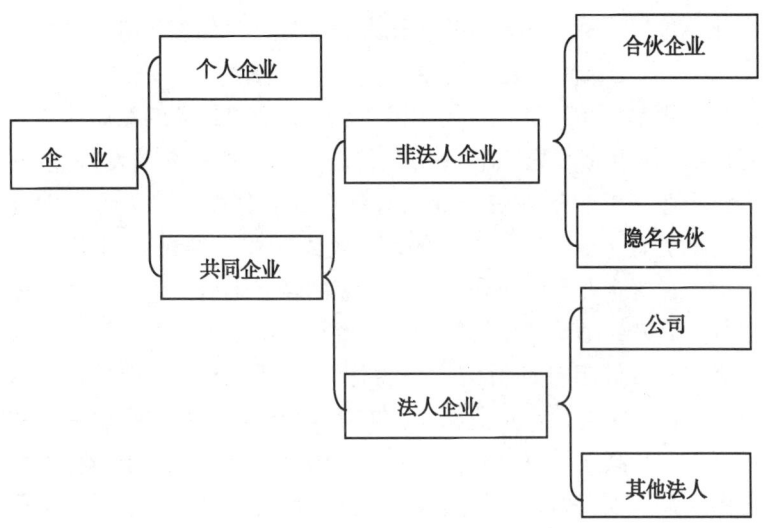

图 2－1 我国企业的分类

法建立了以"企业"为核心的术语系统。需要以"企业"和"企业法"的术语，重新整合商法体系。对此，国内学者提出了以"客体性企业"整合商法、以"主体性企业"整合商法和以"营业"或"营业资产"整合商法三种路径。❶ 笔者赞同部分学者观点，以"营业"或"营业资产"为轴心构建商法体系，原因在于现代商事营利性理论将传统概念中诸如法人、利益与成员等关键词加以扩充，以与所有商主体相恰，有助于形成新的商主体谱系：独资（个人独资企业、个体工商户、农村承包经营户等）——合伙（普通合伙、有限合伙等）——公司（股份公司、有限公司）——合作社（农村信用社、农民专业合作社等）——民办事业单位（民办学校、培训机构等）——经营性

---

❶ 叶林："企业的商法意义及'企业进入商法'的新趋势"，载《中国法学》2012 年第 4 期。

事业单位（国有电影制片厂、出版社、报社、体育馆等）。❶

（二）企业的形成

从简单商品经济到现代知识经济，企业由最初的家庭作坊到工厂形态经历了由古典企业向现代公司制企业转变的发展过程。古典企业组织包括独资企业与合伙企业。其中，被称为"泥腿子"的独资企业是最早出现的商人组织形式，直到19世纪中叶以前，独资企业在欧美资本主义国家的经济生活中仍占据着主要地位；后来，随着地中海沿岸商人贸易的不断扩张，一种将风险与资本的奇妙组合的所谓"康孟达"的组织形式便产生了，这就是合伙。它与独资企业相比，更具有团体性，能够吸引更多的投资者，且其又具有与独资企业相同的无限责任，对于债权人而言仍不失其吸引力，故而具有顽强的生命力。而现代公司制企业的起源可以追溯到古罗马法时期。其时，集体享有财产、集体从事经济活动的需求是相当普遍的，比如当时的委员会制度，在形式上几乎等同于西方的公司。中世纪时，许多商业和手工业的行会也常常得到正式的特许而具有公司的性质。到16世纪初，英国、法国、荷兰相继设立了特许权公司。而真正意义上的现代公司的直接起源应当是在17世纪，英国商人发明的股份组织形式。为了适应各种规模的企业，人们又设计了有限责任公司，给投资者以更大的自由度。在现代市场经济国家中，股份公司与有限责任公司成为基本的资源配置主体，构成了现代企业制度。现代公司较之古典企业形态而言，最显著的特点在于其具有独立的法律人格，投资者只需负有限责任，同时也可给债权人提供更为稳定的信息，以保障交易安全。❷ 这样，独资、合伙与公司的组织形态和营利性特点便成为人们通常认为的典型企业。

---

❶ 郑景元："商事营利性理论的新发展——从传统到现代"，载《比较法研究》2013年第1期。

❷ 任先行、周林彬：《比较商法导论》，北京大学出版社2000年版，第283页。

当然，与典型企业相对应，人们将国有企业、合作社等特殊的企业便定性为非典型性企业。现在，随着信息时代与电子商务的到来，企业组织再次经历了革命的转变，呈现出供应链、加盟店等组织虚拟化特征，如微软（Microsoft）、惠普（HP）、康柏（CompaQ）等成功的企业皆建立了虚拟组织，通过企业的虚拟化来增加公司对市场快速的反应与高度弹性的组织优势，❶ 更为重要的是透过网际网路，使得过去的销售系统被因特网所取代（虚拟化），不仅加快了消费者与制造商的沟通速度，也可以节省过去花在经销上的相关人事费用，其好处自不待言。

（三）企业的嬗变及其成因

企业组织在从个人独资、合伙向公司嬗变的发展过程中，除了受到企业内部组织成员、领导、层级、分配和组织的凝聚关系的影响外，在外部则由该国的生产力、资本、制度、市场、文化等"硬性"和"软性"等因素来共同决定，❷ 具体来说，主要体现在以下方面：

1. 生产力水平是企业组织形式变化的物质前提

生产力总是与生产关系相适应。以资本主义生产关系为例，第一次工业革命促进了生产力水平革命性的变革，并形成了以独资、合伙、股份公司并存的多种企业组织形式的局面，但由于当时机器生产还属于初级阶段，其生产规模还较小，股份公司还处于相对较弱的法律地位。随着第二次工业革命的兴起，生产规模日益发展，股份公司也逐渐从弱小地位跃居为主导地位。而后，第三次工业革命，科技革命的出现，进一步调整了产业结构和生产增长方式，使股份公司在经济中的主导地位更加明显。可见，

---

❶ Geoff Moore，*The Virtual Corporation*: *Can We Ensure the Momentum*? http://www.open group.org/ opencomments/winter96/1_text.html；访问时间：2011 年 2 月 11 日。

❷ 孙宏、黄清："刍议信息时代企业组织形态的演进与趋势"，载《边疆经济与文化》2004 年第 8 期。

第二章　非上市公司的基本原理：概念阐释与制度生成

生产力水平的不断发展推动了企业组织形式从简单到复杂的不断演变。❶

2. 市场发育和竞争环境是企业组织形式变化的强力剂

随着市场发育程度的不断提高，企业产权市场和债券、股票等长期的资本市场体系也逐渐形成。在这样一个充分竞争的市场环境中，企业为了提高自身的生存能力，必然会推动企业朝着联合、集团化方向发展。相应地，企业组织形式也将朝着合理化的方向发展变化。

3. 资本集中是企业组织形式变化的助推器

马克思的资本积累理论告诉我们，对剩余价值的无限追求和激烈竞争的外在强制，促使资本家拼命地扩大生产规模，竞争和信用，加速资本集中，这就促进了股份公司和企业集团的建立和发展，因此，股份制企业和企业集团日益成为占支配地位的企业组织形式。❷

由此可见，单就某个经济个体而言，其在选择组织形态时，也往往会考虑到资本、税收和风险等因素。正如亚当斯密所说"经济人是指以追求私人最大经济利益为唯一目的，并按经济原则活动的主体"。❸ 而从企业形态的历史演变来看，我们认为，人类社会生产组织形态的变迁，实质上是硬要素、软要素和环境三者之间相互作用、重复博弈的自然选择的结果。❹

---

❶ 孙宏、黄清："刍议信息时代企业组织形态的演进与趋势"，载《边疆经济与文化》2004年第8期。

❷ 同上。

❸ ［英］亚当·斯密：《国民财富的性质和原因的研究》（下卷），王亚南等译，商务印书馆2005年版，第27页。

❹ 李君、林治洪、李怀："自然选择——企业组织形态的变迁"，载《东北财经大学学报》1999年第5期。

二、企业的法律形态及其类型化

（一）企业的法律形态

所谓企业的法律形态，是指法律所规定的企业组织形式。企业的法律形态是企业在法律上的具体表现形式，是企业类型的法律化。在西方，企业法律形态理论发端于德国的企业理论形态，最初由德国学者李夫曼提出，后由德国学者沙费尔建立企业法律形态的最新分类体系。❶ 在日本，企业形态理论也甚为发达，如占部都美的《企业形态论》、武村勇的《企业法律形态和经济形态》等著作对有关企业形态的各种问题进行了系统的阐述。在中国，随着公司、合伙、个人独资等传统企业形式的兴起，在对各种企业形式进行的探索中，人们才开始触及企业法律形态这一抽象概念。而企业的组织形式可以根据不同的标准作出各种分类，但并不是所有的企业分类都能够上升为企业的法律形态，如将企业按照生产经营规模分为大、中、小企业就不能上升为企业的法律形态。❷ 也就是说法律不允许采用规范以外的企业类型，企业形态的分类具有法定性，目前，《公司法》《合伙企业法》《个人独资企业法》作为我国企业立法基本法的地位已经确立，这意味着公司、合伙企业、独资企业已经成为我国三种基本的企业法律形态。❸

在实践中，商业组织作为市场经济中最基本的市场主体，科学地确立其划分的标准，有利于正确地辨认和界定其市场主体地位。如根据不同的标准，企业可以作出不同的划分，如可以按照所有制，将企业划分为国营企业、集体企业和私营企业；根据投

---

❶ 陈聪："中外企业法律形态比较和借鉴"，载《安阳师范学院学报》2006年第1期。

❷ 郭富青：《中国非公司企业法》，法律出版社2009年版，第4页。

❸ 戴中璧："法经济学视角下的企业形态研究"，载《河北法学》2013年第4期。

资者承担责任,可以作出有限责任、无限责任、连带责任和不连带责任的划分;根据成员的开放性可以分为公开企业、非公开企业;根据劳动者与股东的分离程度可以分为合作社企业和公司企业;根据企业决策民主原则,可以分为资合企业和人合企业、根据企业的营利性目标可以分为营利性企业和非营利性企业。等等。❶ 但是,由于计划经济体制和市场取向改革并存的特殊的过渡经济背景,以及我国法治整体水平不高,我国企业形态目前呈现多元并存的纷乱状态,从而导致了我国商业组织形态的混乱和法律适用上的冲突,不利于维护交易安全。因此,有必要依据科学的标准,从特定的角度对我国企业法律形态进行科学划分。

(二) 我国企业法律形态的类型化

所谓类型化为体系形成上使抽象者接近具体,使具体接近于抽象的方法,利用此方法使价值与生活接近。❷ 类型化是大陆法学家常用的一种立法技巧,其目的是为了更好地适用法条。一般来说,企业形态类型化的原则要真实反映企业的财产组织形式、责任形式、所有制性质、经营方式和法律地位等构成要素,通过具有普遍约束力的法定标准和程序对企业的具体形态予以固定化,其目的是有助于企业形态的规范化和标准化。❸ 从我国现有的立法来看,我国的企业组织形态可以划分为以下几种类型:

1. 商个人、商合伙与商法人

依照商业组织机构的形态或特征,可以分为商法人和合伙。法人是指按照法定构成要件和程序设立的,拥有法人资格,参与商事法律关系,依法独立享有权利和承担义务的组织。商法人在不同的国家有不同的类型,在同一国家中,根据不同的标准也可以进行不同的分类。在大陆法系和英美法系国家,商法人在组织

---

❶ 邓峰:《普通公司法》,中国人民大学出版社2009年版,第71页。
❷ 黄茂荣:《法学方法与现代民法》,中国政法大学出版社2001年版,第472页。
❸ 郭富青:《中国非公司企业法》,法律出版社2009年版,第12页。

形态上主要分为有限责任公司、股份有限公司、合作社，等等。而按照经济组织形态，商法人可以作如下分类：国有商法人、私有商法人。而合伙是指两个或两个以上的合伙人按照法律和合伙协议的规定共同出资、共同经营、共享收益、共担风险，合伙人对合伙经营所产生的债务承担无限连带责任的商事组织。

2. 公司制企业、合伙企业和个人独资企业

西方发达国家大都是依据企业投资者的出资方式和责任形式的不同而对企业进行的划分，也是法学中对企业最基本的分类。在我国，尽管在立法上同时存在着依照不同标准的多种企业形态的划分，但这一标准已经发展成为划分企业法律形态的主要标准。

3. 法人企业与非法人企业

依照企业法律地位的不同，将符合法人条件，依法取得法人资格的企业称为法人企业；不符合法人条件，依法不能取得法人资格的企业称为非法人企业。在西方国家，大陆法系国家往往赋予合伙企业以无限公司、两合公司等公司组织形式，从而取得法人资格，有的国家则直接规定合伙具有法人资格。在英美法系国家，则往往将公司与合伙予以明确区分，公司具有法人资格而合伙不具有法人资格。在我国，公司、国有企业、集体企业、中外合资经营企业、符合法人条件的中外合作经营企业和外资企业、紧密型联营企业属于法人企业；个人独资企业、合伙企业不符合法人条件的中外合作经营企业和外资企业、合伙型和协作型的联营企业属于非法人企业。这种分类的意义在于直接反映出企业的法律地位，明确企业与投资者的财产关系与责任关系。

4. 国有企业、集体企业与私营企业

按照企业所有制性质的不同所作的一种分类。在《关于划分企业登记注册类型的规定》中分别对国有企业、集体企业与私营企业做了明确的界定。该规定第 3 条规定："国有企业是指企业全部资产归国家所有，并按《企业法人登记管理条例》规定登

记注册的非公司制的经济组织。"该规定的第 4 条规定:"集体企业是指企业资产归集体所有,并按《企业法人登记管理条例》规定登记注册的经济组织。"私营企业是指企业的资产属于私人所有,有法定数额以上的雇工的营利性经济组织。

5. 工业企业、农业企业、金融企业等

这是依企业主要经营的业务性质作为划分标准的一种分类。通常工业企业除加工制造业外,还包括矿山开采业、勘探业、电力业等;农业企业有农场、畜牧业、家禽家畜饲养业等;金融企业主要指各种从事存款、贷款、汇兑、转账结算、信托投资、证券交易等业务的银行、信用社、财务公司、证券公司、信托投资公司等。此外,依照行业标准,除这三种企业类型外,还有商业企业、交通运输企业、旅游企业、餐饮企业等。

6. 大型企业、中型企业与小型企业

是根据企业生产经营规模的大小所做的一种分类。世界各国对于大中小型企业的划分标准有很大的差异,并且由于经济的发展变化,各国对其划分标准还不断调整。我国国家经贸委于 2003 年颁布的《中小型企业标准暂行规定》第 2 条也明确规定:"中小企业标准根据企业职工人数、销售额、资产总额等指标,结合行业特点制定。"

7. 内资企业与外商投资企业

这一分类主要是根据企业资本金中是否含有外国企业、经济组织和个人的直接投资来划分的。出资额达到规定份额以上的企业投资者属于外国投资者则可归入外商投资企业。在我国,外商投资企业,包括中外合资经营企业、中外合作经营企业、外资企业三种形式,是指依照中华人民共和国法律的规定,在中国境内由内地投资者和外国投资者共同举办或者仅由外国投资者举办的企业。

8. 上市公司与非上市公司

以公司股份是否可以在证券交易所挂牌流通为标准,可将企业分为非上市公司与上市公司。❶ 上市公司是指股票在证券交易所上市交易的股份有限公司。而非上市公司又有广义与狭义之分。其中，从广义上来讲，是指根据公司章程或其他规章规定，全部股份由设立公司的股东持有，股份转让受到严格限制，不能在证券市场上自由转让的公司，具体包括独资、合伙、有限责任公司和非上市的股份有限公司；狭义上是指非上市公众公司，指公开发行股票，但其股票在证券交易所之外，依法设立的其他交易场所进行交易的公司。❷ 而上市公司或开放式公司是指可以按照法定的程序公开招股，股东人数无法律限定，且股份可以在证券市场上自由转让的公司。

9. 人合企业、资合企业以及人合兼资合企业

这是以企业信用基础为标准，其可以分为人合企业、资合企业以及人合兼资合企业。人合是指企业的经营活动以股东个人信用而非公司资本的多寡为基础的企业。合伙企业属于典型的人合企业。资合企业是指企业的经营活动以企业资本的规模而不是股东的个人信用为基础的企业。股份有限公司属于典型的资合企业。人合兼资合特点的企业是指企业的设立和经营同时依赖股东个人信用和企业资本规模，从而兼有人合与资合特点的企业。有限责任公司、两合公司均属此类企业。

从上述企业形态的划分来看，既有以所有制作为标准划分企业法律形态的做法，也有以产权组合方式为标准的企业形态立法。但从我国现有的企业形态立法来看，相对于美、英、德、日等国种类繁多的具体企业类型以及日趋宽松、灵活的法律规制，我国目前的企业形态立法又显示出一定的保守性。一是依据产权关系来看，没有采用反映企业产权关系的封闭公司和公众公司之

---

❶ 刘俊海：《公司法学》，北京大学出版社2008年版，第12页。
❷ 参见国务院办公厅《关于严厉打击非法发行股票和非法经营证券业务有关问题的通知》（2006年12月12日）。

划分。二是过分重视企业形态标准化和典型化的倾向，没有给增加适合小微企业的法律形态的自主性。❶

三、企业组织形态的变迁与模式化公司的兴起

（一）商事组织的法律光谱

实际上，商事组织的演变和发展过程，受到科技进步、各国政治、文化等国情和法律制度创新等多种因素的影响。一方面科技进步引发了互联网革命，继而出现了许多互联网公司和虚拟组织；另一方面是企业所处的政治、文化、技术、土地和科技各方面原因的影响和企业本身的构成要素的影响。但是不管怎样，在商事组织变迁中，其组织内部遵循以下三种逻辑路径：契约安排、资产分割和有限责任。其背后的理论依次为：

1. 契约理论

自新制度经济学对企业提出全新的诠释以来，企业已经不再被简单地视为经济活动中的基本生产单位，而被认为是一种节约交易成本的"合同关系的链接"，"包含了专用和通用型投入的提供者，管理、技术及其他劳动服务的提供者，股权和债务资金的提供者，以及客户等之间的关系"。❷ 而作为"合同关系的链接"，企业包含了专用和通用型投入的提供者，管理、技术及其他劳动服务的提供者，股权和债务资金的提供者，以及客户等之间的关系。也就是说，在企业这个框架中，大量"生产要素"的所有者达成了书面或非书面合同而相互合作。合同规定了哪项任务要由企业的哪些成员完成，在什么情况下完成，以及企业内劳动分工应如何协调等问题；合同也具体规定了企业的组织结构，相关权利实际上被分割和安排给了不同人。企业中最终发号施令

---

❶ 戴中璧："法经济学视角下的企业形态研究"，载《河北法学》2013年第4期。

❷ ［美］路易斯·普特曼、兰德尔·克罗茨纳编：《企业的经济性质》，孙经纬译，上海财经大学出版社2000年版，第27页。

的权利一般交给那些拥有企业专用性资源、具有更大的风险承担能力并能确定任何时点上的"自然状态"的人。❶ 故而，作为配置经济资源重要载体的企业，因构成要素的不同组合而具有不同的形态，如独资、合伙、公司、合作社等。

2. 资产分割理论

企业理论虽然提供了企业性质与功能的解释，但并未解决一个关键的问题，即企业如何成为法律上承认的交易主体。这里要强调的是，由于交易费用与道德风险，如果没有法律的协助，实践中难以确定有效的企业边界。❷ 从经济角度观察，各种商业组织均具有相似之核心法则，即"资产分割"（Asset Partitioning）。商事组织法发挥了"资产分割"的功能，塑造了独立的企业（资产）主体。而所谓资产分割系指，合伙、公司、信托三者仅具有类似光谱上程度之差异，进而作不同的契约安排而已，并遵从从身份向契约的发展路径。如合伙最先为兄弟叔侄分财产时，为继续财产权而发生合股（合伙）；嗣后将此方法利用于新商业，且扩及于非原共有财产人之亲戚朋友之间，系指二人以上出资，以共同损益计算而经营事业，按其出资比例，对合伙之债权人负无限责任的合同。随着商业交易规模的进一步发展，才逐渐用于商业目的，被认为是"两个或两个以上当事人为实现某一共同的目的而相互合作的协议"，中世纪以后逐渐演变为现在商业组织形态——合伙。而从以公司形式经营却不是公司的合伙到商人行会，再到由国王颁发特许状的合股公司或管制公司，直至今天的有限责任与股份有限责任公司的转化，带来了商业组织的革命性变化，股东之间的合作和共同意志被看成是公司产生的人性

---

❶ [德] 埃瑞克·G. 菲吕博顿、鲁道夫·瑞切特编：《新制度经济学》，孙经纬译，上海财经大学出版社1998年版，第10页。

❷ 李清池："商事组织的法律构造——经济功能的分析"，载《中国社会科学》2006年第4期。

化前提。❶ 在公司演变发展的过程中，人合性和资合性孰重孰轻也显示了公司制度从身份到契约的发展过程。其中，资产分割被商业规划者用来调整当事人与第三人之间的债权债务关系，其外部法律关系虽无法透过一般契约关系创设出来，❷ 却可通过内部当事人之间的信义关系来确定，这种信义关系是基于当事人之间的信任和所订立的合同而建立的。

3. 有限责任理论

一般认为，法人制度肇始于罗马法，在罗马法中，有关法人的术语非常繁多，如：universitas、corparations、corpus、collegia、sociatas 等。❸ 罗马法有关法人人格的理念主要体现在"团体"之类的组织。但是，罗马法中有关团体人格与其成员人格分离的理论说明，法人的独立人格并不依赖于法人成员对其承担有限责任，而是依赖于团体人格与成员人格的分离。至于，法人具有独立人格这个问题，已经获得了各国立法、判例和学说的普遍确认，法人的独立人格理论最终导致了各国民商事法律特别是公司法对有限责任制度的普遍接受。实际上，尽管有限责任制度产生于罗马时代，但真正现代意义上的有限责任的最早且普遍的运用，则是从中世纪的康孟达组织（commenda）开始的。只是有限责任制度在早期商业领域中的运用，不过是债权人为了规避法律保护自己的债权人地位而主动选择的结果。❹ 于今，投资者的责任形式是区别企业法律形态最重要的标准之一，除了传统的有限责任和无限责任以外，商业和法律实践还发展出一部分投资人

---

❶ 王继远："商事组织中信义义务的源流及其嬗变"，载《甘肃社会科学》2010年第3期。

❷ 王文宇：《新公司与企业法》，中国政法大学出版社2003年版，第10~12页。

❸ 江平等：《罗马法基础》，中国政法大学出版社1987年版，第63页。

❹ 任尔昕："我国法人制度之批判——从法人人格与有限责任制度的关系角度考察"，载《法学评论》2004年第1期。

承担有限责任而另一部分投资人承担无限（有限合伙、两合公司）责任、原则上承担无限责任但特殊情况下承担有限（例如有限责任合伙）责任等形式。并且，最近几十年还产生了有限责任公司、合同公司、经营者公司等新型有限责任企业形态❶。

（二）企业组织的未来与模式化的公司

1. 企业组织的未来

从前面的分析可知，无论是大陆法系，还是英美法系，其商业组织都经历了从契约到组织、从无限责任到有限责任、从简单到复杂、从一元化到多元化的发展趋势。只是某种商业组织的存在，并不必然导致其他形式的商事组织退出历史舞台。因为商业组织形态的选择具有一定的相对性，不存在一种生产组织形态肯定要优越于另一种生产组织形态的问题，一切均应看其能否适应它所处的那个文化环境。❷ 但是有一点需要引起大家的注意：无论是英美法系的美国，还是大陆法系的德国、法国，企业组织形态的变迁总是涉及政治、经济、文化变量发生作用时的法系分异，但有一点趋同是，公司不同时期所经历的不同性质的分化过程导致了现代公司特征的逐步确立。从独资到合伙、从合伙到公司，这种线性的发展有种看似合理而又欠缺缜密之处：公司为何最终在当代成为最主要的企业组织形式？其一，公司形式的确有其充分的优越性，它适应了包括社会化大生产、多渠道融资在内的一系列经济发展需求。其二，国家通过法律的手段渐次加强对企业变迁的干预。❸

---

❶ 美国《1977年有限责任公司法》《2006年日本公司法》和2008年《德国有限责任公司法》。

❷ 李君、林治洪、李怀："自然选择—企业组织形态的变迁"，载《东北财经大学学报》1999年第5期。

❸ 甘培忠，周游："论当代企业组织形式变迁的趋同与整合——以国家需求与私人创新的契合为轴心"，载《法学评论》2013年第6期。

2. 企业立法体系下的模式化的公司

我国的企业立法经过了计划经济时代和市场经济时代，现有的企业立法体系由于经济体制改革渐进性与不彻底性等原因，存在以所有制企业法、企业组织法为基本企业法，辅以特别企业法、政策产业促进企业法的现行企业立法体系。随着新一轮的经济全球化和科技的发展，立法者需要接受并践行一个立法观念：企业法恒久的频繁变动性。❶

作为基本企业法之核心部门法，公司法也应该适应企业法的现代化发展，"着眼于市场经济从一国范围到全球一体化的转变，不断提高公司法的适应水平，充分发挥其引导功能"❷。而从公司法的现代化发展来看，尽管各国根据自身实际需要而进行公司分类，但是，"两大法系的公司形式都存在趋同迹象，而且从这个角度来看，公司分类的多元化恰好是公司形式变迁趋同的体现：为了确保若干新型的或是特殊的公司类型的存在不会减损普通公司（亦即蕴含全部前述特征的公司）的社会效应，有必要将这些特殊的公司类型予以特别规定，这也部分解释了德国有限责任公司（GmbH）与美国（LLC）有限责任公司出现的根由。"❸

追溯商事组织发展历史，我们也不难看出，商事组织的演变是一个时期与非主流商事组织形态的关系，而不是简单的替代与消灭关系，任何一个商事组织及其相关制度的产生与发展都不是对先前商事组织或相关制度的简单取代。❹ 对于非上市公司来

---

❶ 李建伟："中国企业立法体系的改革与重构"，载《暨南学报（社会科学版）》2013年第6期。

❷ 王保树："立法政策与中国大陆公司法的现代化"，载王保树主编：《转型中的公司法的现代化》，社会科学文献出版社2006年版，第598页。

❸ 甘培忠，周游："论当代企业组织形式变迁的趋同与整合——以国家需求与私人创新的契合为轴心"，载《法学评论》2013年第6期。

❹ 甘培忠、王冬梅：《非上市股份有限责任公司运营与治理法律制度研究》，法律出版社2012年版，第11页。

说，其是作为公司法领域的法定类型，还是作为非典型企业，成为企业法体系中特别企业法的调整对象，取决于企业法律形态之分类标准。例如，有学者提出，"实践运作中的商事公司中有三大代理问题。第一类代理问题涉及公司股东与公司经营者之间的利益冲突；第二类代理问题涉及控制股东与小股东或者非控制股东之间的利益冲突；第三类代理问题涉及公司自身（尤其包括公司股东）与缔约伙伴（债权人、职工和顾客）之间的利益冲突。据此，公司法的法理基础和立法规则设计都是紧紧围绕这三大代理问题和控制这三大机会主义行为而构建。这三类代理问题的存在程度及其克服途径的选择就决定了公司形态的分类。"❶ 正如日本学者落合诚一所言，"公司法规定公司种类的意义是什么，对此有多种见解。有一种理解是，让公司法准备出集中各利害相关方大概会认同的有关公司的一整套规则（即公司的模式），这样就可为公司的利害相关方提供方面，因此也就是必要且有意义的。"❷ 正因如此，为当事人提供多样化的选择，并根据不同公司形态及利益结构的差异，改善公司治理结构以平衡公司各方参与者的利益关系，❸ 进行公司形态的调整与创新成为新近各国公司法改革内容中的一条主线。

第二节 非上市公司：不得不澄清的概念

其实，从世界的发展趋势来看，适合中小企业选择的法律形态主要有独资企业、合伙企业和有限责任公司等。按照蒋大兴教授曾经所作的调查研究表明，"专业训练与企业形态诸因素的选

---

❶ 刘迎霜："我国公司类型改革探讨——以非公众股份有限公司为视角"，载《广东社会科学》2014年第1期。

❷ ［日］落合诚一：《公司法概论》，法律出版社2011年版，第41~42页。

❸ 周友苏、李红军："现代化视野下中国公司法改革前瞻"，载《社会科学》2012年第4期。

择之间仅存在微弱的相关性,性别构成对此有些影响;专业训练和性别构成对企业类型的选择并无明显影响;专业训练对国家确定企业法律形态时应当考量的价值因素存在较大影响,但性别构成与此无太大的相关性;企业形态法定主义并未如理论教条所描述的那样受到重视,理论界颂扬、肯定的企业形态法定主义缺乏观念现实基础。"❶ 可见,在实际生活中,投资者之所以采用非公司企业和非上市公司这种组织形式(有限责任公司和未上市的股份有限公司),而不采用合伙企业或者个体企业的形式,也不完全考虑企业的法定形态,主要是基于以下两个因素的考虑:

第一,风险负担。在现代经济生活中,从事企业经营活动都存在很大的风险。合伙是合伙人承担无限责任的组织,而公司则是承担有限责任的组织。尽管公司的股东有可能在特殊情况下需要承担无限连带责任,但这仅仅是特例。在大多数情况下,公司股东承担的都是有限责任。采取封闭公司形式,股东就能承担有限责任,这对于经营小型企业的人来说,何乐而不为呢?

第二,成本负担。在美国,许多高收入者愿意成为股东,而不愿成为合伙企业的合伙人,其原因在于:一方面,在一定情况下,非上市公司可以得到比合伙企业更加优惠的减免税收待遇;❷ 另一方面,通过非上市公司形式,可以规避所得税上的额外负担。❸ 可以说,非上市公司的设立在很大程度上是基于税收上的考虑。当然,由于上市公司最能吸引人们的眼球和引发人们的讨论,故一直以来在绝大多数场合,人们在讨论公司法律问题时,针对的多是上市公司而不是非上市公司,表现在立法上,就是普遍缺乏对有限责任公司或非上市股份公司的特殊性考虑和安

---

❶ 蒋大兴:"样本观察:选择企业法律形态的诸因素比较——专业训练与性别构成是否会导致差异?",载《南京大学法律评论》2003年第1期,第73页。

❷ 金朝武:"美国封闭公司法律制度及其立法选择",载《广州大学学报》(综合版)2000年第4期。

❸ 同上。

排,且相当一部分学者或立法者会潜意识地把适用于上市公司的法律原则及规则一并强加给非上市公司。然而在各国,中小企业的数量已经在市场中占据了绝对地位,而这些企业通常采用非上市公司的形式。

现在,各国对非上市公司法律调整的研究愈加重视,而我国对非上市公司问题的研究仍相对缺乏。随着我国民营中小企业的兴起,我们认为有必要对非上市公司进行理论研究(见表2-1)。

表2-1 部分非上市公司的经济情况汇总表(2006年度)

公司名称	成长速度(%)	2006年营收总额(万元)	2006年缴税总额(万元)	2006年税后净利润(万元)	2006年资产总额(万元)
湖南太子奶集团	1 189.66	117 385	—	21 659	204 020
北京慈铭健康体检管理有限公司	1 166.71	10 805	32	3 151	10 788
浙江超威电源有限公司	679.90	131 102	4 445	10 177	58 068
福建海源自动化机械设备有限公司	491.22	21 875	1 254	418	6 660
浙江永宁龙机电有限公司	482.09	15 734	188	581	15 802
大连宏光好运来集团有限公司	481.64	396 680	2 830	11 305	227 142
山东桑乐太阳能有限公司	334.51	52 645	—	760	8 500
镇江鼎盛铝业有限公司	250.36	150 327	1 168	4 179	125 255
湖南云锦集团有限公司	249.20	54 897	—	3 302	30 283
福建海台食品饮料有限公司	245.45	38 000	1 500	3 500	13 600
山西阳光环保科技有限公司	245.38	26 529	379	270	7 232

续表

公司名称	成长速度(%)	2006年营收总额(万元)	2006年缴税总额(万元)	2006年税后净利润(万元)	2006年资产总额(万元)
内蒙古乡土居餐饮连锁有限公司	239.52	28 000	1 400	5 008	4 500
荣盛化纤集团有限公司	208.57	1 013 598	26 034	31 014	655 082
中国远洲集团	206.48	77.183	3.308	6.676	131.112
江苏常宝钢有限公司	206.09	150 253	10 527	16 563	75 272
大汉控股集团有限公司	199.95	281 400	2 875	6 440	156 377
天津荣城联合钢铁集团有限公司	196.95	2 452 566	77 572	122 263	513 283
奥康集团有限公司	196.74	365 786	47 248	38 370	115 239
南通罗莱家居用品有限公司	195.02	96 000	2 850	6 630	33 620
安徽江淮电缆集团有限公司	193.08	131 286	9 180	10 116	50 530
成都三肝集团有限公司	192.94	128 145	1 183	5 961	71 808
江苏大江本业集团	191.18	19 800	1 200	3 992	10 897
北京天元伟业模板有限公司	188.11	10 545	65	1 802	7 259
嘉晨集团有限公司	186.85	350 760	11 967	21 033	508 796
山西晋城宏圣科威矿用材料有限公司	184.94	20 869	—	1 653	6 268
北京国瑞兴业地产有限公司	178.86	148 132	-5 583	6 912	310 023
波司登股份有限公司	173.40	1 061 068	40 017	72 907	653 800
武汉新海景酒店管理有限公司	170.86	12 018	855	1 302	2 397
安徽应流集团	158.61	91 062	—	6 204	81 251
山东京博控股发展有限公司	158.12	801 701	38 739	31 906	481 700
无锡兴达泡塑新材料有限公司	154.41	680 017	3 210	9 760	134 404
山东亿家能太阳能有限公司	154.02	40 229	—	401	19 271
美特斯邦集团有限公司	153.99	513 325	13 523	26 587	142 631

续表

公司名称	成长速度（%）	2006年营收总额（万元）	2006年缴税总额（万元）	2006年税后净利润（万元）	2006年资产总额（万元）
苏泊尔集团有限公司	149.57	388 703	9 500	9 177	300 000
辽宁禾丰牧业股份有限公司	145.69	230 001	1 250	10 959	71 550
雷士照明控股有限公司	136.82	121 878	4 280	11 500	38 682

数据来源：在2007中国成长百强（非上市公司）分析报告❶的基础上整理而得

一、各国和地区对非上市公司的学说定义及其评价

（一）各国和地区对非上市公司的学说定义

非上市公司实际上是上市公司的对称，而上市公司是指股票在证券交易所上市交易的股份有限公司。相对于上市公司而言，非上市公司一般是指不可以在证券市场公开招股的公司。❷ 对于非上市公司，各国采取了不同的称谓：英国法创造"私人公司"（private company），美国则称为"封闭公司"（closed corporation），它们常被译作"私公司""不上市公司""少数人公司"或"非公开招股公司"❸；相对地，德国法则在股份有限公司之外，另创设"有限公司"制度，法国则系指"非公开募集公司资本的公司"，日本和韩国则直接称为"非开放式公司"和"非上市法人"，我国台湾地区则将其称为"非公开发行公司"或"非上市公司"。详述如下：

---

❶ 佚名：《2007中国成长百强（非上市公司）分析报告》，摘自百度文库，http://wenku.baidu.com/view/763867aad1f34693daef3ed3.html；访问时间：2007年12月22日。

❷ 刘俊海：《现代公司法》，法律出版社2008年版，第32页。

❸ 冯果：《公司法要论》，武汉大学出版社2003年版，第10页。

第二章 非上市公司的基本原理：概念阐释与制度生成

1. 美国

美国公司种类庞杂，按照公司发行的股票是否可以进入证券市场，或者按照公司人数的多少，可以将公司划分为非公共公司或封闭公司（Closed Held Corporation）和公共公司（Public Corporation）。至于封闭公司，在美国也没有统一的划分，概括起来主要有五种❶：第一种界定以股东人数来定义闭锁性公司，例如亚利桑那州即限定闭锁性公司之原始股东人数不得超过10人，缅因州限定闭锁性公司之股东人数不得超过20人；第二种界定闭锁性公司之方式，系指该公司之股票未于证券交易所上市或店头市场交易；第三种界定闭锁性公司之方式，指闭锁性公司不但股东人数较少，且其股票欠缺交易市场；第四种界定闭锁性公司之方式，则自经济之角度观察，以闭锁性公司系指公司之经营者与管理者基本上系属同一群人；第五种定义方式指所谓闭锁性公司系公司全体股东选择作为闭锁性公司。各州就闭锁性公司规定之要件虽各有不同，但均不脱离上述范畴。模范闭锁性公司法增补篇规定，公司股东人数若不超过50人，得由各类股票股东2/3以上之同意，修正其公司章程选择作为闭锁性公司。其中，根据美国法学会（American Law Institute，或简称ALI）《公司治理指南》（Principle of Corporare Governance，或简称 Prin. of Corp. Gov.）的界定，"封闭公司"或"非公共公司"是指股权证券由少数人拥有并且不存在为这些证券提供活跃的交易市场的公司。❷ 和公共公司相比，一般认为非公共公司特点如下：其一，股东的人数较少；其二，股票不存在外部市场；其三，大部分的主要股东参与公司管理。如特拉华法律规定，要成为封闭公司，必须满足三个条件：一是股东人数，通常其股东应少于30

---

❶ 杨竹生："论闭锁性公司股份移转之限制——以美国法制为论述依据"，载《中原财经法学》1996年第2期。

❷ See Prin. of Corp. Gov. §1.06

第二章 非上市公司的基本原理：概念阐释与制度生成

人；二是股份不能公开发行；三是看是否对股份转让设定了限制（见表2－2）。❶

表2－2 我国公司分类与美国公司分类的对照❷

等级标准	设立方式	类型	对应市场	是否对股份转让设定了限制	美国公司划分
股份公司	公开募集（发起股东＋外部股东）	上市公司	主板市场	否	开放型公司
		非上市公司	创业板市场、柜台交易系统	否	
	发起设立（发起股东＝全体股东）	非上市公司	内部市场	是	无
有限公司	全体股东设立（发起股东＝全体股东）	国有有限公司（非上市公司）	国有产权交易中心	是	闭锁型公司
		有限公司（非上市公司）	无统一市场	是	闭锁型公司

资料来源：本研究整理而得

2. 英国

现行的1985年公司法，将公司明确分为两类，即私人公司与公众公司。❸ 公众公司指实收资本、在公司章程中载明是公众公司的股份有限公司或者保证有限公司。私人公司指除了公众公司外的公司，❹ 是没有具备公司全部核心特征中最值得注意的公司，即指股东人数少，所有的或大多数股东都期望参与公司的管

---

❶ See Del. GCL §342.
❷ 刘俊海：《现代公司法》，法律出版社2008年版，第31页。
❸ 葛伟军：《英国2006年公司法》，法律出版社2008年版，第228页。
❹ 葛伟军："英国非上市公众公司法律制度"，载《上海证券报》2006年4月14日。

理的"小"公司,有时也被称作"封闭持有的"(closely held)或"封闭的"(close)公司。这种公司中的股东至少就他们融资的主要来源约定不享有有限责任,并且在任何情形下,他们所处的地位能更好监督无限责任的风险,因为他们密切参与公司的管理。这种公司的股东极力拒绝集中管理的观念,而且更进一步的是,他们可能将任何新股东的身份作为全体股东考虑的一件事来对待,而不仅仅将它看作是预期转让人的事情(见表2-3)。

表2-3 我国公司分类与英国公司分类的对照①

等级标准	设立方式	类型	对应市场	实践中是否可以直接设立	英国公司划分
股份公司	公开募集（发起股东+外部股东）	上市公司	主板市场	否	公公司
		非上市公司	创业板市场、柜台交易系统	否	
	发起设立（发起股东=全体股东）	非上市公司	内部市场	可以	私公司
有限公司	全体股东设立（发起股东=全体股东）	国有有限公司（非上市公司）	国有产权交易中心	可以	公公司
		有限公司（非上市公司）	无统一市场	可以	私公司

资料来源:本研究整理而得

3. 日本

目前而言,在日本,如果出资者人数较少,其在设立公司时,一般会选择采用非公开股份公司,而并非按照传统采用的有限责任公司的形式,由此便产生了有限公司作为非公开公司与大

---

① 邓峰:《普通公司法》,中国人民大学出版社2009年版,第93页。

第二章 非上市公司的基本原理：概念阐释与制度生成

量非公开的股份公司并存而规制不同的矛盾，导致股份公司和有限公司的制度安排与日本的经济实践相偏离。因此，日本于2005年6月29日修改了原《公司法》中上述规定，不再保留有限公司的形式，从而实现了股份公司和有限公司两者的一体化。❶ 同时，仍将股份公司区分为股份转让受限公司和股份转让不受限公司，即非开放式公司和开放式公司。❷ 按照日本现行公司法的规定，"开放式公司"是指在章程中没有规定限制股份转让的公司，包括对所有股份的转让不作限制的公司和对部分股份的转让不作限制的公司。而"非开放式公司"指限制股份转让的公司，包括对所有股份的转让均作限制的公司，或不是大公司且非开放式的股份公司。❸ 根据此种划分的界定，我国非上市公司的范畴则主要是指日本公司法中的不是大的且非开放式的股份公司（见表2-4）。

表2-4 我国公司分类与日本公司分类的比照

等级标准	设立方式	类型	对应市场	实践中是否可以直接设立	日本公司划分
股份公司	公开募集（发起股东+外部股东）	上市公司	主板市场	否	开放式公司
		非上市公司	创业板市场、柜台交易系统	否	
	发起设立（发起股东=全体股东）	非上市公司	内部市场	可以	非开放式公司

---

❶ 王保树：《最新日本公司法》，于敏、杨东译，法律出版社2006年版，第4页。
❷ 同上。
❸ 唐杰英："日本中小公司灵活而规范的公司法制度对我国的启示"，载《政治与法律》2009年第5期。

续表

等级标准	设立方式	类型	对应市场	实践中是否可以直接设立	日本公司划分
有限公司	全体股东设立（发起股东=全体股东）	国有有限公司（非上市公司）	国有产权交易中心	可以	非开放式公司
		有限公司（非上市公司）	无统一市场	可以	非开放式公司

资料来源：本研究整理而得

4. 德国

根据德国资合公司法规定，公司可以划分为资合公司和人合公司，资合公司包括股份公司、股份两合公司和有限责任公司，而人合公司则主要包括民法公司、合伙企业、无限合伙企业、两合公司、隐名公司和海运公司等。❶ 资合公司中的股份公司可以上市，也可以不上市，规模较小的大多均未上市。上市须经过批准，上市申请由德国信贷机构提出，审批由股票交易所负责，股份公司也只承担与注册股份资本相应的有限责任。而资合公司中的有限责任公司的股份虽然可以以股票的形式记载，但是其股票只是股份的凭证，其股份也不能通过公司章程的规定在证券交易所进行挂牌交易。❷ 然而，遗憾的是，尽管德国最新颁布的《有关小型股份有限公司和简化1994年股份法的法律》对上市公司和非上市公司做了不同的规定，但该法是以股份交易的需要为原则而制定的，对上市公司和非上市公司并没有进行实质性的区分

---

❶ [德]托马斯·莱塞尔、吕迪格·法伊尔：《德国资合公司法》，高旭军、单晓光、刘晓海等译，法律出版社2005年版，第5页。

❷ 同上书，第392页。

(见表2-5)。❶

表2-5 我国公司分类与德国公司分类的比照

等级标准	设立方式	类型	对应市场	实践中是否可以直接设立	德国公司划分
股份公司	公开募集 (发起股东+外部股东)	上市公司	主板市场	否	上市公司
		非上市公司	创业板市场、柜台交易系统	否	
	发起设立 (发起股东=全体股东)	非上市公司	内部市场	可以	非上市公司
有限公司	全体股东设立 (发起股东=全体股东)	国有有限公司 (非上市公司)	国有产权交易中心	可以	上市公司
		有限公司 (非上市公司)	无统一市场	可以	非上市公司

资料来源：本研究整理而得

5. 法国

按照是否公开募集资本来分类，公司可以划分为公开募集资本的公司与非公开募集资本的公司。非公开募集资本公司主要是指向"有特定资格的投资人"包括金融行业人士，或范围有限的储蓄人等推销公司证券的有限责任公司和其他小规模的"集权领导的"股份有限公司（见表2-6）。❷

---

❶ [德] 托马斯·莱塞尔、吕迪格·法伊尔：《德国资合公司法》，高旭军、单晓光、刘晓海等译，法律出版社2005年版，第18、71页。
❷ [法] 伊夫·居荣著：《法国商法》（第1卷），罗结珍、赵海峰译，法律出版社2004年版，第230～233页。

表2-6 我国公司分类与法国公司分类的比照

等级标准	设立方式	类型	对应市场	实践中是否可以直接设立	法国公司划分
股份公司	公开募集（发起股东+外部股东）	上市公司	主板市场	否	公开募集资本的公司
		非上市公司	创业板市场、柜台交易系统	否	
	发起设立（发起股东=全体股东）	非上市公司	内部市场	可以	非公开募集资本的公司
有限公司	全体股东设立（发起股东=全体股东）	国有有限公司（非上市公司）	国有产权交易中心	可以	非公开募集资本的公司
		有限公司（非上市公司）	无统一市场	可以	非公开募集资本的公司

资料来源：本研究整理而得

6. 韩国

根据韩国商法典170条规定，根据公司的成员即社员的责任形态为标准，韩国公司可以划分为无限公司、两合公司、股份公司、有限公司等四种公司形态。❶ 据统计，1995年1月1日止，韩国国税厅管理税籍的共129748个国内公司中，股份公司占119496个（92.1%），有限公司占5031个（3.09%），两合公司占4428个（3.4%），无限公司占793（0.6%）。❷ 目前以上市公司为主的大规模公司无例外地均为股份公司。❸ 而根据公司发行的股份是否可以在证券交易所交易，可以将公司划分为上市法

---

❶ ［韩］李哲松：《韩国公司法》，吴日焕译，中国政法大学出版社2001年版，第64页。

❷ 同上书，第68页。

❸ 同上。

人，即系指其所发行的股份可以在证券交易所交易的公司；和非上市法人，即为股份不能在证券交易所进行交易的法人。据统计，到1998年1月1日为止，韩国的上市法人共776个（见表2－7）。❶

表2－7 我国公司分类与韩国公司分类的比照

等级标准	设立方式	类型	对应市场	实践中是否可以直接设立	韩国公司划分
股份公司	公开募集（发起股东＋外部股东）	上市公司	主板市场	否	上市法人
		非上市公司	创业板市场、柜台交易系统	否	
	发起设立（发起股东＝全体股东）	非上市公司	内部市场	可以	非上市法人
有限公司	全体股东设立（发起股东＝全体股东）	国有有限公司（非上市公司）	国有产权交易中心	可以	非上市法人
		有限公司（非上市公司）	无统一市场	可以	非上市法人

资料来源：本研究整理而得

7. 中国台湾地区

公司法第1条即对公司之意义有所规范："公司谓以营利为目的，依照本法组织、登记、成立之社团法人。"❷ 根据是否公开发行，其将公司分为公开发行与非公开发行公司。"公开发行"就行为意义而言，系指以公开方式发行股份或公司债之谓。

---

❶ [韩] 李哲松：《韩国公司法》，吴日焕译，中国政法大学出版社2001年版，第69～70页。

❷ 王文宇：《公司法论》，中国政法大学出版社2004年版，第71页。

第二章 非上市公司的基本原理：概念阐释与制度生成

至于非公开发行公司，即未经上述公开发行程序之股份有限公司；此类公司多具人合性，资金也不向公众招募，有称其为非上市公司（见表2-8）。❶

表2-8 我国公司分类与我国台湾地区公司分类的比照

等级标准	设立方式	类型	对应市场	实践中是否可以直接设立	台湾公司划分
股份公司	公开募集（发起股东+外部股东）	上市公司	主板市场	否	公开发行
		非上市公司	创业板市场、柜台交易系统	否	
	发起设立（发起股东=全体股东）	非上市公司	内部市场	可以	非公开发行
有限公司	全体股东设立（发起股东=全体股东）	国有有限公司（非上市公司）	国有产权交易中心	可以	公开发行
		有限公司（非上市公司）	无统一市场	可以	非公开发行

资料来源：本研究整理而得

（二）对各国非上市公司的学说定义之评价

从上述各表中可以看出，在英国法律体系中，按照公司是否在公开的市场（或外部市场）交易，将公司划分为公众公司和私人公司，而按照是否可以直接进入资本市场的标准，股份公司实际上无法和英国的公开公司对应；按照产权交易的标准，股份公司中的非公开募集公司实际上不存在外部市场，而国有的有限责任公司则可以在国有产权交易中心进行股份转让，❷因此，英

---

❶ 王文宇：《公司法论》，中国政法大学出版社2004年版，第71~72页。
❷ 邓峰：《普通公司法》，中国人民大学出版社2009年版，第93页。

国的封闭性公司应当与我国未上市的股份有限公司和非国有的其他有限公司相对应。在美国法律体系中，以股东人数的多寡以及股权的流通性为准，公司可以分为开放型公司与闭锁型公司。开放型公司大致对应着我国股份有限公司中的上市公司，而非上市公司大致对应着我国的有限责任公司，❶ 而处于开放型公司与非上市公司的中间形态，即股东人数在300人、具有公司专业管理团队、股东流通性不强的公司则对应我国的未上市的股份有限公司。在德国法律制度上是以有限、股份有限公司区分闭锁、公开的企业形态。而日本新公司法中的非上市公司，包含闭锁股份有限公司与合同公司，❷ 等。由此可见，各国或地区对于非上市公司的称谓各异、其范围也存在交叉。我们认为，在英美法系国家，主要是从股东人数和是否有公司股票转让场所两个角度对公共公司（上市公司）和封闭公司（非上市公司）进行定义，将"股东人数众多"、公司股票存在"现成的市场"作为上市公司的特征，而将非上市公司定义为"只有少数个体股东，并且股东的股份不得在正式认可的证券交易所或柜台市场进行交易的公司"。而大陆法系国家一般区分闭锁型公司和开放型公司，前者不同于后者的主要原因是，闭锁型公司的股权虽然原则上可以自由转让，但不能在公开市场上自由交易。❸ 至于我国，基本沿用大陆法系的划分标准，以股票是否在证券交易所上市交易为标准，将公司划分为上市公司和非上市公司。但由于各国在公司分类的标准上存在差异，再加上我国公司法专家在名词翻译上比较混乱，所以导致我国与其他国家在非上市公司的外延上存在着错

---

❶ 刘俊海：《现代公司法》，法律出版社2008年版，第31页。

❷ 一般来说，认为合同公司是出资者全部为有限责任股东，就内部关系适用于民法上合伙同样规范的公司。参见林国全："日本合同公司之研究"，载《财经法制新时代：源河教授七秩华诞祝寿论文集》，元照出版社2008年版，第155页。

❸ ［美］莱纳·克拉克曼等：《公司法剖析：比较与功能的视角》，刘俊海、徐海燕译，北京大学出版社2007年版，第19页。

位。具体来说，在我国理论界，关于非上市公司的范围，主要存在以下六种观点：第一种观点认为，非上市公司，也称为非上市公众公司，即仅包括未上市的股份公司，而将有限责任公司排除在外；❶ 第二种观点则认为，非上市公司包括有限责任公司和未上市的股份有限公司；❷ 第三种观点认为，非上市公司是指仅包括有限责任公司的非上市公司；❸ 第四种观点认为非上市公司也称为私募公司（Private Company），是指股票不向社会公开发行，只向特定投资对象募集资金，其股票一般也不在证券交易所挂牌交易，具有资合偏人合性特点的公司；❹ 第五种观点认为，非上市公司并非因其股票"未上市或不能上市"而得其名，而是指是否可以向社会公众公开募集股份或是否在全国性证券交易场所上市交易；❺ 而第六种观点认为，非上市公司，也称为非上市的公开发行公司，与上市公司同属于股份有限公司中的公开发行公司，系指其股票在证券交易所之外，依法设立的其他交易场所进行交易的公司。❻ 实质上，第一种观点是将非上市公司局限于不能上市的股份有限公司，第三种观点则仅将其局限于有限责任公司，而第二种观点则正好是对上述两种观点的综合，第四种是将我国非上市公司等同于国外私募公司，但由于我国非上市公司在历史形成背景和运行机制方面具有独特性，从而产生其在现实中

---

❶ 股东人数在200人以下，不公开发行股票也不在证券交易所上市的股份有限公司。参见任胜利：《"两非"公司的称谓及其由来》，http://hi.baidu.com/myher/blog/item/880285ee377bf92a2df534da.html。

❷ 井涛：《非上市股份有限公司的特殊性》，载《法学》2004年第7期。

❸ 刘俊海：《现代公司法》，法律出版社2008年版，第31页。

❹ 刘迎霜：《非上市公众公司治理之道》，载《上海法制报》2008年3月17日。

❺ 周中举：《非上市股份有限公司监管的基本理论问题研究》，载《经理日报》2007年3月13日。

❻ 王保树：《上市公司法制总论》，载王保树、王文宇主编：《公司法理论与实践》，法律出版社2010年版，第3页。

的复杂性,并不完全等同于国外的私募公司,第五种观点则将非上市公司等同于其股票未能在沪深两个证券交易所上市的股份有限公司,而第六种观点将非上市公司仅仅局限于不能上市或被退市的公开发行公司,其实也会导致一个不可回避的现实问题,即在构建多层次资本市场时,如有限责任公司和不能上市的中小型股份有限公司将会被排除在融资主体之外,无法满足市场经济的需要。因此,在我看来,之所以会对非上市公司的理解存在偏差,究其原因主要在于:一是非上市公司概念的描述比较笼统,不够精确;二是一些专家在引用国外资料时断章取义;三是由于大家在讨论上市公司与非上市公司时,其依据的标准不一样。实际上,对一个法律概念的探讨,应该取决于其背后的法律意义。如果非上市公司概念不清,其结果不仅会导致大家在讨论该问题时混乱不清,同时也不利于非上市公司外延的界定,以及非上市公司法律制度的完善。

二、非上市公司概念厘定

通过对各国非上市公司学说定义的分析可知,按照学理分类,公司有诸多不同的分类方法。其中,大陆法系根据股东责任形式,有无限责任公司、两合公司、有限责任公司、股份有限公司和股份两合公司等分类;在英美法系,根据制度性架构的性质,可以区分为闭锁公司、公开公司以及准备上市的公司。❶ 欧盟成员国的公司法通常将公司区分为两种类型:上市公司和私人或"封闭"公司。❷ 我国公司立法采用大陆法系立法模式,在立法条文中明确使用了上市公司的概念,但并没有对非上市公司进

---

❶ [美] M. V. 爱森伯格:《公司法的结构》,张开平译,王保树主编:《商事法论集》(第3卷),法律出版社1999年版,第390~439页。

❷ Report of the High Level Group of Company Law Experts on a Modern Regulatory Framework for Company Law in Europe, Brussels, 4 November 2002. [2014-01-18]. http://ec.europa.eu/internal_market/company/docs/modern/report_en.pdf.

第二章 非上市公司的基本原理：概念阐释与制度生成

行界定。由此可见，无论大陆法系还是英美法系，无论是国外还是国内，非上市公司并非立法文本中正式的法律术语，与之比较接近的概念主要是"封闭公司"。然而，对于封闭公司的定义和范围也没有达成共识，在名称上或称为非公众股份公司、闭锁公司、不上市公司、封闭公司，在日本和我国台湾地区通常包含有限责任公司和闭锁股份有限公司。至于对封闭公司的界定，在公司法较为完备的美国，其各州的立法的规定也不太统一，但概括起来主要采用了两种立法模式❶：一是北卡罗来纳州立法模式。其并未将封闭公司进行直接界定，而认为其系股票不能上市的所有公司。二是特拉华州立法模式。明确界定"封闭公司"是特定的法定条文的客体，认为封闭公司应具备一个或四个资格：（1）股东人数的限制，（2）对股票的公开发行的禁令，（3）股票转让限制的要求，（4）封闭公司由股东选举。

在我国，由于股权交易可以分为上市公司股权交易和非上市公司股权交易，为避免被概念所困扰，理论界常将上市公司以外的股份公司称为非上市股份有限公司，具体来说又分为非上市非公众公司与非上市公众公司，而在实践中也特指以下二类公司：一种是不符合证券交易所上市条件，或虽然符合上市条件但其股份未在证券交易所申请上市的的股份公司；另一种是曾经在证券交易所上市但因不再符合交易所的条件而被退市的股份公司。由此可见，判断是否属于非上市公司，关键取决于是否上市，在哪里上市。若"未上市或不能上市"，则分为有限责任公司与未上市的股份有限责任公司；若虽可上市交易，但不能在全国性证券交易场所上市交易，则为未上市的股份有限责任公司。可见，非公众股份公司和有限责任公司均具有很强的封闭性特征，在企业规模、公司性质及管理结构等方面也已经很难区分。因此，广义

---

❶ See Dennis S. Karjala, An Analysis of Close Corporation Legislation in United States, 1*Ariz. St. L. J.*（Fall 1989）, pp. 663.

第二章　非上市公司的基本原理：概念阐释与制度生成

的非上市公司实际上包括有限责任公司和非上市股份有限公司，狭义的非上市公司指的则是非上市公众公司。

为了研究方便，下文所阐释的非上市公司既包括有限责任公司，也包括未上市的股份有限责任公司。当然，笔者之所以作出上述界定，首先是基于归类意义层面的考虑，如果将非上市公司界定为有限责任公司或未上市的股份有限公司，对我国的公司法的理论架构没有实质意义，因为我国公司法已将有限责任公司和股份公司进行了区分；其次是鉴于非上市公司的法律属性因素。因为一直以来，无论是理论文章，还是实践立法，几乎都在千篇一律地强调发起设立股份有限公司与有限责任公司之间的差异性，而人为地割裂了它们之间客观存在的如封闭性等同一性；最后，在市场经济中，资源和资金主要是通过资本市场来实现配置和再配置，而市场主体往往通过资本市场筹集创业资金和发展资金。不可否认，正是由于我国各种不同规模、不同效益、不同成长阶段企业存在融资需要，才导致了多层次资本市场体系构建的必然。为了与构建多层次资本市场相适应、满足市场经济不同的需要，我们在构建多层次资本市场融资主体时，不应仅仅将其局限于规模较大的公开发行公司。所以，笔者在此指出，所谓"非上市公司"是指上市公司以外的所有公司，包括有限责任公司和未上市股份有限公司。当然，按照募集资金的范围以及产权流动的方式，又将未上市股份有限公司分为定向募集公司、发起设立公司、股份合作制公司三种类型。定向募集公司是指由发起人组织，向发起人、其他法人和内部职工以股权证的形式定向募集资金而设立的股份有限公司；发起设立公司是指由发起人认购全部股份，不向其他社会法人和自然人募股的股份有限公司；股份合作制公司则是一种以企业劳动者出资认股筹集资金为特征的、股份制与合作制兼容的两合制企业（见图2-2）。

第二章 非上市公司的基本原理：概念阐释与制度生成

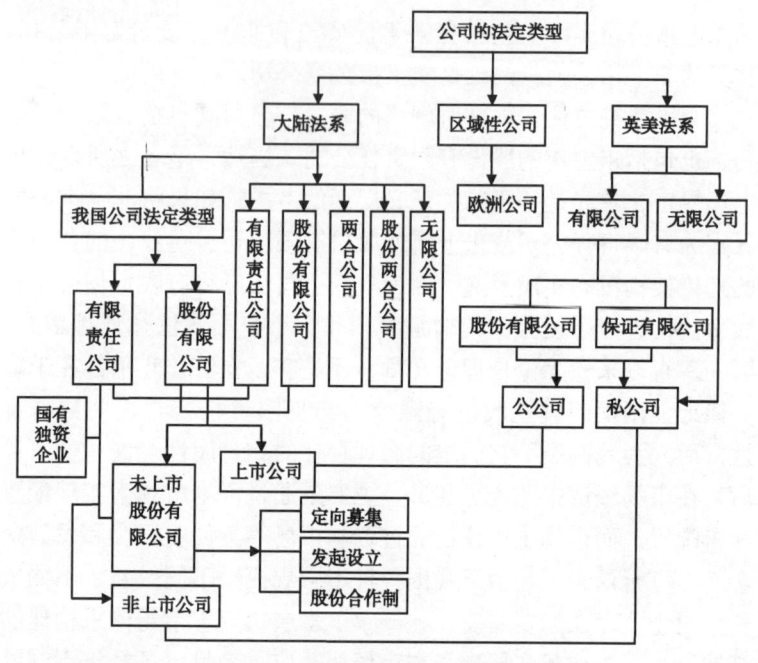

图 2-2 公司的法定类型

资料来源：本研究整理而得

三、非上市公司的法律属性

（一）人合性

非上市公司，亦称为人合型公司，系指以股东个人的信用、声誉、地位作为对外活动基础的公司。即这种公司的经济活动以股东个人的信用为依托，而不完全在于公司资本的多寡，即所谓的"信用在人"。换句话说，股东合作的纽带主要不是在于各自资本的拼凑，而是在于彼此存在着一种信赖。从股东构成上看，非上市公司中投资者的身份比较特殊，他们一般都来自熟人社会，相互之间靠血缘、亲缘、地缘、业缘和友缘等种种私人关系联系在一起，相互间信任度和依赖性比较高。❶ 这种信赖表现为各个股东之间存在着一定的感情基础，这种感情基础使得股东们相信彼此是可以信赖的，不会恶意损害的诚实的合作伙伴。这种信赖使得非上市公司的股东在公司初建时关系和谐，对未来事业的成功以及互相的关系充满乐观。这种"人合"的特征决定维护股东之间的团结是非上市公司正常运转的必要条件，但是也正因为如此，往往会把公司法所确立的投资者、管理者、雇员和公司的各自独立和明确区分的角色混为一谈。

（二）封闭性

非上市公司，也称为封闭性公司，指股东人数很少，公司股票缺少现成的市场，且多数股东实质性地参与管理的公司。❷ 其不仅指美国法中的封闭公司，还应包含英国法中的私人公司和大陆法系中的有限责任公司和发起设立的股份公司。❸ 之所以将其称为"封闭性"公司，主要表现在以下三个方面：（1）股份转让有限制。非上市公司的股东不像上市公司的股东那样可以自由转让所持公司股份。如果他们要转让自己的股份，其仅仅能够转让给公司的其他股东，只有在其他股东拒绝受让时，才能将该股份出售给公司以外的人。（2）股份交易有限制。非上市公司股份不得、也不允许上市交易。如果小股东对公司现行的商业策略或计划持否定态度，或因其对公司经营决策不能产生重大影响而不满，由于没有现成的公开市场供其有效率地、低成本地出售所持股份，公司股票不能在证券交易所或柜台市场进行交易，即公司不得向社会公众公开募集股份。❶ （3）信息封闭性。由于非上

---

❶ 王文宇著：《公司法论》，中国政法大学出版社2004年版，第71~72页。
❷ 苗壮：《美国公司法制度与判例》，法律出版社2007年版，第5页。
❸ 于定勇："论封闭公司内部治理之公司法调整"，载《法制与社会》2007年第4期。

❶ [美] 罗伯特·C. 克拉克：《公司法则》，工商出版社1999年版，第16页。

市公司属于非上市较强的公司❶,一般采用的是一种封闭型的信息系统,即"非上市公司?信息使用者"的传递方式;❷ 即只有非上市公司股东有权获得充分的信息,而外来投资人因无法获取充分信息为是否购买股票而作出最佳判断,以及股权退让制度的不完善,使其不敢轻易购买公司的股票。

(三) 自治性

公司自治一直都是公司治理领域的世界性的热点问题。❸ 一般而言,非上市公司的资本所有与企业的经营往往是合二为一的,因此,公司股东的身份具有双重性,非上市公司中无论控股股东抑或小股东都是这个公司的主人,他们不仅希望从公司取得投资收益,更希望参与公司的经营和管理。另外,如企业自治性强,受到的法律干预少。股东或为家庭或为旧识,股东间因而关系密切。实际上,在非上市公司中,小股东往往并无投资回报的期待,为自己提供一份工作、参与公司管理并获得劳务报酬才是其愿意组建或投资该公司的最主要目的。同时非上市公司的投资者秉承"个人是自己事务最好的安排者"的理念,一般都倾向于自主经营企业,亲自参与企业的经营管理。西方经济学的鼻祖亚当·斯密(AdmaSmhti)认为:人只要做"理性经济人"就可以了,"如此一来,他就好像被一只无形之手引领,在不自觉中对社会的改进尽力而为。在一般的情形下,一个人为求私利而无心对社会做出贡献,远远大于其有意为之时做出贡献。"

(四) 所有与经营的统一性❹

与开放性公司不同的是,封闭型公司没有股票交易的市场,

---

❶ 刘俊海:《现代公司法》,法律出版社2008年版,第421页。

❷ 邱庆兵:"上市公司与非上市公司信息披露的比较",载《财会博览》1997年第8期。

❸ 李劲华:"'强制'还是'自治'——有限责任公司治理的应然性解读",载《国家行政学院学报》2008年第1期。

❹ [日] 落合诚一:《公司法概论》,法律出版社2011年版,第47页。

第二章 非上市公司的基本原理：概念阐释与制度生成

一般发行股票数量少，抱有购买其股票意向的人也几乎没有。同样，因为没有通过在发行市场发行股票而筹措资金，其也不受发行市场及流通市场的规制封闭公司的股东是相互非常了解的少数人，对公司的运营持有强烈关心的人，对公司多出资就成为大股东，所以该大股东也亲自实施公司的经营。可见，在封闭式公司中，所有和经营的统一是普遍的。

（五）微型性

相对上市公司而言，非上市公司数量众多，多为中小企业，由于投资者之间具有很强的人身信任关系，所以投资者少，人数大概在1至50人之间，资产额少，其规模小，多为微型公司（见表2-9和表2-10）。

表2-9 各国中小企业标准之比较[1]

国别	雇员人数（人）	营业额	资产数额
中国	≤3000	<5000万人民币	<5000万人民币
美国	≤500	<1亿美元	<24亿美元
英国	≤200	<575亿英镑	<575万欧元
日本	≤300	—	<1亿日元
德国	≤500	<100万马克	<100万马克
法国	≥10 ≤500	<180万法郎	—
瑞士	≥1 ≤200	—	<10万瑞士法郎

资料来源：结合广西中小企业信息网提供的数据基础上整理而得

---

[1] 郑欣："世界各国中小企业划分标准"，载广西中小企业信息网，httphttp://smegx.gov.cn/gxsme/2009/zwpt/article.jsp? id=5979，2009年7月12日访问。

表 2-10 我国中小企业的界定标准❶

行业	职工人数	或销售额（万元）	或资产总额（万元）	说明
工业 其中：中型企业	2000 以下 300 及以上	30000 以下 3000 及以上	40000 以下 4000 及以上	同时满足
建筑业 其中：中型企业	3000 以下 600 及以上	30000 以下 3000 及以上	40000 以下 4000 及以上	同时满足
零售业 其中：中型企业	500 以下 100 及以上	30000 以下 3000 及以上	—	同时满足
批发业 其中：中型企业	200 以下 100 及以上	30000 以下 3000 及以上	—	同时满足
交通运输业 其中：中型企业	3000 以下 500 及以上	30000 以下 3000 及以上		同时满足
邮政业 其中：中型企业	1000 以下 400 及以上	30000 以下 3000 及以上		同时满足
住宿和餐饮业 其中：中型企业	800 以下 400 及以上	15000 以下 3000 及以上		同时满足

资料来源：《中华人民共和国中小企业促进法》

总而言之，非上市公司是凭借股东之间高度信赖组合而成，股东积极参与公司经营管理，凭借参与公司经营管理获取报酬以维生，且公司股票不能在公开市场进行交易的一种规模较小、自治性较强、股东地位转换困难、所有者与经营者基本合一的人合型公司。❷

---

❶ 中国中小企业发展战略研究院：《我国中小企业界定标准》，载 http://www.sme2000.com.cn/theory/theory_view.asp?id=431，2007 年 7 月 13 日访问。

❷ Lewis D. Solomon & Alan R. Palmiter, *Corporations, Examples and Explanations* (2nd ed.), Little, Brown, c, 1994, pp. 205~206.

第三节 非上市公司：问题与展望

一、非上市公司与上市公司的异同

公司是现代市场经济社会最活跃、最主要的企业形态。❶ 公司制度聚集了对大陆进行经济征服所需要的财富和智慧。❷ 1994年，我国制定了第一部《公司法》，对公司的法律制度进行了规定，将公司基本划分为有限责任公司和股份有限公司两种。而在2006年实施的新公司法中，仍然沿袭了传统的做法，将公司界定为上述两种类型。然而，在我国公司理论和实践中，非上市公司的称谓其实早已存在，只是，如今为了相对上市公司而言，又有学者提出了非上市公司的概念，并认为非上市公司是指，其股份不能在证券交易所挂牌上市流通的公司。❸ 而根据我国现行公司法的规定，有限责任公司的股东人数不得高于50人，且其不能在交易所公开发行股票，其符合非上市公司的特征。而根据我国《公司法》第144条"股东转让其股份，必须在依法设立的证券交易场所进行"推定，除上市公司外的其他股份有限公司也不能在证券交易所公开发行股票，也符合非上市公司的特征。因而，非上市公司是指除上市公司以外的有限责任公司和未上市的股份有限公司。同时，上市与非上市公司在性质上也存在诸多差异，具体表现如下：

（1）非上市公司通常较小，股东人数约在30人至50人间，股东或为家庭或为旧识，股东间因而关系密切；而公开发行公司

---

❶ 王红玲："有限责任公司与股份有限责任公司的差异研究"，载《中南财经政法大学学报》2004年第2期。

❷ ［美］伯纳德·施瓦茨：《美国法律史》，中国政法大学出版社1989年版，第67页。

❸ 刘俊海：《现代公司法》，法律出版社2008年版，第32页。

通常股东人数在500人以上，股东们除投资于同一公司之外，彼此间并无特殊关系；

（2）非上市公司的股东虽非专业经理人，但积极参与公司的经营管理；公开发行公司由专业经理人经营、管理，股东仅于出席会议行使投票时始参与公司业务的决定；

（3）非上市公司的股东借参与公司的经营管理获取报酬以维生；公开发行公司的股东则期待股票的增值及股利的分配以获利；

（4）非上市公司的股票不具市场，故难以转让他人；而公开发行的股票可于股票交易市场出售，故移转容易。

可见，非上市公司在股份转让、公司经营、公司解散等方面均具有特殊性。例如，在股份自由转让上，非上市公司的股东并不希望新股东加入公司为股东，公开发行公司的股东则具开放性；在股东参与公司经营上，非上市公司的股东往往期待能参与公司的经营，也希望受聘担任公司经理或职员以获取报酬，此一期待往往不能依赖其他股东的善意，而有必要由全体股东以书面文件认可，故此一股东协议文件往往变更公司法规定的管理形态。在公司解散上，非上市公司的股东因考虑到因时间关系，股东间会因退休、死亡、好恶的改变，彼此间的争执而产生变化，故而希望在公司章程中能规定股东有权终止。公司的持续，并取回其对公司的投资，其方式或由公司或其他股东购买其出资，或借解散、清算的程序以取回其投资。

二、我国非上市公司所存在的问题

由于非上市公司的特殊性，在具体的公司运作的实践中非上市公司还存在许多问题，如公司股东不和产生僵持，股份转让受到限制，大股东压迫小股东，等等。概括起来，体现在以下几个方面。

（一）非上市公司信息披露不完全

非上市公司的信息披露是场外市场证券监管的核心，场外市场与非上市公司的发展都以完善的信息披露制度为前提。而在我国，非上市公司信息披露不完全：一是我国《证券法》上的发行披露虽涵盖非上市证券的发行，但其内容较为笼统，证监会迟迟未制订非上市证券的发行披露准则，致使非上市股票的 IPO 和新股发行处于信息披露监管的真空；二是《证券法》上的持续披露规范则完全遗漏了非上市公司❶；三是在实践中，一些非上市公司对于重大资产的变动、利润分配、重大投资或股东变更等重大事宜，该经股东大会审议的只经董事会批准通过，该经董事会审议的只经过总经理办公会讨论就通过了，以送股代替分红等等。公司往往不能按照《公司法》《公司章程》的规定合法合规地进行。

（二）非上市公司法人治理结构形同虚设

在我国，许多非上市公司的法人治理结构尚未真正建立起来。一是公司的经营管理不能真正依据《公司法》的要求进行运作，特别是董事长兼总经理的一些公司，还习惯于传统的厂长负责制的做法，董事长、总经理一人说了算，公司董事会、监事会不能发挥应有作用，形同虚设；二是"三会"不能完全按照《公司法》《公司章程》和《上市公司股东大会规范意见》等法律、法规的要求及时召开，或者召开的过程不合乎规范；如董事会、监事会都要求在召开的 10 日前以书面形式通知全体董事、监事，股东大会要求在召开的 30 日前以书面形式通知全体股东，可实际上大多数公司既无书面通知也未按照时限的要求举行会议。在会议召开期间，也不严格审查与会人员的资格，如身份证复印件，法人营业执照复印件，持股证明或者委托代理人的授权

---

❶ 李建伟、姚晋升："非上市公众公司信息披露制度及其完善"，载《证券市场导报》2009 年第 12 期。

书、表决票等文件不全；会议形成的决议、记录内容过于简单等。少数公司甚至全年都不召开会议，完全由大股东一人说了算。

（三）非上市公司股权管理混乱

我国为上市公司建立了与上市交易相联动的托管、清算、结算一体的证券登记结算体系。对上市公司的股票交易业务采用的是由证券公司集中进行托管、运营的方式。如根据《股票发行与交易管理暂行规定》第29条的规定："股票交易必须在经证券委批准可以进行股票交易的证券交易场所进行。"但是，对于很多非上市公司而言，一是股份既没有登记托管，也没有上柜交易，除了个别机构投资者有产权转让外，其他均处于静态之中。这直接导致这些股份的非法发行、非法交易。一些非上市公司对此睁一只眼闭一只眼，放任这种不合法的交易行为，甚至有的非上市公司还觉得这种交易有助于提高公司形象，说明公司经营业绩好，有利于吸引投资者。二是对于非上市公司股权，国家至今未指定明确的转让场所，造成了大量中小股东在场外进行股权交易。三是非上市公司股东名册制度的操作缺位。上市公司往往建立了与上市交易相联动的托管、清算、结算三位一体的证券登记结算体系，对上市公司的股票交易业务采取了全国集中统一的运营方式。❶ 而对于非上市公司尽管备置了股东名册，但是股东名册不仅本身存在缺乏公示、公信力的固有缺陷，而且缺少保障实现股东名册公示、公信作用的外在环境和缺位弥补机制。即使股东名册操作缺位，工商登记可以起比较强的替代作用，但工商登记的法律效力仍然比较模糊。

（四）非上市公司的监管缺位

相对于上市公司而言，我国非上市公司的交易机制、治理结

---

❶ 鲁阳："非上市公司股权转让场所应定位在产权市场"，载《产权导刊》2006年第2期。

构、监督机制等都有待完善,而我国公司法目前只有一部,而公司类型成千上万。应运而生的问题是,如何在确保公司法调整对象的周延性的前提下,落实区分立法的理念,提高法律调整的针对性,减少法律调整的任意性,避免"小孩穿大鞋","大孩穿小鞋"的现象,值得各国立法者深思。❶ 对我国非上市公司而言,监管仍然缺位。一是缺乏一套比较完善的巡查制度。对上市公司的监管,已经建立了一套比较完善的巡查制度,而非上市公司则缺乏一套比较完善的巡查制度。在大多数情况下,一般是在接到投资者的投诉或上级主管部门的指令后,才被动地对个别公司展开调查,而且基本上是就事论事,公司暴露什么问题就解决什么问题,针对性太强。二是股东的监管缺位。在非上市公司中,一方面,大股东的权力缺乏监督,对关联交易等事项的审议,关联股东或关联董事不回避表决,甚至对其他股东或董事的表决施加影响,侵害其他股东的合法权益;另一方面,小股东的知情权被忽略甚至被剥夺,这不仅直接导致经营良好的公司的大股东和经营层侵吞小股东的利益,而且分散的小股东力量单薄,对公司的经营方向和具体经营活动缺少影响力,不利于公司的持续发展。三是非上市公司的日常管理制度不完善。如重大投资管理制度、贷款担保管理制度等一些重要的、必须细化操作程序的制度并未建立,为非上市公司的经营留下了隐患。

三、非上市公司立法:公司法改革的方向

虽然我国关于上市公司研究的著作可以说是汗牛充栋。如上市公司监管和价值创造、上市公司资本结构影响因素的实证研究、上市公司董事会构成与公司绩效关系研究、我国上市公司并购绩效实证研究、上市公司融资行为、中国上市公司会计盈余、现金流量价值相关性研究、上市公司控制权私有收益测度方法、

---

❶ 刘俊海:《现代公司法》,法律出版社2008年版,第32页。

第二章 非上市公司的基本原理：概念阐释与制度生成

上市公司治理与公司价值关系的实证研究、我国上市公司并购绩效研究、上市公司信息披露质量影响因素的实证、我国上市公司盈余管理实证研究、新上市公司股价确定问题研究等，但是由于非上市公司与上市公司不仅在概念、特征、税收、股权转让、自治程度和治理结构上存在不同之处，而且在信息披露、法律环境、监管要求以及自身经营特征等方面也存在明显差别，因此，上市公司中的实证分析及研究结果并不适合无条件地推广到非上市公司中去。

（一）我国企业的立法模式

目前企业类型的划分标准主要有两种，第一种是以企业的所有制性质即企业的经济属性为标准。例如，20世纪80年代左右，在计划经济时代，国家先后颁布了《全民所有制工业企业法》《全民所有制工业企业承包经营责任制暂行条例》《私营企业暂行条例》《乡村集体所有制企业条例》《城镇集体所有制企业条例》《中外合资经营企业法》《中外合作经营企业法》和《外资企业法》等所有制企业法。第二种是以企业的资本形态、出资人的责任形式即企业的法律特征为标准。例如，21世纪初，为了与社会主义市场经济体制相适应，国家先后颁布了《公司法》《合伙企业法》《个人独资企业法》等企业组织法。我国传统企业立法模式是以第一种标准即企业所有制性质划分企业类型，并围绕这种划分而构建企业法框架的。现时期，我国企业改革已经从全民所有制、集体所有制、私营企业、个体企业等四种企业，向公司、合伙、股份合作、独资企业转变，同时保留了中外合作、中外合资、外商独资"三资"企业形式。即仍然保留了传统模式上企业立法的"身份性"方面的缺陷。由于企业划分标准未能以一贯之，使得"三资"企业在适用法律上存在冲突或重叠适用。例如，外商投资企业既可依法设立为有限责任公司，也可设立为股份有限公司。目前调整该类型企业的法就有三部，即《公司法》《外资企业法》《关于设立外商投资股份有限公司的暂行规定》，同一类企业由三部法调整，并且因企业责任形式的不同而不同，给企业的管理和执法带来很多不便。除此之外，在我国还存在一些特别企业法与政策产业促进企业立法，前者有《农民专业合作社法》《乡镇企业法》及股份合作制企业法规等，后者主要有《中小企业促进法》、指导外商投资的政策立法（2002年）和《企业国有资产法》（2008年）。因此，有学者建议出台一部《统一企业法》，将其分为总则和分则两个部分，企业法的公共部分写入总则，并随着企业改革实践的深入尽可能多地充实这一部分，将分类型企业的特殊规定写入分则。❶

近年来，随着商事法律制度的立法经验和理论研究的不断深入，我们发现，各国对企业进行立法所形成的企业制度，大致包括两方面的内容，第一部分是针对企业组织的立法，主要涉及企业的组织体系、企业的设立、组织形式、管理与运行等方面；第二部分是有关企业发展方面的法律。首先，关于企业组织法方面，如英美法系国家的企业组织通常采用制定法和判例法的立法模式，对商事企业进行规制；而大陆法系国家的企业组织立法模式大致分为三种，一是民法典形式的立法模式，如荷兰、瑞士、意大利等；二是商法典和单行法的立法模式，即将商事企业分别规定在商法典和单行的公司法中，如德国和日本等民商分立的国家；三是公司法典形式的立法模式，即通过制定公司法典对各种商事公司进行系统性规定，如法国1966年制定的《商事公司法》。其次，在企业发展法方面，尽管各国在第二次世界大战后加大了立法强度，其中以德国和日本为最，但与企业组织法很强的体系性相比，企业发展法则较为单调。❷

单就公司组织的立法而言，目前并没有针对非上市公司作出

---

❶ 李振东："论企业立法模式与统一企业法的制定"，载《漯河职业技术学院学报（综合版）》2002年第1期。

❷ 任尔昕、马建兵："论我国企业立法模式与商事立法模式的契合"，载《甘肃政法学院学报》2006年第1期。

明确定义。因此，反观英美法系和大陆法系国家，我们发现，在英美法系，其一般直接将公司分为封闭公司和公开公司，其中封闭公司在一定程度上等同于非上市公司，有其特殊的立法规则。以美国为例，美国现行公司法中或以单独立法的方式规范非上市公司，或于一般公司法中另立专章以供非上市公司选择适用，或于公司法条文中就非上市公司另予特别规定，惟不论采用何种方式规范非上市公司所面对的特殊情况，均足以显示非上市公司的特殊性已为美国各州所共识。而在大陆法系目前有两种代表性的立法例。一种是以德国为代表，对有限责任公司与股份有限责任公司分别制定单行法；如德国关于公司的立法，往往将关于公司的共同性问题规定在商法典中，而一些具体的公司类型则分别在《德国股份法》《企业形式转换法》《德国有限责任公司法》《变更法》《投资公司法》中。❶ 另一种是以日本为代表，专门制定公司法典，统一将有限责任公司和股份有限公司合并立法；但不同的是日本的公司立法，1938年4月5日后，仿照德国经验制定《有限公司法》，建立有限公司制度，并将股份公司作为公开公司，有限公司作为非公开的公司加以定位，分别设置相应的制度。❷ 但是，现在的问题是实践与立法的初衷严重背离，其中在日本，股份公司大多为非公开公司。于是，2005年日本的新《公司法典》同样设置了以往商法总则中适用于公司的有关商号、公司的使用人、公司的代理商及事业转让的规定。而且，将以往的有限公司法律制度作为股份公司的原则性制度加以采用。❸ 同时，日本的新公司法还对其体系进行了重组，以不发行

---

❶ ［德］托马斯·来塞尔，吕迪格·法伊尔：《德国资合公司法》，法律出版社2005年版，第5～18页。

❷ 于敏：《日本公司法现代化的发展动向》，社科文献出版社2004年版，第89页。

❸ 永井和之：《日本公司法制的现代化》，转引自崔延花：《日本公司法典》，中国政法大学出版社2006年版，代序，第4页。

第二章 非上市公司的基本原理：概念阐释与制度生成

股票为原则，以非公开公司作为基础，而将上市公司作为例外构建。❶

由上述美国、德国、日本的公司组织的立法模式可以看出，在有限责任公司和股份有限公司之间存在一项组织转换技术，只是德国专门出台了一部《企业形式转换法》，而美国、日本则运用了立法的技术性，在一部法典中分别构建有限责任公司制度与股份有限公司制度。

（二）公司经济结构的划分与非上市公司立法模式

1. 公司经济结构的划分

非上市公司，关键是要"入法"，或将其作为公司法中的"法定"类型，其制度基础便是公司经济结构类型划分。对此，英美法系公司法直接将公司分为封闭公司和公开公司，前者在一定程度上等同于非上市公司，后者一般为上市公司，其中以公开公司为典型公司，以封闭公司为例外而适用特殊的立法规则。如根据英国学者介绍，非公开公司享有诸多法律规定的特权，如果公司法未就非公开公司事宜作出特别规定，应当适用公开公司的相关规则。❷ 而大陆法系传统公司法将股东承担有限责任的公司分为股份有限公司与有限责任公司。以股份有限责任公司为典型公司，在此基础上又创设其他公司，如日本的持份公司、法国的民事公司等，这些均与非上市公司相当，往往将这些非上市公司的规定散见于普通公司法中的立法模式中。然而，这种公司类型的划分也不尽合理，因为随着时代的发展，"两种公司之间相互不断融合，区分标准也渐渐模糊"❸。故部分国家另以规模大小区分公司类型，有的国家甚至另创设了新的公司形式以弥补其缺

---

❶ 江头宪治郎：《新公司法制定的意义》，转引自王保树主编：《最新日本公司法》，法律出版社2006年版，第10页。

❷ 叶林：《公司法研究》，中国人民大学出版社2008年版，第9页。

❸ 蔡元庆："对我国公司分类模式的思考——从法律适用的视角"，载王保树主编：《商事法论集》（21卷），法律出版社2013年版，第51页。

第二章 非上市公司的基本原理：概念阐释与制度生成

陷与不足，如日本借鉴英美公司立法，将有限责任公司与股份有限公司统合为一种公司类型，并在此基础上，以股份的公开性、规模等为标准对公司进行了更加精确细致的分类。而且，其公司的类型并非事先确定，而是依据公司的状态进行事后认定。❶

在国内，为适应非上市公司发展的需要，公司法学者呼吁要改革公司法结构。其中代表性的观点主要有三个：一是以王保树教授为代表，建议彻底调整公司法的结构，废除有限责任公司的类型，将其并入股份有限公司，并将公司类型划分为闭锁性股份有限公司和开放性股份有限公司；❷ 二是吴越教授主张，将股份有限公司中的非公众性股份公司强制划入有限责任公司的范畴，使有限责任公司制度外不再存在其他封闭公司制度，以实现封闭公司制度的统一；❸ 三是雷兴虎教授认为，保留有限责任公司类型，将股份有限公司划分为闭锁性股份有限公司和开放性股份有限公司，并在立法中规定不同的制度。❹ 我们认为，上述公司法结构改革的建议实际反映了公司立法的二种倾向：一是有限责任公司"存"与"废"；二是非上市公司"法定"。正如前面的分析，非上市公司应该包括非上市公众公司和有限责任公司。因此，无论如何改革，应该适当修正改革公司分类标准，在保留并承认有限责任公司和股份有限责任公司的现实差异的前提下，尊重有限责任公司与非上市股份有限公司封闭性之共同特征，将后二者划入非上市公司。

---

❶ 刘小勇："论股份有限公司与有限责任公司的统合——日本及其他外国法关于公司类型的变革及启示"，载《当代法学》2012年第2期。

❷ 王保树："公司法律形态结构改革的走向"，载《中国法学》2012年第1期。

❸ 吴越：《私人有限公司的百年论战与世纪重构：中国欧盟比较研究》，法律出版社2005年版，第447页。

❹ 刘丹妮："中国法学会商法学研究会2011年年会综述"，载《法商研究》2011年第4期。

2. 合理选择非上市公司立法模式

现有的公司立法中,无论英美法系还是大陆法系,大多数是以股份有限公司(或称开放性公司)为典型公司,以股份有限公司(或称开放性公司)和有限责任公司(或称闭锁公司)分类,作为公司立法之基本形态。我国公司法延续大陆法系的立法传统,虽然以有限责任公司和股份有限责任公司为公司种类,但立法技术还不完善,在有限责任公司和股份有限公司的组织转换上,与美国、英国、日本等世界公司法的发展潮流相悖。为此,有学者认为,在立法技术上,可以延续公司分类上的二元式结构,但应该重新梳理股份有限公司与有限责任公司之间的关系,增强有限责任公司的开放度。❶ 我们认为,应该摈弃现有的对公司形态的划分标准,转而应以封闭性与开放性作为标准来进行公司划分,在立法模式上,一是若对公司法进行全面的重新修订,则应调整公司法的结构,将公司分为非上市公司与上市的股份有限公司,将有限责任公司纳入非上市公司调整范围。或是废除现有的有限责任公司,将其纳入到非上市公司,但考虑到非上市公司的特殊性,对其采用单行立法。二是若是只对公司法进行局部修订,保留有限责任公司和股份有限公司之基本分类,但应借鉴德国或美、日等国的立法经验,或如德国,专门出台了一部《企业形式转换法》,或如美国、日本,运用了立法技术,在一部法典中以股份有限责任公司为典型公司,分别构建有限责任公司制度与股份有限公司制度。

(三) 非上市公司立法的价值定位

1. 非上市公司法的规则:权利、义务与责任并重

非上市公司股东人数较少,大多数人都会参与公司的管理,

---

❶ 叶林、刘向林:"论我国公司法立法结构的变革",载《政法论丛》2010年第3期。

公司的股东、管理者和雇员常常高度重合。❶ 同时，非上市公司人数少，成员间关系亲密，公司具有一定的人合性，相应的公司管理更自由，进而出现公司管理的低效率。而非上市公司的股份转让不自由，人际关系较为复杂，而出现多数派股东的联合，致公司股东因利益冲突而使得公司陷于僵局，因此，在非上市公司中具体的法律规则就是要协调利益平衡，是重视权利还是强调救济，防止公司陷入僵局？

实际上，在公司法上，往往涉及三组人的活动：公司的股东（或"成员"）；公司的董事以及较低层次的高级经理，不论他们是否为董事或公司的债权人。而公司法就是通过制定规则，来寻求规范人们加入、离开其中一组的机制和人们一旦加入某组之后的权利和义务。❷ 为此，公司法专门设计了股东有限责任、与股东分离的专门管理机构和股东利益转让的便利及公司成员对公司控制权分配及取得公司营运利益的权力分配。❸ 公司法的作用就是合理分配企业成员之间的权利。但是，当代公司法与商法的法理学基础是以效率分析为基础，他们所呈现的是融历史问题、道德问题与方法问题以及制度设计问题为一体的混合物。❹ 而公司中诸多意思自治的成员之间所形成的复杂关系是可以变更的，他们之间的关系往往是契约性的，公司就是一个"合同束"，投资者、雇员和其他人都可以自由选择是否参与公司事务。❺ 但是公司合同不同于传统的合同，法律社会学家麦克内尔将其称为"关系合同"。除了公司关系人之间的合同外，还包括合伙、雇佣、

---

❶ 陈恺、李红："封闭公司的特性与规制"，载《新疆社科论坛》2009年第6期。

❷ [英]保罗·戴维斯：《英国公司法精要》，法律出版社2007年版，第6页。

❸ 同上。

❹ [美]乔迪·S.克劳斯、史蒂文·D.沃特：《公司法和商法的法律基础》，北京大学出版社2005年版，第1页。

❺ [美]弗兰克·伊斯特布鲁克、丹尼尔·费希尔：《公司法的经济结构》，北京大学出版社2005年版，第16~19页。

第二章　非上市公司的基本原理：概念阐释与制度生成

婚姻等合同。❶ 这种关系合同与传统的合同相比是不完备的，订约时需要高昂的成本，因此要节约成本，提高效率，需要法律直接规范权利、义务和救济条款。

但是由于机会主义，公司管理者往往会利用手中的剩余控制权，通过填补契约中的"漏洞"来为自己谋利。为此，公司管理者与一般股东（含中小股东）的利益冲突产生。为此，需要赋予小股东以权利和救济手段，课以大股东以义务和责任。具体来说赋予小股东提案权、对董监事解任请求权、少数股东留止请求权、会计账簿阅览权、股东大会召集请求权、业务检查权、公司解散申请权、异议股东回购请求权。❷ 当然，对于股东自救的救济手段，还应该赋予股东退出权，及少数派股东希望离开公司并希望所持股份被买回时，重构不公平损害救济措施并将其适用于无过错场合。❸ 同时，课以公司、董事和大股东以信义义务。因为从经济的角度分析，公司法至少具有三大作用❶，一是提供一套标准的可供选择的法律规则，便利内、外部监督机制的建立；二是对公司及其成员行为规范；三是肩负提供公共产品的义务。而信义义务就是第三者效应的最好例子。

2. 非上市公司法的政策：公司自治与国家强制同行

公司法本质上为私法，作为私法首先应该遵循私法自治原则，这一原则在公司法中集中表现为股东自治和公司自治。股东自治也是公司自治的一种形式，它意味着股东间的合意契约和

---

❶ See Paul. J. Gudel, Relational Contract Theory and the Concept of Exchange, 46 BUFF. L. Rev. 763 (Fall, 1998), p. 782.

❷ 曹富国：《少数股东保护与公司治理》，社会科学文献出版社2006年版，第213~216页。

❸ [英] A. J. 博伊尔：《少数派股东救济措施》，北京大学出版社2006年版，第148~149页。

❶ 郁光华：《公司法的本质——从代理理论的本质观察》，法律出版社2006年版，第10页。

"地下契约"之效力应该得到尊重。❶ 而非上市公司兼具有人合性、资合性等特性,其内部之间的联系依靠当事人之间的信任和所订立的合同而建立。因而,非上市公司法更多的强调公司自治,赋予股东自由。至于公司自治,在某种意义上总离不开探讨公司与政府的关系,其自治的意图在于在公司内部和外部将公司锻造为一种独立法律主体,由公司自己决策和管理其内部事务,对这种决策和管理,股东、立法和司法机关随意干涉。❷ 当然,股东自治的缺陷是契约不完备、外部性问题、机会主义式章程和股东之间、股东和管理层之间存在着严重的信息不对称。❸ 公司法下的股东自治实际上是一种个体性的自由,它必须藉由为股东设定一个确获保护的私域而获得保障。但这种自由并非是无限的,它必须要求公司法的中立性,确保股东利益最大化,防止股东和公司滥用股东自由。❹ 也就是说在公司法中需要介入国家强制的因素。只是国家强制既可以由政府部门依据有关的规则,通过国家公权力,以许可和认可等手段对企业的市场活动施加直接影响,❺ 或者通过公司法的强制性规范,包括行为规范(强制规范和禁止规范)和权限规范(赋权规范)来实现。

(四)非上市公司立法的具体内容

1. 非上市公司范围的界定

我国的非上市公司产生于 20 世纪 80 年代末 90 年代初的股份制试点。当时的股份制试点分为三个层次:第一层次是在上

---

❶ 蒋大兴:《公司法的观念与解释Ⅱ——裁判思维&解释伦理》,法律出版社 2009 年版,第 14~18 页。

❷ 蒋大兴、金剑锋:"论公司法的私法品格——检视私法的立场",载《南京大学学报》(人文社会科学版) 2005 年第 1 期。

❸ 伍坚:"缺省性公司法规则的角色——基于股东自治缺陷的分析",载《河南省政法管理干部学院学报》2010 年第 2 期。

❹ 邓辉:《论公司法中的国家强制》,中国政法大学出版社 2004 年版,第 40 页。

❺ 陈富良:《放松规制与强化规制》,上海三联书店 2001 年版,第 6 页。

海、深圳两市设立证券交易所，公开发行股票并上市（上市公司）；第二层次是广东、福建、海南三省公开发行股票，但暂不上市（准上市公司）；第三层次是在除上述省市之外的地区进行内部股份制改革。相应的配套法律也随着股份制改革和试点不断的出台、修改和完善，如 1992 年 5 月原国家体改委颁布了《股份有限公司规范意见》、1993 年 4 月，新成立的国家证券委发布《股票发行与交易管理暂行条例》、1993 年颁布《公司法》、2005 年出台新《公司法》等。总体而言，我国的法律、法规并未明确使用非上市公司的概念。原因在于，在我国非上市公司的产生与我国国有企业股份制改革的特定历史背景密切相关，其成因相当复杂，具有很强的政策性。因此，在我国的实践中存在相当多的公开募股的非上市股份有限公司和非上市的有限责任公司。有鉴于此，应将我国语境下的非上市公司界定为，既包括股票未在沪深两个证券交易所上市的股份有限公司，还包括以发起设立方式成立且其后也未公开募股的股份有限公司、历史遗留的定向募集公司，以及股权转让受限的有限责任公司。将来随着我国社会主义市场经济体制的不断完善和多层次投资市场体制的形成，还会有大量的新的非上市公司不断出现。❶

2. 非上市公司的法人治理

在非上市公司中，大股东与小股东之间的利益平衡，经营层的控制权滥用还很严重。事实上，在 2005 年 OECD 提出的针对发展中国家或者称新兴市场国家的报告《Corporation Governance of Non-listed Companies in Emerging Markets》中，OECD 组织各国专家对包括我国、印度、巴西、我国香港及东南亚地区等 12 个国家非上市公司的公司治理结构问题所进行的研究结果表明，相对于上市公司分散的股权结构而言，非上市公司的股权结构更加

---

❶ 周中举："非上市股份有限公司监管的基本理论问题研究"，载《经理日报》2007 年 3 月 13 日。

第二章 非上市公司的基本原理：概念阐释与制度生成

集中，存在着治理结构方面的问题。然而，大部分对于中国企业治理结构的研究集中在上市企业上，由于相关数据的不易获得，很少有研究非上市企业的。❶ 根据 Khanna & Black 对 2006 年印度 370 家公开公司的调查研究显示，该国的公司治理要么加强，要么减弱，总体而言，对大规模公司监管较严，而对非上市公司等规模相对较弱的公司治理还很弱。❷ 实际上，一方面，非上市公司中公司的股权多集中于经营阶层，因而管理层的自利行为和内部控制可能要比上市公司严重得多，不可避免会出现公众股东与董事、经理之间的代理人问题，大股东与中小股东的利益制衡等问题；另一方面，公司透明性较差，委托代理问题更为突出，但是必须兼顾其私密性。因此，我们认为，对于非上市公司的治理应该重视，具体来说应采取适当的引导原则，或者建立符合非上市公司实际的特殊法人治理结构，如可以考虑在非上市公司中推行董事、监事选举的累积投票制或引入"类别股东表决制"等等。❸ 当然，在经营者与所有者合一的非上市公司中，股权结构对公司治理的负面影响并不严重，也可以考虑改革高层管理人员薪金制度，因为由于经营者支出偏好行为会造成的公司损失，绝大部分将由经营者自己负担，因此经营者的行为将会趋于合理化。如果股权集中于某些大股东手中，他们会有较大的诱因去监控经营者，使经营者的经营绩效提升。❹

---

❶ 钟宁桦："中国改制企业与私营企业的公司治理结构比较——基于来自12个城市的调研数据"，载《经济社会体制比较》2009年第2期。

❷ See Khanna & Black, Firm level Corporate Governance in Emerging Markets: A Case Study of India, http://ssrn.com/abstract=995650；访问时间：2008年10月10日。

❸ 侯水平、周中举、王远胜："非上市公司：问题与对策"，载《天府新论》2007年第1期。

❹ 吴建颐：《董事会规模对公司价值的影响》，中正大学财务金融研究所1999年硕士论文。

3. 非上市公司的股权流通与转让

我国非上市公司的股权流通与转让具有特殊性。

第一，在股票交易方面。由于设立时的内部股社会化和法人股个人化，非上市公司中股份主要有社会公众股（含职工内部股）和公司法人股。和上市公司的不同在于，非上市公司中的社会公众股不能在深圳、上海的证券交易所直接交易，而法人股更不能自由流转。尽管根据我国新《公司法》第139条和新《证券法》第39条规定，依法公开发行的股票、公司债券及其他证券必须在依法设立的证券交易所上市交易或者在国务院批准的其他证券交易场所进行转让。但是规范的非上市股份有限公司股权交易市场，当前也只是有官员表明非上市股权转让场所应定位在产权交易市场的看法，这个产权交易机构有望成为中国的三板市场。❶

第二，在股票发行方面。一方面，与上市公司公开募股不同的是非上市公司多为定向募集股票，因此，信息不对称较为严重，势必在监管和信息披露上应该比上市公司更为严格，建议非上市公司强制性信息披露制度，并采用不同的信息传播制度。如在信息传播过程中，非上市采取"非上市公司信息使用者"方式，是一种封闭型的信息系统；上市公司采取的"上市公司信息通道信息使用者"方式，信息通道包括报纸、杂志、电视、广播、电子媒体等，是一种开放型的信息系统。❷ 另一方面，目前，我国新《证券法》对非上市股份有限公司公开募股的监管规定只是原则性的，《证券法》对非上市股份有限公司公开募股的监管规定只是原则性的，在公开发行标准、发行股票的保荐制度等方面尚需规定更为明确、具体。

---

❶ 鲁阳："非上市公司股权转让场所应定位在产权市场"，载《产权导刊》2006年第2期。

❷ 邱庆兵："上市公司与非上市公司信息披露的比较"，载《浙江财税与会计》1997年第8期。

第三，在股份转让方面。根据我国新公司法和证券法等的相关规定，非上市公司的股份证（或股票）对外不能在证券市场上自由转让，对内必须受到"经过公司或其他股东的同意"等严格限制。因此，股票的流动性亦极差，股东根本无法"用脚投票"，一旦被套就终身被套。就对外而言，非上市公司股权交易市场尚未形成，政府需要适时建立多层次证券交易市场，相应的立法需要设计非上市公司股票交易市场与交易所主板市场的衔接与升降级机制，并根据非上市公司股票交易特点，设计科学可行的具体交易制度和适当的监管标准。就对内而言，尽管我国《公司法》第33条规定，非上市公司中的有限责任公司应将股东的姓名或者名称及其出资额向公司登记机关登记；登记事项发生变更的，应当办理变更登记；未经登记或者变更登记的，不得对抗第三人。但对于其他非上市公司，（除有限责任公司之外）股东名册在制度安排上却存在托管的缺位。因此有必要尽快建立非上市公司股权登记托管中心（以下简称"托管中心"），立法需要完善非上市公司股权托管的主体、内容和场所固定化、规范化等制度保障。

第三章 非上市公司股东权的正当行使：
以股权转让为中心考察

我国《公司法》规定股东持有的股份可以转让，同时也规定股东转让其股份，必须在依法设立的证券交易所进行。但是，依照《证券法》设立的证券交易所只有上海证券交易所和深圳证券交易所，而这两个交易所仅进行上市公司，而不开展未上市公司的股份转让或股票交易业务。尽管《公司法》和《证券法》对上市公司的股份转让或股票交易进行了规定，但是对于数量比上市公司多近30倍的众多未上市公司的股份转让问题没有规定，而且分别作为公司和证券的监管机构的工商行政管理部门和证券监督管理部门也没有对未上市公司的股份转让设立行政许可。故此，非上市公司的股份转让没有合法的外部市场，一些不良分子也会经常打着融资之名，行非法集资之实，严重侵犯投资人利益。例如，2006年7月，深圳证监局联合工商、公安等部门对深圳市民泰君安投资顾问有限公司、深圳市易方通投资顾问有限公司和深圳市天马投资咨询有限公司等三家涉嫌从事非法证券经营活动的公司及个人进行快速打击和严厉查处。❶深圳市天马投资咨询有限公司涉嫌非法代理买卖陕西几家非上市公司股票。深圳证监局有关人士描述道："这些机构和个人，口头承诺未上市公司即将要上市，描绘公司经营业绩和发展前景等，以高额回报为诱饵，诱骗投资者购买未上市公司股票。"一时间，未上市公司的股份转让成了众人声讨的对象。其实令人深思的不是案件的

---

❶ 陈雪："'民泰君安'等三公司非法从事证券经营遭查处"，http://news.sohu.com/20060713/n244242394.shtml，2007年10月23日访问。

本身，而是这些案件背后所反映出的深层次问题，即非上市公司的股权如何合法流动，如何为这些公司提供合法的渠道，满足他们的融资需求。

笔者认为，我们应当借鉴发达国家或地区的经验，以更大的力度发展低层次柜台市场，通过市场机制将未上市公司的股份转让纳入规范管理的渠道。因此，非上市公司股份转让的概念、类型，可不可以转让（转让的理论基础）、该不该转让（转让的功能）、如何转让（转让的途径），便成为本章讨论的关键。

第一节　非上市公司股份转让的一般理论

一、非上市公司股份转让的概念与性质

在高度发达的现代市场经济体制下，"理性化"成为现代社会的本质特征，它要求社会规范，特别是法律规范的统一和精确。因为只有在这样一种具有可计算性的法律背景下，人们才能确实地预期其行为后果，富有效率地配置社会资源，最终实现社会运作的理性化。[1] 博登海默也提出"概念是解决问题所必需和必不可少的工具，没有限定的专门概念，我们便无法清楚地和理智地去思考法律问题。没有概念，我们无法将我们对法律的思考转变为语言，也无法以一种易懂明了的方式把这些思考传达给他人。如果我们试图完全摈弃概念，那么整个法律大厦就将化为灰烬"[2]。因此"明确的法律概念是进行任何一项法律理论研究所必需的前提"[3]。为此，若要研究非上市公司的股份转让，势必首先明确非上市公司股份转让的内涵。

---

[1] 王涌："分析法学与中国民法的发展"，载《比较法研究》1997年第4期。
[2] ［美］E. 博登海默：《法理学：法律哲学与法律方法》，邓正来译，中国政法大学出版社1999年版，第486页。
[3] 刘静：《产品责任论》，中国政法大学出版社2000年版，第1页。

第三章 非上市公司股东权的正当行使：以股权转让为中心考察

(一) 非上市公司股份转让的内涵

根据转让股份的组织形态的差异，股份转让包括上市公司的股份转让和非上市公司的股份转让，而非上市公司的股份转让又细分为有限责任公司的股份转让和未上市股份有限公司的股份转让。因此，无论是要讨论上市公司，还是非上市公司的股份转让；是有限责任公司还是股份有限公司等的股份转让，都有必要先对"股份转让"的概念进行明确界定。关于股份转让，在立法上大体可以归为两类：一类是将有限责任公司的股权转让与股份有限公司的股权转让同样称谓，不做区别，如美国的《示范公司法》、英国的《1985年公司法》、法国的《商事公司法》、日本的《公司法典》、俄罗斯的《有限责任公司法》等将有限责任公司与股份有限公司的股权转让统称为"股份转让"；另一类是将有限责任公司与股份有限公司股权转让称谓予以区别，如日本《1938年有限责任公司法》称之为"出资份额的转让"，韩国的《商法》称之为"持股转让"，德国的《有限责任公司法》称之为"出资额转让"，意大利的《民法典》称之为"参股转让"等。❶

在我国，1993年颁布的《公司法》第35条采用的是"出资转让"概念，2005年颁布的《公司法》第72条则采用的是"股权转让"概念。由于股票是股份的表现形式，是公司签发的证明股东所持股权的凭证，因而本章中股份转让与股权转让是同一概念。❷ 股权转让按照不同标准可以有不同的分类。依据股权转让是否因为当事人的合意而发生❸，可以分为协议转让和非协议转让。协议转让即在转让股东与受让人达成合意的基础上，通过签

---

❶ 赵旭东：《境外公司法专题概览》，人民法院出版社2005年版，第450~458页。

❷ 关于股份、股权和股票的关系，参见沈四宝：《西方国家公司法原理》，法律出版社2006年版，第163~164页。

❸ 刘乃忠：《新公司法学》，中国法制出版社2007年版，第195~203页。

订股权转让合同而转让股权的情形。非协议转让指由于转让股东意志以外的原因,即某种法律事实,如离婚、继承、法院强制执行股权、异议股东股份回购请求等原因而发生的股权转让情形;依据股权受让人是否为公司股东,分为股权内部转让和外部转让,内部转让即股权转让是在公司股东内部之间进行的,受让人为转让股东以外的公司剩余股东。外部转让是指股东的股权转让给公司股东之外的第三人的行为;根据股权是否分割转让,分为股权的全部转让和部分转让。股权的全部转让是指股东将其持有的全部股权转让于受让人,其法律效果是转让股东丧失基于股权所拥有的全部权利和义务,股东资格予以消灭。股权的部分转让是指股东将其持有的部分股权转让给受让人,其法律效果通常是公司引入新的股东,且转让股东的股东资格并未丧失,仅是其持有股权数量的减少。❶ 但是,因为在非上市公司股份转让的理论研究和具体实践中,"股份转让"的概念经常与"资产转让""股票交易""私募交易""股权托管""股权质押"等相混淆。如果要更好地分析解决非上市公司股权转让过程中的有关法律问题,这就有必要对上述相关概念进行辨析。

1. 股份转让与资产转让

股份转让,是指公司股东依法将自己的股份转让给他人,使他人取得该股份、成为股东的民事法律行为。❷ 而资产转让也称为转让资产,系指转让企业(包括公司,但不限于此)拥有的或控制的能以货币计量的经济资源,包括机器设备、现金、土地使用权、无形资产等。判断一项转让是股份转让还是资产转让主要依据以下三点:一是交易的主体不同。股份转让是股东将其对公司拥有的股份转让给受让人,由受让人继续取得股权而成为新股东的法律行为。因此,股份转让的主体是股东而不是公司。而

---

❶ 周海博:《股权转让论》,吉林大学法学院2009年博士学位论文,第5页。
❷ 施天涛:《公司法论》,法律出版社2006年版,第259页。

第三章 非上市公司股东权的正当行使：以股权转让为中心考察

公司的资产，则是自股东缴资、注册成立公司后，所有的资本便属于公司所有，成为公司的资产。因此，资产转让的主体是资产的所有权人，即公司，股东只是在作出公司转让资产决策时进行投票的人员；二是转让的客体不同。股份转让中，股东所转让的是股份，具体包括了股东权、股东的地位或资格以及依据股东身份而依法享有的权利。而资产转让所转让的则是企业的有形资产和无形资产；三是转让的程序不同。股权转让主要为公司内部程序，对公司外部不会产生消极影响。而资产的转让形式上则属于公司外部程序，由公司与相对人签订资产转让协议即可。区分股权转让与资产转让有利于厘清股权内涵，有利于税务机关正确征税，有利于人民法院理清法律关系，正确解决法律纠纷。

2. 股份转让与出资转让

在新《公司法》修订后，原公司法中出资转让的概念之所以被股份转让的概念所取代，其原因在于：首先，"出资"是"股权"的前提，即股东要获取股权必须先进行"出资"；其次，"股权"是"出资"的结果，即"出资"到位，公司成立后，股东认缴的"出资"成为了公司的财产，股东便依据其出资对公司享有"股权"。因此，如果股东要对自己享有的公司利益进行处分，其只能转让"股权"而无权转让"出资"；最后，"股权"和"出资"在概念上也存在区别，股权是股东以其对公司的出资为基础而对公司享有权利的总称，包括资产受益权、选择管理者权和重大问题决策权；出资是指社员提供经营公司目的事业所需要的、将构成固有财产的金钱及其他劳务或信用。❶ 因此，将转让标的由"出资"改为"股权"，表述更为贴切。

3. 股份转让与股份交易

股份转让，是指公司股东依法将自己的股份转让给他人，使

---

❶ 李哲松：《韩国公司法》，吴日焕译，中国政法大学出版社2000年版，第118页。

他人取得该股份、成为股东的民事法律行为。❶ 股份转让的概念有广义和狭义之分，广义上的股份转让系指既已存在的股份从原股东持有转为他人持有的权利变动事实，民事主体可以通过原始取得和继受取得两种方式取得公司股权。按照我国立法规定的股份转让均是指狭义上的股份转让，即股份交易，指股东将其所持有的股份转让给受让人并由受让人支付对价的一种转让形式。包括公司与转让股东、转让股东与受让第三方、转让股东与其他公司股东、公司外第三人与其他股东、公司外第三人与公司之间错综复杂的法律关系。

4. 股份转让与私募交易

私募，在我国立法中没有相应的概念，但在学理上却有着不同的理解。郭雳教授认为证券私募发行是指"针对特定对象、采取特定方式、接受特定规范的证券发行方式"❷。而强力教授则认为私募发行是指"证券的发行范围仅限于发行人内部，不面向社会公众发行的行为"❸。简言之，发行公司发行的有价证券并非销售给证券市场上的一般不特定对象的投资人，而是经由私人洽购的方式，出售给特定的投资人，如银行、保险公司，根据发行主体的不同，私募行为包括非上市公司私募和上市公司私募。而股份转让则是指凡是能够引起股权主体变更的法律事实，都应视为股份转让行为，一般通过双方协议成交。

5. 股份转让与股权托管

股权托管，是指经政府有关部门批准的、具有普遍社会公信力的第三方机构（如成都托管中心），接受股份制公司的委托，

---

❶ 施天涛：《公司法论》，法律出版社2006年版，第259页。
❷ 郭雳：《美国证券私募发行法律问题研究》，北京大学出版社2004年版，第3页。
❸ 强力：《金融法》，法律出版社2004年版，第435页。

对该公司股东所持股权进行集中登记管理的行为。❶ 股权托管产生了一些与股份转让相同的效果，如托管方控制了公司，且托管方基于托管而取得的报酬是用股东在公司中的利润来支付。但是股权托管与股份转让在法律关系的性质上是完全不同的。股权托管在法律上是一种委托关系，应当适用有关委托关系的法律。而股份转让在法律上实质是一种买卖关系，转让方（原股东）因为转让股权而获得相应价款，受让方因为付出价款而获得股权成为股东，因此股份转让应当适用有关买卖关系的法律。二者的本质区别在于股份转让的结果是股份的所有权发生了转移，而股权托管并未发生股份的所有权转移，受托人只能根据股东的授权行使股权的部分权能，托管人可能成为这部分股权的实际控制人，虽然此时的委托人可能只是该部分股权名义上的所有人，但是股权的法律所有权仍然归属于委托人（股东）。

6. 股份转让与股权质押

股权质押又称股权质权，是指出质人以其所拥有的股权作为质押标的物而设立的质押。按照我国《物权法》草案第 247 条规定，股权质押可以分为上市公司股权质押和非上市公司股权质押。依据该观点，非上市公司的股权质押是指以上市公司以外的其他公司的股权设立的质押。对于非上市公司的股权质押，我国现行法要求以当事人的设质合意以及将股权质押的事实记载于公司的股东名册为要件。❷ 而股份转让在实质上是一种买卖关系，转让方（原股东）因为转让股权而获得相应价款，受让方因为付出价款而获得股权成为股东，因此股份转让应当适用有关买卖关系的法律。二者本质的区别在于股份转让的结果是股份的所有权发生了转移，而股权质押并未发生股份的所有权转移，只是等

---

❶ 张翼飞：《非上市公司股权登记托管制度研究》，吉林大学 2007 年硕士学位论文。

❷ 林建伟：《股权质押制度研究——以制度价值为中心的考察》，中国政法大学 2005 年硕士学位论文。

出质人无法偿还债权人债权时，质权人有权处理股票的行为。

综上所述，股份转让尽管与"资产转让""股票交易""私募交易""股权托管""股权质押"等行为在内容上存在交叉或千丝万缕的联系，但是它们之间的区别也十分明显。通过比较，我们认为所谓股份转让系指既已存在的股份从原股东持有转为他人持有的权利变动事实，包括继受取得的全部法律状态，主要包括股份交易、股份赠与、股份继承和因法律的规定、法院的判决、政府的指令发生的其他股份转让形式。因此，判断一项行为是否构成股份转让，必须从以下几个方面进行考虑：一是转让主体。行为的主体是否为股东；二是转让的客体。行为中的客体是否是股份以及依赖于股份产生的股权；三是转让的内容。行为的方式是否是通过股份交易、赠与、继承和其他方式，从而致使股票所有权发生转移或产生权利变动。但本书中拟讨论的非上市公司股份转让仅限于股份交易，即狭义上的股份转让，而不包括赠与、继承和其他方式的股份转移。其原因在于：首先，根据我国《公司法》和《证券法》规定，股份转让系指股东（转让人）将其所持有的股份转让给受让人并由受让人支付对价的一种转让形式，即股份交易；其次，尽管股份交易和股份转移都是股东权变动的形式，但两者的构成要件和法律基础均不相同，股份交易是典型的有偿法律行为，而股移转则包括了无偿法律行为和事实行为；最后，股份移转主要涉及民法内容，而股份交易则属于《证券法》和《公司法》调整的内容，属于经济法和商法内容。故以交易方式进行的股份转让则成为我们讨论的重点。

（二）非上市公司股份转让的性质

由于学术界对于股权的性质认识不一，对于股份转让性质的认识相应地也有很大的不同。在迄今为止的民商法理论上，关于股权的性质大致有物权说、债权说、社员权说和混合说四种观点。由于对股权性质的认定存在上述四种不同的观点，所以必将导致对股份转让性质的认定存在不同看法。例如，持有股权是债

第三章 非上市公司股东权的正当行使：以股权转让为中心考察

权观点的学者们将公司的股份转让视为债权让与行为。❶同样道理，持有股权是物权观点的学者们将公司股份的转让视为一种物权变动行为。❷尽管各国对于物权变动的法律理论和实践不尽相同，但相对于债权让与而言，物权变动存在以下特点：一是物权变动协议的成立并不一定产生物权变动的法律效力；二是采用法定表现方式的物权变动可以决定物权变动能够对抗第三人。而至于将股权视为社员权或者混合权利的观点，则认为，股份转让是在债权让与和物权变动的两极之间摆动的行为。然而，根据非上市公司股份转让的要式性，公司股东名册登记制度，特定股东的股份转让要受法律或公司章程的限制等规定，笔者认为非上市公司股份转让是一种典型物权变动行为，特别是当公司股份证券化进入流通领域后，股权的物权性表现得更加充分。因此，在研究和确定非上市公司股份转让的性质和效力时，我们可以运用物权变动的法理和制度进行解释和分析。当然，股份转让也不能完全等同于物权变动行为，例如，在实践中，记名股份转让需要进行过户登记，而在法律上，我们还得对此进行合法背书。❸

（三）非上市公司股份转让的主要方式

能够导致公司股东股权转让的方式包括继承、遗赠、赠与、有偿出让、对质押的出资行使质押权等。反观我国《公司法》第35条规定的是有偿出让的方式，没有涉及其他方式。❹尽管在我国立法中没有明确规定非上市公司，但根据上文中关于非上市公司内涵与外延的界定，即非上市公司包括有限责任公司、未上市的股份有限公司及国有独资公司等，而国有产权转让应包含在非上市公司的股份转让中。因此，本书在讨论非上市公司股份转

---

❶ 谢怀栻："论民事权利体系"，载《法学研究》1996年第2期。
❷ 梁慧星、陈华彬：《物权法》（第1版），法律出版社1997年版，第45页。
❸ 刘荣：《股份转让制度的法理分析》，中国社会科学院2002年硕士学位论文。
❹ 陈大川："关于有限责任公司股东出资转让立法的比较与借鉴"，载《当代法学》2003年第1期。

让方式时，可以参照国有产权转让的方式，即拍卖、招投标、协议转让以及国家法律、行政法规规定的其他方式等。❶ 随着互联网的普及，电子竞价这种方式也迅速成为了股份转让的主要方式之一。因此，就目前而言，非上市公司股份转让方式主要包括（1）拍卖转让，是指经公开征集产生两个以上受让方时，转让方与产权交易机构协商，按照《中华人民共和国拍卖法》及有关规定，根据转让标的的具体情况采取拍卖方式组织实施产权交易。❷（2）招标转让，系指经公开征集产生两个以上受让方时，转让方应当与产权交易机构协商，根据转让标的的具体情况采取招投标方式组织实施产权交易。❸（3）协议转让，系指转让双方经过协议的约定，在充分协商的基础上签订有关条款并签订产权转让合同的交易方式。❹（4）电子竞价，电子竞价作为一种新型的转让方式，主要是指利用计算机网络技术发展起来的一种新的交易模式，以传统拍卖及竞价为基础，按照价格优先、时间优先的原则，选择报价最高者为受让方的一种模式。

以上四种转让方式各有优劣。首先，通过拍卖进行交易，可以使其转让标的机会平等，最大限度实现拍卖标的合理价值，且拍卖的过程透明度高、公开性强，拍卖行为的法律约束力强。其次，招标转让对非上市公司股权转让的作用也非常重要，其不仅有利于规范产权交易行为，创造公司竞争的市场环境，而且也有利于保护产权交易人的合法权益，提高产权交易的成功率。但非上市公司股权招标转让的程序相对复杂。一般要经历招标、投

---

❶ 我国国务院国有资产监督管理委员会和财政部于2003年联合发布的《企业国有产权转让管理暂行办法》第5条规定，国有产权转让的方式，拍卖、招投标、协议转让以及国家法律、行政法规规定的其他方式进行。
❷ 《企业国有产权转让管理暂行办法》第17条规定。
❸ 同上。
❹ 我国国务院国有资产监督管理委员会和财政部于2003年联合发布的《企业国有产权转让管理暂行办法》第18条规定，经公开征集只产生一个受让方或者按照有关规定经国有资产监督管理机构批准的，可以采取协议转让的方式。

标、开标、评标和中标五个阶段。再次，协议转让是目前非上市公司股份转让中采用比较多的方式。该交易方式中适合主体比较单一、明确，而交易标的所涉及情况比较复杂的情况下实施的。但协议转让方式也有严重的缺陷，例如，公开度不够，受让方竞争机制不足，容易在转让过程中产生内部人控制问题，造成资产流失。最后，相对于其他方式而言，电子竞价成本较低，是目前最常使用的交易方式之一。而且相对于我国非上市公司股权转让的其他方式来说，其优点在于竞买人不互相见面，只按照报价进行标的物的转让，有利于防止竞买人串标等不正当交易行为的发生。但电子竞价系统的缺陷在于其没有固定的交易场所，只适用于实物资产交易及竞买人。总而言之，非上市公司股东在转让其股份时，应当依据具体情况进行具体分析，根据个案的实际选择适合其转让的具体方式。

二、非上市公司股份转让的理论基础

股份自由转让是指股东有自由决定是否转让其所持股份，以及选择转让数量、转让对象、转让时间的权利。即任何人均不得强制股东出让股权；同时，也不得禁止股东自由通过转让股权来收回投资，这是现代各国公司法所普遍遵循的基本原则。❶ 其与公司独立人格、股东有限责任共同构成了现代公司制度的重要特征。正如英国的布莱明威尔（Barnwell）说的："如果可能的话，应不加限制以及自由自在地允许社会成员发挥他们自己的才能与勤奋。"❷ 但是，为确保公司内部的和谐以及股东之间高度的信赖关系，非上市公司不可能与上市公司一样，允许股份转让的绝对自由，但有限制性的股份转让仍然属于非上市公司所遵循的重

---

❶ 吴越：《私人有限公司的百年论战与世纪重构：中国欧盟比较研究》，法律出版社2005年版，第449页。

❷ 张广兴：《债法总论》（第1版），法律出版社1997年版，第235页。

第三章 非上市公司股东权的正当行使：以股权转让为中心考察

要原则之一，因为其存在以下几个方面的理论基础。

（一）财产权的自由处分原则

股权是股东基于对公司出资而享有的权利，股东之所以甘愿将自己所有的财产投入公司，从而丧失对其出资财产的所有权等支配权，其根本目的在于获得更大的经济利益。因此股权是一种新型民事权利，具有财产权属性。相对于物权与债权来说，股权是一项独立性的财产权，也是一种集合的财产权。❶ 也可以理解为一种与物权、债权等典型财产权并列的财产权。我国《公司法》第143条明确规定："股东持有的股份可以依法转让。"这一原则在公司法上被称为股份自由转让原则，即"股份公司的成员即股东若不想当股东，可自由转让其持有的股份，脱离股东地位，而无须逐一取得其他股东的同意……除非存在相当的合理性，否则不得对股份自由转让原则予以限制、承认其例外。"❷ 实质上，股份转让就是民事权利的让与与取得。尽管现代民法已进入社会本位时期，但是社会本位只是对权利本位的修正而并不是义务本位的复活。同时，依据《民法通则》第71条规定，拥有财产所有权，就是指所有人依法对自己的财产享有占有、使用、收益和处分的权利。那么，公司法中对未上市公司股东自由转让其股权进行禁止性规定，就可能构成对财产处分权等民事权利的侵犯。所以，股权的财产性是股份转让的前提性因素，为股权的流通提供了物质保证，使股份转让成为可能。同时，随着公司经营的社会化和专业化，公司越来越多的由股东以外的第三人负责经营，股东的共益权会逐渐弱化，财产权的性质会越来越浓，非上市公司股份转让的限制性必将越来越小。

（二）公司法上利益平衡原则

就本质而言，公司乃是相互交织的众多利益的锁链，故维持

---

❶ 吴汉东："论财产权体系——兼论民法典中的'财产权总则'"，载《中国法学》2005年第2期。

❷ ［日］落合诚一：《公司法概论》，法律出版社2011年版，第68页。

第三章 非上市公司股东权的正当行使：以股权转让为中心考察

公司中各方利益主体之间的利益平衡，乃是我国公司法上的一个核心原则。值得提出的是，依法平衡各主体之间的利益关系，并不是要遏制公司各主体的个人的欲望，因为"欲望是个人发展和经济发展的原始驱动力。欲望是奔驰的野马，法律规则是以理性驾驭这匹野马。但法律应该只是驾驭，不能——也不应该——扼杀人的欲望。涉及商事的法律，包括公司法在内，都是在欲望与理性之间平衡。"❶ 维持公司中各利益的平衡，就是协调公司各方利益的冲突。其具体包括内部冲突和外部冲突，前者主要是指股东与董事之间，以及大小股东之间的冲突；而后者则主要指公司与债权人之间的冲突。由于大股东出资多，承担风险大，故确立资本多数决原则来保护大股东的利益。一般而言，大股东会积极地行使其权利，规范运营公司，以期实现其出资收益。但正是由于实行资本多数决原则，所以公司股东会的决议通常反映并代表着大股东的意志和利益，公司董事会也为大股东所控制，按大股东的要求和愿望行事，少数股东的地位越来越弱化，往往沦为被压迫的地位，因此，允许小股东转让股权便成为了回应大股东可能发生滥权或对其产生侵害行为的一种关键方式。然而，随着现代公司法对公司董事会核心地位的确立，公司董事逐渐通过各种手段使公司股东选择和解除董事职务的权力落空。因此，在这种背景下，要牵制公司管理人员滥用职权，保障公司股东不受违法、不当行为侵害，允许股东进行股份转让便成为了非上市公司预防董事会滥用控制权的有效途径。有学者说现代公司是一种资本的集合体，其财产是公司债权人利益实现的基础，且随着公司法的不断完善，此种保护的程度和范围还在不断加强，例如公司法规定董事对公司债权人承担义务、不允许股东退股等原则，但

---

❶ 朱伟一：《美国公司法判例解析》，中国法制出版社2000年版，序之第3页。转引自郝磊："试论利益平衡理念与我国公司立法"，载《甘肃政法学院学报》2003年第4期。

第三章 非上市公司股东权的正当行使：以股权转让为中心考察

上述原则在保护了债权人的同时，也束缚了股东的权利，成为了非上市公司股东享有有限责任所必需付出的代价，从而影响了股东实现出资设立公司的逐利动机，并进而影响投资者以后的投资决心。实行股份转让制度则给非上市公司股东们提供了合理的投资退出渠道，在一定程度上挽回了投资者的热情，并缓解了股东与债权人之间的矛盾。由此可见，股份转让制度是非上市公司中实现各方关系人（债权人、大股东和小股东）利益均衡的重要机制，同样，利益平衡原则在公司法中的确立，也成为了非上市公司股份转让制度存在的前提。

（三）法人人格独立原则

德国学者尼奇克在分析社团时，提出法人人格独立原则是指"具有法人性质的团体，其特征是组织本身相对于成员而言就有高度的独立性"原则❶，而梅迪库斯则认为这种独立性可以表现为四个方面：不存在与成员相关的解散事由，诸如某个成员死亡、破产或宣告终止；成员可以更换；对于决议，适用多数票通过原则；由机关负责对外，机关成员也可以由法人成员以外的人充任，所谓"他营机构原则"。❷ 公司获得独立法人人格后，与传统意义上的个人独资和合伙企业便存在很大的区别，即公司成为了独立于投资者的另外一个独立主体，以法人的名义独立对外营业并独立承担责任，股东或投资者与法人之间是独立的主体关系，各自分别享有自己的权利和义务，股东的变更并不影响法人人格的变更。公司具有独立法人人格（legal personality）的基本意义就在于使公司成为一个独立的实体，并与其成员的独立人格区分开来（anotherlegal entity from its members），尽管这种独立人

---

❶ 梅迪库斯：《德国民法总论》，法律出版社2000年版，第818页。
❷ 同上。

格仅限于公司实施合法行为的场合。❶ 因此,无论是有限责任公司,还是未上市股份有限公司,自设立之日起,公司便成为具有法人资格的独立个体,公司与股东之间的"血缘纽带"自此断裂。既然股东与公司成为了人格相互独立的法律主体,那么股东转让其所持公司股权,其实质上与转让普通财产无异,不会对公司利益造成侵害或产生消极影响,这使得非上市公司股份转让便成为可能。也就是说股权的转让及其导致公司成员的更换不但不会损及公司独立人格,相反,通过股份转让制度更换公司股东将使公司朝着更加独立的人格、更为健全的方向发展。

由此可见,非上市公司的股权转让源于"股权的财产性"特征,实现各方关系人(债权人、大股东和小股东)利益均衡乃是非上市公司中股份转让制度推行之目的,股权转让不会对公司合法权益造成侵害和威胁,而"公司人格与股东人格的剥离则是股权自由转让原则得以实现的前提条件"❷。因此,股权自由转让不仅是公司制独领风骚的根本原因,现代公司法所普遍遵循的基本原则,也是实现非上市公司股份转让的理论依据。

三、非上市公司股份转让的市场功能

"存在即为合理",尽管非上市公司的股份转让市场并不完善,但是其转让行为却从未停止过。故我们不仅不能禁止,反而应当鼓励且完善非上市公司的股份转让,因为股东转让其股份不仅具有股东财产权处分性、公司各方利益平衡性和法人人格独立性等理论的支撑,同时,非上市公司股份转让有利于促进公司股权结构和社会资源市场配置方面等功能的实现,具体表现在以下

---

❶ See L. E. Mitchell&L. D. Solomon, Corporation Finance and Governance Cases, Materials, and Problems for and Advanced Course in Corporations, *Cardemina Academic Press*, 1992, p. 54.

❷ 冯果:《现代公司资本制度比较研究》,武汉大学出版社2000年版,第204页。

几个方面。

(一) 有助于解决非上市公司的融资困惑

非上市公司在数量上要远多于上市公司,但大部分非上市公司都属于中小企业,规模较小,其主要原因在于融资困难。但与此同时,法律规定封闭公司(本书中将其统称为非上市公司)公开发行股票构成犯罪。❶ 因此,如何满足非上市公司的融资需求便成为实践中急需解决的重大问题。然而,根据深圳国际高新技术产权交易场所的数据显示,从2002年年底至2005年5月,已有16家非上市公司在该所挂牌转让,以此进行融资,另有54家已托管的非上市公司进行了股权协议转让,涉及金额50亿元。可见,允许非上市公司在产权交易场所进行股份转让有助于解决非上市公司的融资困惑。当然,股份转让发生于投资者之间,即非上市公司的原股东和新股东之间,股份转让价格的变化并不直接决定股份公司资本或资产的变化。但是,股份能否得以转让以及股份转让条件如何,在很大程度上影响股份公司今后的筹资计划及其实现的可能程度。根据资本维持原则,投资者一旦认购了股份公司所发行的股份就不能退股,如果股份不能转让,就存在股东的投资被彻底锁定的风险,而这种风险的存在会导致投资者不愿认购股份,从而影响股份公司筹资计划的实现。如果股份可以转让,投资者在其投资判断发生变化时,就可以在不必退股的情况下,通过转让股份来规避投资被锁定的风险。因而股份转让是投资者进行股份投资所必需的风险规避机制,也是股份公司得以不断进行股份筹资的必要前提。另外,经常进行的股份转让可以形成特定非上市公司股份的市场价格,这一价值既可以成为该公司股份投资价值的市场信号,也可以作为股份公司筹资计划的制定依据。

---

❶ [英] 保罗:《英国公司法精要》,樊云慧译,法律出版社2007年版,第19页。

（二）有助于促进非上市公司股权的合理流动

根据我国现有《公司法》的相关规定，上市公司的股东转让其股份，必须在依法设立的证券交易所进行。但是，非上市公司不具备这样的条件。对非上市公司而言，记名股票由股东以背书方式或者法律、行政法规规定的其他方式转让。在这里，背书方式转让指的是公司内部股东之间的转让，而且要变更股东名册。这种转让方式手续繁杂，成交不易，成交量极为有限。现在的问题是"法律、行政法规规定的其他方式转让"的渠道尚未开辟，这就限制和压制了非上市公司股权的合理合法流动，极不利于股东行使自己的权力。如果股权不能转让，股东就无法行使"用脚投票"。同时非上市公司的股权不能合理流动，老的股东不能出，新的股东不能进，公司股权结构就不能优化，更不利于公司的重组。然而，股权流动是天赋的秉性，也是公司制企业重组的活力所在，非上市公司股权作为市场经济的一种商品，它的买方和卖方都有着强烈的交易需求。如果合法合理的渠道迟迟不能开辟，非上市公司的股权流动就受到了约束和限制，继续延续下去，非上市公司的股权就会成为一种"怪胎"，极不利于非上市公司的规范化建设，无形中也剥夺了股东转让所持股权的合法权力。但是，我国新《公司法》第138条又规定，"股东持有的股份可以依法转让"，由此可见，非上市公司的股份转让是具有充分的法律依据的。我们认为，股份转让首先是股份转让方和受让方基于经济目的而实施的经济行为，具体而言，其是为了实现其投资目的而实施的经济行为。根据资本维持原则，股份公司的股东不能退股，因此，已经持有公司股份的股东，不能通过退股而只能通过转让股份的方法转移其投资目标，以获得股份转让价款的形式收回其投资。作为股份转让受让方的投资者，如果对既存股份公司的投资前景看好，可以不必等待该公司发行新股，只需通过受让他人股份即可成为该公司的投资者。

(三) 有利于完善非上市公司法人治理结构

现代公司法人治理结构的核心是建立股东、董事、监事和经理等内部机构的分权治衡机制，而公司经营管理由董事、经理等专业管理人员负责又是公司治理结构的发展趋势。然而，由于"非上市公司治理有一定的私隐性"❶，所以，在其治理中，一般更加注重股东、管理层的意思自治，而极大限制国家干预公司的权力，作为公共产品的新公司法也更多致力于导引，而极少实施强制。相应的法律规范结构多用授权性规范或缺省性规范设计。而且，由于非上市公司不能在证券交易所上市，所以其治理一般不会受到外部监督。但董事、经理和公司股东并不总是利益共同体，因此，在非上市公司中设立股份转让制度，正好赋予股东一个督促管理层的有力工具，因为股份转让的结果会引起公司股权结构的变化。正如新西兰著名公司法学者所指出的，有限责任和股份的自由转让是联系在一起的。❷ 当股东对公司的股利率、股价或管理层不满意时，可利用股份转让机制对管理层施加压力：股东抛售股票引起股价下跌，从而招致敌意接管（所谓的用"脚"投票）。管理层为避免这种现象的发生，不得不注重提高公司的经营业绩，兼顾小股东的利益。所以，股份转让制度在一定程度上加强了股东在公司治理结构中对公司的控制作用，从而维护公司运营的秩序。

(四) 有利于促进社会资源的市场配置

股份可转让制度意味着投资者可以进退自如，即促使公司大规模募集社会资本的股份发行行为成为普遍的经济、法律现象。而非上市公司亦通过转让其股份使企业获得资金，股东获得利益，但股份可转让的市场作用并不仅仅在于为公司和股东获得资

---

❶ 蒋大兴："上市公司治理的细则地带——在私人治理与公共干预之间"，见王保树、王文宇主编：《公司法理论与实践》，法律出版社2010年版，第245页。

❷ 司艳丽、罗智勇："试论一人公司及其立法构想"，载《财经理论与实践》2001年第9期。

金和利益，而主要在于通过使股份这一存量资源进入流动状态，从而更好地配置社会资源。非上市公司通过转让股份形成股份市场价格，不仅是特定股份公司经营状况和投资价值的市场信号，由个别股份转让集合形成的整体股份市场价格，也是整个经济发展状况的市场信号。根据这些市场信号，投资者可以不断做出追逐投资效益的投资判断，从而实现证券市场配置资源的功能。公司资产从实物形态进化到股份所表示的价值形态，股份的证券化又使得资产的价值形态有了直观量化的物质载体，从而使过去难以想象的复杂的资产流动和资源配置活动得以安全而有效率的进行，既提高了资源配置的效率又形成了一个市场竞争选择的局面，从而对社会存量资源配置起到积极作用。所以，非上市公司股份转让既是形成股份公司资产市场价格的手段，也是实现市场配置资源功能的途径。

第二节　我国非上市公司股份转让的现状分析

非上市公司的股权转让作为一种特殊的交易活动，其有助于促进公司股权结构和社会资源市场配置的合理化。而我国随着政治和经济体制改革的发展日渐增多，其对我国资本市场制度法规范也提出了请求完善的需求，于是，我国 2005 年、2006 年修订并实施的《证券法》和《公司法》对此做出了相应的规定。但实践中，非法证券活动仍然层出不穷，为进一步探究其根本原因，笔者拟在下文中，首先从立法和实践操作两个层面来分析我国非上市公司股权转让存在的问题，从而找出其间的必然联系。

一、我国非上市公司股份转让的立法规定

"在一个变幻不定的世界中，如果把法律仅仅视为一种永恒

的工具，那么它就不能有效的发挥作用"❶。换言之，法律制度务必跟上时代的步伐与发展，否则滞后的法律不仅无可取之处，更会成为时代与经济发展的障碍。为此2005年、2006年，分别对《证券法》和《公司法》相继进行了修改，并对非上市公司股权转让进行了规定，具体包括以下几个方面。

（一）非上市公司股份交易场所规定

我国《证券法》和《公司法》同时规定，股东转让其股份或股票时，应当在依法设立的证券交易所上市交易或者在国务院批准的其他证券交易场所进行，这条规定成为了股票市场管理层规范非上市公司股份转让的主要依据。从目前的情况来看，《公司法》第143条原则性规定股权可以转让，中国证券业协会发布的《证券公司代办股份转让服务业务试点办法》第82条规定，"本试点办法经中国证监会批准后发布实施"。足以显示代办股份转让系统可以进行非上市公司的股份转让。此外，由于产交所事实上执行了国有股权转让的职能，因此，也应归入"依法设立"证券交易场所的范围之内。特别是在《公司法》第144条对证券交易场所进行了"依法设立"的限定之后，从严格意义上讲，符合这一条件的证券交易场所就只剩下证券交易所、代办股份转让系统以及产权交易所了，也称为场外交易场所。相对于有形且相对局限的场内交易市场来说，场外交易市场则是无形且相对无限的。

（二）非上市公司股份转让方式、程序和限制性规定

我国《公司法》第143条规定，股东持有的股份可以依法转让，但转让的方式没有具体规定，而通过《企业国有产权转让管理暂行办法》第5条作为补充性规定，对协议转让、司法拍卖、委托拍卖、质押、继承、赠与以及持有人因丧失法人资格而进行

---

❶ 高德步：《产权与增长：论法律制度的效率》，中国人民出版社1999年版，第44页。

第三章 非上市公司股东权的正当行使：以股权转让为中心考察

股份过户等股份转让交易进行了限制性规定。《公司法》第72条第4款还赋予股东可以在章程中对股份转让进行规定，即如果公司章程对股份转让有不同规定的，按章程规定。如我国《公司法》规定，公司章程可以对公司董事、监事、高级管理人员转让其所持有的本公司股份作出其他限制性规定。❶ 在股份转让程序上，一方面，我国《公司法》规定股东向股东以外的人转让股权，采用的是"头数主义"❷；另一方面，《公司法》又规定实行"资本多数决"❸。此外，我国《公司法》还在股份转让和优先权的行使方面规定了股东同意权，如果不同意，则应购买；不购买，则视为同意转让。

（三）非上市公司股份转让的价格规定

就交易机制来说，场内交易市场采用的是集中竞价的方式，而场外交易市场采用做市商制度或一对一协商交易制度；有些公司在公司章程中规定："股东离职时必须依原价转让股权。"此处的"原价"是指股东认缴出资时该股份的价格，而且现实中往往要求该股东只能向其他股东转让该股权。虽然转让股东也签署了公司章程，但此种约定明显剥夺了该股东就其股权进行定价的机会，侵犯到其合法的财产权益。另外，公司法规定，对股票定价等这些任务交由产权交易所或者交易中心的会员完成，但一般情况下，在私自销售股票之前经纪公司或投资咨询公司往往要与非上市公司签订两份协议，不仅损害了投资者的利益，也加大了非上市公司的融资成本。就交易股票而言，场内交易市场交易

---

❶ 我国《公司法》第72条第4款和第142条第2款规定。

❷ 我国《公司法》第72条第2款规定，股东向股东以外的人转让股权，应当经其他股东过半数同意。股东应就其股份转让事项书面通知其他股东征求同意，其他股东自接到书面通知之日起满30日未答复的，视为同意转让。其他股东半数以上不同意转让的，不同意的股东应当购买该转让的股权；不购买的，视为同意转让。

❸ 我国《公司法》第43条规定，股东会会议由股东按照出资比例行使表决权；但是，公司章程另有规定的除外。

的股票是依法获准上市的股票,而场外交易市场交易的股票却并不以此为限,上市公司和非上市公司股票均可进行场外交易;就交易参加者来说,场内交易市场的参加者必须办理一定的手续,如开户、在账户内存入一定的交易保证金等,而场外交易市场的参加者并不受此限制;就交易时间来看,场内交易市场的交易时间相对固定,而场外交易市场的交易可偶然发生;就证券交易成本而言,场内交易市场的股票成交价格包含了佣金等,因而成本较高,而场外交易市场的股票交易价格一般按净价交易,因而有利于降低交易成本……有人甚至得出了"场外交易是股票交易的初级形态,场内交易市场是股票交易的高级形态"的结论。❶

二、我国非上市公司股份转让的法律困境

通过与其他发达国家公司法中关于股份转让规定的比较和对我国《公司法》第139条、《证券法》第10条以及国务院2006年99号文和2011年38号文等立法的规定,我们发现,我国非上市公司的有限开放性与场外交易市场公开交易所要求的高度开放性之间存在天然矛盾,这也直接造成了目前我国非上市股份有限公司股份转让的法律困境,具体表现在以下几个方面。

(一) 非上市公司股权转让限制制度不完善

在普通公司法中的公开公司股权(股票)交易几乎没有限制,如公开公司的股权可以在证券交易所上市或者在替代性投资市场交易,股权能够以确定的价格被频繁转让。但是,对非上市公司而言,各国公司立法均允许通过公司章程、内部细则、股东间或股东与公司间的协议来对股权转让做出限制规定。而我国现行公司法中,非上市公司股权转让限制制度还很不完善。一是我国目前的法律背景下,非上市公司缺乏一份由专门机关管理的权威的股东名册,股东名册的变更以及公司在股东名册变更中的责

---

❶ 郑东:"不应拒'场外交易'于门外",载《中国律师》1999年第4期。

任等更加没有明确的法律规定，从而导致权利人及公众需要确认股东资格时缺乏确切的指引；二是股权转让限制的类型单一，没有规定估价方法，损害了股东的契约自由，例如，公司法不仅欠缺了公司或股东共同指定第三人购买的条款，而且也缺少了准许股东之间或股东与公司之间或公司内部细则中可以约定股权转让的规定，特别是当章程未做规定而不违反法律规定的时候，没有提及对股东间或与第三人间股权转让限制协议的效力认定，导致非上市公司股权转让意思自治空间不足；三是对股权转让限制仅规定了有限责任公司股权转让限制，对于股份有限责任公司没有区分地进行股权转让限制，例如，在通常情况下，对于闭锁型公司则应该尊重公司自治，而股份有限公司可分为公开型和闭锁型，故在股权转让的限制上，应分具体情况考虑公司章程的规定。

（二）非上市公司股权转让立法技术粗糙

目前，我国非上市公司的股份仍然无法在公开交易市场进行转让，建立多层次证券市场的步伐仍然很慢，导致少数股东必须承担受到剥削的特殊风险。拥有多数股权的股东有可能透过分配不相当的利润来压迫未参与经营的少数股东，而少数股东又无法转让其股份，最后只得被迫以低廉的价格卖掉其股份。即使股份转让自由未受到限制，相信也不会有人愿意承受这样受到压制的地位❶。反观美国，企业间的股份转让活动之所以非常活跃并顺利实现，一个重要的原因是企业能够在发达的资本市场上筹措到交易过程中所需的资金。例如，美国的商业银行、非商业银行金融机构、实力雄厚的财团，比贷款、发行债券、借款等方式为受让股权企业提供给交易所需资金，使资金最终都流向了能够给资

---

❶ See Frank H. Easterbrook and Daniel R. Fischel, *The Economic Structure of Corporate Law*, Harward University Press, 1991, p. 230.

本带来利润的投资方向上❶。需要指出的是，尽管我国新公司法中有对证券可以在"国务院批准的其他证券交易所转让"的规定，确实给我国非上市公司的股份转让预留了空间。例如，我国公司法第72条、第138条、第139条和证券法第39条明确规定"股东持有的股份可以依法转让"，并对股权转让的方式予以了原则性规定。但是，该规定并没有对股权转让的具体方式、间隔认定与结算等一系列问题加以确定。证券法也只对上市公司股份转让进行明确规定，而对非上市公众公司进行了授权性规定，对非上市公司更是语焉不详。当然，根据《公司法》第139条授权立法，我国非上市公司可以"按国务院规定的其他方式"进行的股权转让，在这里，所谓的其他交易所是否就是指产权交易场所。从我国实践中的产权交易来看，其交易机构主要从事国有产权的转让，很少涉及非国有公司股权的转让，相关的交易规则和制度仅仅适用于国有产权的转让，对非国有公司股权转让并没有相关的规定。因此，一些地方产权交易机构根据自己的情况制定了相关的业务规定，但由于具有地域性，因而不能适用于所有的机构。例如，中关村科技园区代办股份报价系统作为试点单位，其相关规则也仅仅适用于园区内的企业，出了园区规则将不再适用。此外，在实践中，如代办股份转让系统、天津股权交易所、上海市联合产权交易所、深圳国际高新技术产权交易所及其他各省市级的产权或技术产权交易所等场所已经在从事非上市股份公司股权交易。为此，国务院、天津市、上海市、深圳市等地方人民政府先后颁布了一系列文件和批复就非上市股份有限公司股份转让问题进行规范、规划与布置。但是，这些规划与布置规定延伸至操作层面时，有关流转场所、流转方式、投资者等立法技术

---

❶ 樊华、胡泓英："有限责任公司股份转让的实现条件与实践中存在的问题浅析"，载《经济与法》2002年第3期。

的粗糙便显露无遗❶，但是，公司法导致股权转让后的权属不明，违规、违法交易不断，亟需制定非上市公司股权转让场所、转让方式和投资者准入制度等技术条款和立法规范。

（三）非上市公司股权转让的监管缺位

非上市公司多为家族公司，人合性、闭锁性强，其内部法人治理结构不健全，又没有严格的公司产权约束机制。由于监管缺位，在股权转让中常存在向不特定投资人或虚假出资转让，虚假信息披露，恶意欺诈等现象。一是监管主体缺位；尽管2012年5月中国证监会审议通过《非上市公众公司监督管理办法》，可事实上，证监会很少直接审批非上市公司股票交易业务，而是将其委托给产权交易所或者交易中心来履行监管职能。事实上，证券业协会与产权交易中心也不是行政机构，股权转让公司也不是其会员，因此，证券业协会根本无法对股份代办转让系统中的公司进行实质性的监督。二是信息披露制度不健全；关于非上市公司是否应该披露信息存有二种观点：肯定说和否定说。持肯定意见的学者认为，非上市公司不注重公示主义，这使得股东之间得以在众多公司事务上保守秘密，股东或公司更容易因此忽视公司债权人的利益，甚至会通过公司从事如高额负债，损害社会公众利益及相对人利益，这无疑构成了非上市公司的一个弱点。❷ 而否定者则认为，非上市公司不公开发行股票、股东的出资证明也不能上市交易，公司的财务会计等信息资料就无须向社会公开。❸ 且中国证券业协会《股份转让公司信息披露实施细则》只是针对证券公司提供的股份代办系统中进行交易的非上市股份公司而言，且仅仅为自律规则，没有上升到法律法规的层次。一些地方产权市场对在其产权交易所中进行交易的非上市公司信息披露制

---

❶ 胡改蓉："非上市股份公司股权合法流转的路径探析"，载《上海金融》2011年第8期。

❷ 叶林：《中国公司法》（修订），中国审计出版社1999年版，第146页。

❸ 江平：《新编公司法教程》，法律出版社1994年版，第125页。

度作出了某些规定，但是也只是产权交易所内部的规定，不具有法律效力。特别是非上市股票的场外IPO、非上市公众公司新股发行和有限责任公司股权转让的信息披露有其特殊性，在我国多层次资本市场的建设尚在起步，只针对上市公司和"拟上市公司"，证券法的信息披露制度对非上市公众公司的"照顾"明显不足。[1]

我们认为，由于非上市公司具有封闭性，且现有的立法没有严格的信息披露制度和要求，加上投资者对于其相关的信息很难从其他渠道得知。所以，信息不对称、不透明，信息失真、不仅影响投资者的投资决策，而且使投资者被非法中介肆意欺骗，导致非法证券活动的严重滋生和大面积蔓延，当然最终严重干扰了国家证券市场的正常秩序。

（四）我国非上市公司法律地位界定不清

由于特定的历史形成背景和独特的运行机制，我国的未上市公司从严格意义上讲是一种不规范的公司形态，之所以不规范，很重要的一点就是股权交易的定位没解决好。

三、我国非上市公司股权转让的现状评析

尽管学理上存在上市公司与非上市公司分类，但在我国现行公司法体系中，并没有对非上市公司的身份作出明确界定，致使非上市公司的内涵与外延存在不可避免的矛盾与冲突；2005年《公司法》中尽管规定非上市公司股份可以在产权市场进行交易，但如何在产权市场进行股份交易却缺乏详细规定，所以导致许多产权市场也采用股票集中竞价的交易方式等；另外，我国多层次资本市场的建设也不到位，对于非上市公司来说，一般会由于规模比较小而难以被正规的资本市场接受，但同时场外交易市

---

[1] 李建伟：《非上市公众公司信息披露制度研究》，见顾功耘主编：《公司法律评论》，上海人民出版社2010年版，第158~172页。

第三章　非上市公司股东权的正当行使：以股权转让为中心考察

场也没有依法设立，加之融资的成本过高。正是由于我国缺乏关于非上市公司股份转让的法律衔接和具体的操作规范❶，所以非上市公司股权交易一直处于灰色地带，甚至雷区。特别是，目前我国不少非上市公司采用各种"地下融资"的手段套利，如福茗优有限责任公司非法发行股票案；一些非上市股份公司的股权流转被不法机构利用，冠之以"境外上市""原始股"等名号，诱骗普通百姓购买等现象，严重影响社会稳定和国家金融安全。一段时间以来，股民试水❷、黄牛试法❸、易所试探❹、股份公司试销❺、试销股票❻等非法证券活动肆意猖獗，且层出不穷。

　　面对这种现象，有学者提出"本着采一片异乡的云，挖一筐故乡的土，在中西方的商海中细心地去打捞含金的商法规定"。❼但是，我们认为，西方国家投资者所崇尚和追求的物质利益最大化，以及股东和公司均为"理性人"的假定形成了西方国家成熟却独特的公司文化土壤。而在中国公司法制建设的过程中，由于我国的市场经济是政府主导型的市场经济，且市场经济的培育很短暂，所以我们的社会文化仍然习惯于"人治"的传统，故在我国，相当多的投资者是"非理性"的，特别是国有大股东的广泛存在及其身份所决定的种种特殊性更是动摇了"理性人"

---

❶　何振华："非上市股权交易如何破局"，载《上海国资》2005年第9期。

❷　即某些财商较高的股民听信谣言或见人发财，纷纷抢购非上市公司股票，最后，手举着大把卖不出的股票不可避免地沉入水底。

❸　即某些利令智昏的黄牛手抓着一出世就是垃圾股的股票高喊着明天去"纳斯达克"，结果当天就被一警棍打趴在地。

❹　即既然有关部门不说行也不说不行，某些较有社会责任感的地方交易机构就放开手脚准备大干一场，说不定就能干成"第三家"国家认可的证券交易所，结果乱子一出，轻者勒令整改重者强行关闭。

❺　即某些不怀好意的有限公司老板看到黑股形势大好，纷纷改行当股份公司"董事长"，试销股票，收到巨额资金却不知到哪找项目，千金散尽后只能改名改姓改行做黄牛。

❻　收到巨额资金却不知到哪找项目，千金散尽后只能改名改姓改行做黄牛。

❼　任先行、周林彬：《比较商法导论》，北京大学出版社2000年版，第231页。

假定的根基,而这一文化现象反映到公司法领域,就会出现了许多破坏分权与制衡原则的现象,其具体到非上市公司股东转让出资问题上,就显得我国立法较为简单。因为许多在其他资本主义国家不会出现的现象,在我们这里却是难以避免的。所以,笔者认为,在缺乏市场交易习惯和传统的社会,若要保障公司股东的权利及其有效实现,我们不可一味地照搬美国或其他国家的法律制度,而应该一方面本着严密化、细致化、规范化,具有较强的实际可操作性的立法精神,完善我国《公司法》《证券法》、中国证监会的相关法规和中国证券业协会的自律规则,构建较为先进的制度框架,如建立非上市公司股份登记托管制度、非上市公司信息披露制度、完善非上市公司股份转让的监管制度;另一方面则是构建多层次资本市场,制订并完善非上市公司股权转让的交易规则,如对整个非上市公司股份交易机制的系统安排,以及股权价格的确定机制等。

第三节 我国非上市公司股份转让的制度构建

大禹治水,贵在堵疏结合。对于制度设计的不足与缺失导致非上市公司股份转让出现的不法证券活动,我们只有通过改进制度设计,才能从源头上分流,并警醒发行公司、中介机构和投资者见贤思齐、趋利避害、改恶向善。❶ 过去,非上市公司股份转让在法律法规的边缘化状态下而无人监管,当投资者发现自己购买的所谓的原始股票上当受骗时,只能向公安部门的经济侦查大队报案,但当经济侦查大队调查时,犯罪嫌疑人早已人去楼空,即使被抓,投资者的损失还是无法弥补的。因此,国办发[2006]99号文明确要求中国证监会根据《公司法》和《证券法》的相关规定,尽快研究制定有关非上市公司的管理规定,明

---

❶ 刘俊海:《现代公司法》,法律出版社2008年版,第395页。

确非上市公司设立和发行的条件、发行审核程序、登记托管及转让规则等，将非上市公司监管纳入法制轨道。2012年9月28日，《非上市公众公司监督管理办法》出台，确立了非上市公众公司股份公开转让的合法性。2013年1月16日，"全国中小企业股份转让系统"正式挂牌，该系统是经国务院批准设立的全国性证券交易场所，明确挂牌公司为非上市公众公司。2013年2月8日，《全国中小企业股份转让系统业务规则（试行）》发布，就该系统的业务规则、主办券商管理、投资者适当性管理、挂牌公司信息披露等方面予以明确规定。这些法规及配套细则的出台填补了非上市公众公司股份公开转让的制度空白，使得非上市公司股权转让有法可依，但还需要进一步完善。

一、健全非上市公司股份转让的法律体系

较1994年《公司法》而言，2005年、2013年《公司法》在立法体系上仍然沿袭了旧公司法的法律体系，将公司划分为有限责任公司与股份有限公司，但是，在增强股东自治的空间，扩大小股东的权利，强化大股东和公司董事、监事等管理层以义务等方面有了很大进步。而且修订后的《公司法》和《证券法》还将非上市公司纳入到了法制的轨道，将交易场所扩大到证券交易所以外的、国务院批准的其他证券交易场所❶，2005年、2013年《公司法》也使现实中存在的集合竞价、大宗交易、场外交易等非集中竞价交易方式具有法律依据❷。其不足在于将发起设立的股份有限公司与有限责任公司界定为两种规模差异很大的公司类型，并设计不同的制度规则，而是人为地割裂两种商业组织

---

❶ 如"依法公开发行的股票、公司债券及其他证券，应当在依法设立的证券交易所上市交易或者在国务院批准的其他证券交易场所转让。"参见我国《证券法》第39条规定。

❷ 如"证券在证券交易所上市交易，应当采用公开的集中交易方式或者国务院证券监督管理机构批准的其他方式。"参见我国《公司法》第40条规定。

形态的共性——封闭性，同时对实践中非上市公司与上市公司的分类也是置若罔闻，导致非上市公司的股份转让总是处于法律法规边缘化状态，非上市公司的股份转让也是饱受争议。因此要完善非上市公司股份转让制度的前提，笔者建议务必要先解决立法问题：

（一）修改《公司法》和《证券法》

1. 重新确定公司分类标准，将公司界定为上市公司和非上市公司

虽然我国2013年《公司法》对有限责任公司和股份有限公司的设立、组织机构是分别设章进行规定的，但仔细比较两者之后，我们不难发现，其在许多制度方面的规定是相同的。❶ 而对于同为股份有限公司，但在规模上相差很大的发起设立股份有限公司和上市股份有限公司适用相同的法律规范，则会出现"小孩穿大鞋"❷ 的情况，也会造成很多制度被架空，无法发挥法律规范的应有作用。至于如何将非上市公司纳入我国公司法，以解决不合时宜的现状。笔者认为，大致上有几种修法方式：第一种方式：大幅度彻底调整现行公司法规范的架构，废除有限责任公司制度，将公司划分为上市的股份有限公司和非上市股份有限公司两种制度，如日本《公司法典》。第二种方式：保留现行公司法律制度，另行制定一部专门的法规或另设专章规范非上市公司，如美国的《美国法定封闭公司附加规定》。第三种方式：可保留有限责任公司制度，但可以在股份有限公司的章节中加入排除性条文，允许股东可透过自治协议之方式排除强行规定的适用，以满足非上市公司的需要。也就是说，非上市公司在视其自身需要的情况下，建构灵活弹性的管理架构与权利义务关系。仔细检讨后，笔者认为，从立法成本来看，目前以第三种方式最为适合。

---

❶ 王保树："有限责任公司法律制度的改革"，载《现代法学》2005年第1期。
❷ 刘俊海：《现代公司法》，法律出版社2008年版，第31页。

但鉴于有限责任公司与未上市股份有限公司具有封闭性等同一性特点,以及公司二元结构体系改革和有限责任公司废除论等观点来看,笔者认为,我们应当借鉴日本现代公司法的作法,将我国有限责任公司的规范架构进行大幅调整,将其并入股份公司,而将股份公司划分为"上市公司"和"非上市公司",并在我国公司法中对非上市公司的内涵和外延进行明确界定。

同时,建议将《证券法》第32条和第33条进行相应修改,增加关于非上市公司证券交易的相关规定。例如《证券法》第32条可考虑修改为,"经依法核准的上市交易的股票、公司债券及其他证券,应当在证券交易所挂牌交易。""未上市交易的股票、公司债券及其他证券,可通过证券交易所之外的其他合法证券交易场所进行交易。"《证券法》第33条的规定可考虑修改为,"证券在证券交易所挂牌交易,应当采用公开的集中竞价交易方式或证券交易所认可的其他形式。"这样规定,一是可将现已实施的大宗交易、主交易商(做市商)以及可能实施的协议转让等交易方式包括在内;二是也为今后证交所进行业务创新留下空间,毕竟证交所才是证券交易一线监管和直接监管的责任主体。

2. 进一步完善对非上市公司股份转让的相关法律法规体系

一是完善有限责任公司股权内部转让制度。目前有限责任公司股权内部转让制度有三种模式中,自由主义、法定限制主义和约定限制主义。其中,自由主义模式过于强调股权的流动性而显得松散无序,而法定限制主义模式则过于强调公司人合性而过于严格,约定限制主义模式相对而言较为科学,但对我国目前商人自治系统极不完备的现状而言似乎还是有点超前。笔者建议:在维持现有立法模式的基础上,参考法国的立法例,对现行《公司法》第72条第3款的规定加以限制,在有限责任公司股权内部转让制度上不妨作此规定:"有限责任公司的股东之间可以相互转让其全部或部分股权……公司章程对股份转让另有规定的,从其规定；但公司章程的规定不应违反前款（即《公司法》第72条第2款）的强制性规定。"二是完善有限责任公司股权外部转让制度。目前我国现行《公司法》对有限责任公司股权外部转让制度规定得过于简单，特别是在"优先购买权""同等条件"等相对笼统的概念上出现认识错误。如司法实践中还存在一个问题，即转让股权股东向第三人隐瞒或虚构优先购买权行使的真实情况，与第三人为签订股份转让合同而磋商，后因其他股东主张优先购买权，而使得股份转让合同未达成或无效或被撤销。笔者认为，首先，应当在《公司法》中对"同等条件"予以详细规定，建议"同等条件"应当先由转让股东与第三人协商一致确定，以股份转让合同中的约定确定价格；若其他股东提出异议，则应根据公司账面记载的相应价值确定的价格，或是由具有专业评估资格的权威机构评估的价格作为"同等条件"确定价格。如果公司章程明确规定股份转让时价格的确定方法，应依该方法确定的价格为准，但章程不得违反法律的强制性规定。对股权转让中涉及缔约过失责任的问题，转让股权股东违反了实情告知义务，应对第三人承担赔偿责任。三是完善非上市公司股权转让的限制性规定。首先，笔者建议仿效外国立法例，允许非公开发行公司用章程禁止或限制股份转让，采取"同意条款"或"优先购买条款"，来解决现行我国公司法中关于非上市公司无法防止不受公司欢迎的人成为公司股东的问题，以维持其封闭性。例如在非上市公司中，在制定股东转让其股份条款时，应规定受让该股份的相对人应得到公司董事会的同意或承认，即所谓的"同意条款"。其次，将《公司法》第144条的第1款的规定可修改为，"股东转让其股份，必须在依法设立的证券交易场所进行。""依法设立的证券交易场所包括证券交易所、代办股份转让系统、产权交易所等。"虽然股权的协议转让、司法拍卖、委托拍卖、质押、继承、赠与以及持有人因丧失法人资格而进行股份过户等"场外交易"方式使证券交易场所的界定较为困难，但本书认为,在相对集中的场所进行证券交易有助于监督和管理,因此并不主张证券交易可以随意进行,对证券交易场所的定义拓宽即可。

(二) 允许地方先制定法规作为依据

笔者认为,应尽快修订《公司法》和《证券法》,从而最终解决非上市公司股权转让无法可依的尴尬境地。但众所周知,《公司法》和《证券法》的修订并非一朝一夕就可以解决的,因此,建议在将非上市公司的股份转让纳入法律调整范围之内以前,应当允许地方先制定法规作为依据,即对以下事项进行先行探索:一是符合三板挂牌交易的非上市公司的条件,比如股本、总资产规模、净资产额、盈利能力、投资项目是否符合国家政策等,还包括初次挂牌和新募资金。对原符合挂牌条件,后不符合的情况作出界定和处理,比如由于连续几年亏损予以摘牌等。二是设定新老划段的时间点,关于新设立的直接按照规定进行运作即可。对于历史遗留的非上市公司,应进行适当的处理。首先进行全面地清理,将所有非上市公司的股东进行统一托管,股东持有股份有流通意愿的,可通过股东(大)会决议通过,向有权机关进行申请挂牌,得到批复后,自选一家产权交易市场挂牌,并与该产权交易市场就挂牌时间、定价、交易方式等细节进行磋商。三是规定其他场外交易市场主体的资格条件。承办券商的资格,中介机构的资格,托管机构的资格,做市商的资格,投资者应具备的条件等。四是对交易方式进行规范。应该引入做市商制度,活跃交易量。五是确定信息披露的平台,授权相关部门对披露的信息进行审查。六是对产权交易市场与证券股票市场保持统一性进行规定,这里的"统一"一则是指市场运行的基本规则、标准和程序的统一,包括监管规则和程序,各种层次企业挂牌、再融资的标准,交易的规则和程序,以及主办券商信息披露、做市的规则和程序等;二则是指登记和托管的统一。"互联"是指各个子市场按照统一的规则进行彼此信息的连通。分散做市包括两个层次的含义：一是企业和主办券商彼此互为交易对手，在统一的规则下自由匹配，企业可以自由选择主办券商，而主办券商也可以选择让哪些企业挂牌；二是投资者和主办券商互为交易对手，投资者自由选择挂牌企业进行投资，挂牌企业的交易最终在相应的主办券商那里进行撮合。这样市场的好处有利于形成信息透明、完全竞争、风险分散的投融资体制；有利于减少道德风险、提高监管效率。只有这样，才能使目前那种畸形的"代办股份转让系统"和地方产权交易市场成为真正的具有法律保障的股权流通和股权融资功能。

二、构建非上市公司股份转让的法律制度

（一）建立股权托管，有效规范非上市公司股权流动

事实上，股权托管是有效规范非上市公司股份流动从无到有，从少到多，从交易不活跃到交易频繁的一个必然的过程。然而，根据我国新《公司法》第144条规定，未上市的股份有限公司的股东转让其股份，必须在依法设立的证券交易场所进行。但在什么样的证券交易所、是否进行股权登记托管问题、以及如何托管并没有进一步明确。因此，在没有合法交易市场、以及托管不明的情况下，地下交易场所便自然成为了这部分股份转让的惟一渠道。同时，由于地下交易场所信息不公开可能会造成投资误导甚至欺诈，所以其蕴含的巨大社会经济风险的弊端也不容忽视。❶ 当然，为了消除社会经济活动中不安定的隐患，政府已准备为无法进行公开交易的非上市公司提供股份转让的合法渠道并进行有效监管。例如，中国证券监督管理委员会在证监市场字[2001] 5号《关于未上市股份公司股权托管问题的意见》中指

---

❶ 股权托管：有效规范非上市公司股权流动，湖北省股权托管中心，http://www.hbgufen.com/nhbgufen/hbgqtgzx/Article_ Show.asp? ArticleID = 342；访问时间：2007年7月11日。

出"未上市股份公司股权托管问题,成因复杂,涉及面广,清理规范工作应主要由地方政府负责"。另外,为了促进非上市公司的健康发展,规范股权交易,填补法律空白,许多地方政府以行政规章的形式相继要求对非上市公司的股权进行集中登记托管。目前,上海、深圳、武汉、成都、陕西、北京、天津、山东、浙江、江苏、沈阳、内蒙古等地均已建立非上市公司股权托管中心。当然,托管中心并不是以盈利为目的,其只是一个按照国家及本省、市的法律法规,为托管企业提供股权登记及股权的日常管理,按托管企业要求提供股东登记服务、变更服务、信息查询及分红等其他服务的一个管理服务平台,也是广大投资者和真正想发展的股份公司、有限责任公司和守法规范的中介机构找到可以依托的、有一定社会公信力的平台。

(二)建立非上市公司股权转让交易平台

在非上市公司中出售股份并不是一个直截了当的程序,通常会存在限制性规定,目的是使潜在的受让人能够成为合适的新合作伙伴。同时,由于信息渠道不畅,投资者担心被卷入经营小公司需花费时间和可能面临麻烦,通常不会主动有兴趣去购买该公司的股份。此外,即使是对那些好奇的人而言,如果他们发现离开的股东是由于与公司中其他人关系紧张而被迫离开时,也很有可能掉头而去。❶ 所以,需要离开公司转让股份的股东而言,通过其个人寻找一个合适的、其他股东可接受的受让人并不是一件简单、轻松的事,特别是,完全凭借转让方与受让方自然地去彼此寻找,也是极不现实和不经济的。因此,建立一个股权转让交易平台就显得十分重要。当然这种交易平台必然有别于证券交易市场,一个主要的区别限制就在于非上市公司股份转让,属于挂牌一次性交易,一旦成交,必须摘牌,而不能类似证券交易市场

---

❶ [加]布莱恩·柴芬斯:《公司法理论、结构和运作》,林华伟、魏旻译,法律出版社2001年版,第52页。

可以对股票进行连续、多次、分割交易。由此可见,建立一个交易平台确实是一种解决非上市公司股份转让的最佳方式。其实,在1992年邓小平同志南巡讲话之后,我国就曾经针对非上市公司股份转让或公司融资的情况参照国际通行做法,已在全国范围内建立数个产权交易机构。到2008年为止,已形成了包括200多家产权交易所和一些区域性联盟组织在内的全国产权交易体系。❶

但作为证券市场体系基础体系,这一市场目前在我国并不完善,仍然存在发展缓慢,市场容量有限,挂牌企业数量也较少,国有企业外的其他有限责任公司无法入市等问题,成为我国多层次资本市场中的薄弱环节。❷ 要完善我国多层次资本市场,务必从以下几个方面努力。

第一,非上市公司股份转让市场的设计应当以便利公司融资为首要目的。因为非上市公司在信贷市场和主板市场进行融资的能力和入市条件无法与上市公司相比,所以,为了使非上市公司能够有一个合法有效的融资场所以及股份转让场所就有必要在主板之外设立场外交易市场。

第二,非上市公司股份转让场所应当有别于主板市场的全国性场外交易市场。首先,全国性的场外市场更容易监管,可以充分发挥证监会、证券业协会等部门的合力作用;其次,全国性的场外市场更利于公司实现股份转让,从而更加吸引广泛的投资者,有利于在更广泛的区域内实现资源的优化配置;最后,全国性的场外市场可以更有效的服务于我国多层次资本市场的建设。

---

❶ 2008年,我国产权交易所的地理分布几乎涵盖了经济区域的全部。参见北京大学中国产权市场发展研究课题组:《中国产权交易市场发展报告(2008~2009)》2009年6月,第8页,http://www.docin.com/p-34935698.html;访问时间:2010年5月17日。

❷ 赵蕊:"关于建立多层次资本市场的思考",载《中国城市经济》2006年第7期。

第三，非上市公司股份转让场所的设计应当有利于我国多层资本市场的建设，即非上市公开发行交易场所的设计应当置于我国多层次资本市场构建的整体环境中加以考虑。产权交易市场是一个提供交易的场所，组织产权交易活动，同时，它还应该是市场的管理者，制订相关的交易规范与标准，协调、监督交易活动，解决交易纠纷，引入专业化强的会计事务所、资产评估所、律师事务所等中介服务机构，保证服务质量与公正性。❶

第四，在各级交易场所之间都应当建立直接的转板机制。符合上一层级交易场所挂牌或上市标准的企业，可以直接申请到上一层级的交易场所交易，直至升到主板市场，以发挥资本市场对企业的激励作用，另一方面上一级交易场所中不符合条件的企业应当自动转到下一级交易场所，以发挥资本市场对企业的评价作用，限制其股票流动性，控制金融市场风险。

（三）完善非上市公司股份交易制度

1. 构建非上市公司的信息披露制度

非上市公司的经营权与所有权的分离远没有上市公司那么明显，其披露信息的需求也没有像上市公司那么强烈，所以非上市公司的信息经常处于一种隐秘的状态。但目前，为解决非上市公司融资等问题，我国正在建设和发展多层次资本市场。数千家质地优良的中小企业，或非上市公司已经或正在列入中小板上市培育计划。那么是否可以顺利转让股份，以及实现公司融资的目的，其取决于潜在的购买者的投资决策。而"阳光是最好的防腐剂，电灯是最有效的警察"❷。如果股份转让的信息充分披露的话，公众就能有效地识别并阻却违法行为，受害者才能得到公平

---

❶ 杨忠勇：《非上市公司产权交易市场研究》，西北大学 2007 年硕士论文，第 28 页。

❷ L. D. Brandeis, *Other People's Money and How the Bankers Use it*（ed. 1967），Cosimo Classic, 2009, p. 62.

第三章 非上市公司股东权的正当行使：以股权转让为中心考察

的赔偿，问题才能得到合适的解释，未来才不会重蹈覆辙❶。这样，受让人或投资人才会作出投资行为。因此，构建信息披露制度乃是"保证投资公众的信心与利益，实现资本优化配置"的关键所在。❷ 就非上市公司而言，需要从以下方面来建立健全信息披露制度。

(1) 确立非上市公司股权交易信息披露的原则

正如人们所述法学研究之目的在于通过对司法实践、法律制度、法律理论的对比分析研究，提出相应的立法建议，拟定相应的制度规范，以指导、服务于司法实践，实现法律制度之功能，而具体法律规范的制定，是以法律的精神与原则为基础。非上市公司信息披露应当构建两个原则。一是弹性原则，即股权交易在坚持产权交易信息披露一般原则的基础之上，根据股权交易的实际情况来确定具体信息披露的多少，也就是说股权交易强制披露是一种弹性的披露；对于国有企业中股份转让，可以要求严格的信息披露。对于其他的股权交易，可以根据转让人或者投资人的请求豁免某些信息披露义务。例如，在涉及转让方的商业秘密披露的时候，转让方可以要求对涉及商业秘密内容的披露要求向监管部门请求豁免，从而保护转让方的商业利益。二是重要性原则；所谓重要性原则主要是指信息披露不是越全面越好，而应将那些足以影响投资者决策的信息予以披尽。这一方面有利于投资者及时准确地获知信息，而不至于很多重要信息被湮没；另外从整个社会的角度和收购过程来看，可以达到节约成本与提高转让效率的双重目标。

(2) 建立股权转让信息财产权制度

目前我国《证券法》《公司法》将信息披露作为非上市公司

---

❶ Ralph Nadir & Wesley J. Smith, No Corprate lawyers and Perversion of Justice, Random House, 1996, p.6.

❷ 李东方：《证券监管法律制度研究》，法律出版社2002年版，第135页。

第三章 非上市公司股东权的正当行使：以股权转让为中心考察

股权转让过程中当事人的法律义务，如果当事人不认真履行义务要承担包括行政责任、民事责任和刑事责任在内的相应的责任，防止信息披露制度不完善而使非上市公司及其股东的信息不能得到完全、及时、充分的披露，导致投资者权益受到损害。但遗憾的是，我国《证券法》《公司法》并未对在股份转让中，当受让方（准股东）的合法权益受到损害时，应如何救济，对信息披露者的合法权益是否予以保护等作出任何规定，导致公司披露信息过程商业机密被泄露，却无法依据立法来保障自身合法权利。同时实践中，股份交易者委托中介机构进行交易，由于监管不当，信息不对称等原因，有可能出现中介机构侵犯客户利益的现象。❶"合理的法律推定是，凡未经法律列为公开信息且公司未将信息报告他人的，都属于公司保密信息。凡属公司的保密信息，都应获得法律上的适当保护。迄今为止，即使各国公司法都呈现出兼顾相关者利益的趋向，甚至采纳了旨在保护相关者利益的公司信息公开制度，但尚未出现颠覆这种久已形成的、公司信息应予合理保护的合理依据"❷。因此，笔者认为，为实现平衡围绕信息而产生的各方面、尤其是信息转让方与受让方之间的利益关系，达到既保护股东的信息不被侵犯，同时又保障准股东获得作出购买股份决策所必需的重要信息，我们应当构建股权转让信息财产权制度，从而平衡和调试公司信息公开与公司信息保密两种价值观。具体来说，我们应从权利的授予和限制两方面来构建股东信息财产权的权利体系，设计具体的股东信息财产权保护制度，具体来说，主要应该包括以下几个方面的内容。

第一，股权转让信息财产权制度构建的内容：（1）股权转让信息财产权的界定：一是信息的概念，即客观事物的一种普遍

---

❶ 侯水平、周中举、王远胜："非上市公司：问题与对策"，载《天府新论》2007年第1期。

❷ 叶林：《公司法研究》，中国人民大学出版社2008年版，第155页。

表现形式,它是反映事物发展变化情况的各种消息、资料、情报、指令、数据、信号等。信息无处不在,无时不有,构成一个结构复杂的庞大信息系统。二是股权信息的具体内容,股权转让信息在外延上包括转让方的信息、受让方的信息和中介方的信息。其中转让方的信息包括企业基本简介、经营范围、股权结构、主营及兼营业务情况、治理结构、企业核心技术情况、企业中长期发展战略及实施措施等企业基本信息和公司经营方针和经营范围的重大变化,公司生产经营外部条件发生重大变化,重大诉讼、仲裁事项等重大事项。而投资人的信息包括收购原因、收购价格、收购价格的确定依据及收购资金的来源、收购的目的与后续计划等信息。中介机构信息包括中介机构的资质,股权交易的有效期限、以及保证交易双方披露的真实性。三是股权转让信息财产权的构成要件。信息财产权是一种以独立存在、具有一定财产价值、可交换的信息为客体的新型财产权。❶ 作为一种新型的财产权,由于作为权利客体的信息的自然属性和财产特征,信息财产权具有自己的特征。包括:无形性、法定性、专有性、地域性、时间性和非绝对性等特征。(2)股权转让信息财产权的法律关系。作为一种无形财产权,非上市公司股权转让信息财产权也是由主体、客体与权利内容构成的一种权利体系。首先,股权转让信息财产权的主体,是指信息财产利益的承担者,是依法享有民事权利能力的自然人和法人,乃至一定条件下的非法人单位以至国家,具体到非上市公司的股权转让中,主要包括转让人、投资人和中介方等三方主体;其次,信息财产权的客体。信息财产权客体是指独立存在、具有一定财产价值、可交换的信息。其特征可以概括为:非物质性、可复制性、不可绝对切割等三个方面。作为非物质形态、不可触摸的财产,是与有体财产相

---

❶ 陆小华:《信息财产权——民法视角中的新财富保护模式》,法律出版社2009年版,第87页。

并列的一种民事权利客体。因此,实践中,保障股份信息的发布能够促进股份交易的实现。笔者建议,可以采取列举式的方法和概括式方式对应当公布的信息进行说明;最后,信息财产权的内容。其系信息财产权的核心,是信息财产权所指向的利益所在❶,即包括股东对股份信息的控制权、使用权、收益权和处分权。

第二,股权转让信息财产的权利保护。权利是利益的法律载体,"法律通过确定和保护权利实现对利益的调整"❷。基于信息产品生产过程中的特殊性,信息财产权的保护范围不仅要明确保护内容,还要明确保护主体和客体。(1)明确信息财产权主体的保护范围;(2)信息财产权客体保护范围可以描述为,保护对象为信息内容,保护及于形式,但不及于思想本身。(3)权利内容保护范围。信息财产权权利内容包括控制、使用、收益、处分四大项。信息产品的可复制性、信息的利用方式的多样性、信息产品使用方式中的在线调取式使用等特点,都决定了对信息产品权益的侵犯是低成本、低技术门槛、易无意识发生,因而,必须明确保护一系列具体权利内容,才能真正把信息财产权从法律权利变为实有权利。(4)信息财产权保护的期限。即信息财产权的时间效力,系信息财产权保护范围在时间维度上的表现。因为,信息的价值可能会随时间的变化而发生衰减,且法律明文规定信息财产权的保护期限,是无形财产权的重要特征。因此,应当对股份信息财产权的保护规定保护期限,否则各方利益无法平衡,信息财产权也难以确立。

第三,股份信息财产权的救济。"比较法学者一般认为,大陆法系是一个'权利先于救济'的法系,而普通法系则是一个

---

❶ 此等为权利内容之利益,必然各有一定之标的或对象存在……权利客体,乃指权利之标的而言,亦即权利所在之对象。参见韩忠谟:《法学绪论》,中国政法大学出版社2002年版,第192页。

❷ 柯卫:"论权利的法律实现途径",载《山东社会科学》2004年第3期。

'救济先于权利'的法系,因为英美普通法是作为一连串的补救手段而产生的,其实际目的是为了使争执获得解决。"❶ 但可以说:"救济,特别是公力救济,是在事后界定的权利,使权利的范围进一步明确化的重要途径"❷。(1)股份信息财产权的侵权行为。一是侵权行为的概念;二是侵权行为的构成要件;三是侵权行为的归责原则。(2)侵权行为的法律救济;"一个良好的法律制度体系必然要求具体法律规范的均衡设计"❸,即不仅需要授权性规范、义务性规范和禁止性规范,需要奖励性规范和惩罚性规范,还需要补救性规范。因此,要实现对信息财产权制度的均衡设计,法律救济是不可避免。其主要包括三个方面:一是民事救济措施;二是行政救济措施;三是刑事救济措施。(3)构建非上市公司股权流动信息披露体系。❹ 一是建立和完善分级的股权流动市场。只有其股权交易的分级问题得到解决,才能有针对性地对信息披露进行监管并完善其现有制度。而要解决非上市公司股权交易的分级问题,最重要的就是不能仅仅把希望寄托在到沪深证交所上市,而是要大力发展场外交易,实现股权交易市场的多层次化。如可以按照企业股票上市交易的门槛高低、风险性的大小及股票流动性的强弱,我国股权交易市场可形成四个层次的发展框架,即主板市场、二板市场、三板市场和分散的柜台交易市场,不同层次的市场有着各不相同的筛选机制,从而形成一个完整的市场结构体系。二是参照上市公司的信息披露模式建

---

❶ 赵廉慧:《财产权的概念——从契约的视角分析》,知识产权出版社2005年版,第216页。

❷ 陆文山、王升义:"证券交易所信息权利的法律保护研究",http://www.szse.cn/UpFiles/Attach/1951/2006/11/17/0947442776.doc,2011年2月16日访问。

❸ 冯玉军:"论法律均衡——哲学与经济学的视角",载http://fengyujun.fyfz.cn/blog/fengyujun/index.aspx?blogid=216163,2011年2月16日访问。

❹ 杨晓舫、董蓓、任凌、谭敏:"'两非'公司股权流动信息披露探究",载《产权导刊》2008年第1期。

立相对于上市公司宽松一些的非上市公司股权流动信息披露制度。

2. 设计科学的股份定价机制

新《公司法》对于非上市公司股权价格的确定没有作出详细规定，只规定了"异议股东可以请求公司以合理的价格收购其股权"，但是什么是"合理"的价格？以何种方式确定的价格才是"合理"的价格？以什么样的计算方法或明确的途径来确定价格？都没有做出规定。加之，这些非上市公司又欠缺公开交易市场，缺乏市场传导和反馈机制，其高管人员又很少知晓其所治理公司股份的真实价值，也不清楚什么因素能影响到股份的价值，因此，导致转让股份的价格变得非常难定。因此，如侯东德博士所认为的，起草股权转让限制协议中，最重要又最难以起草的条款是股权的估价条款。❶

笔者认为，股份定价的关键应该要尊重市场规律，发挥市场的价格发现功能。既然如此，那么股份的价格或计算方式应事先决定，不宜届时才定。价格计算的方式应详细规范，尤以决定价格的时点应清楚表示。概括起来，对股权价值的评估可分为协议评估与诉讼评估。协议评估是双方在平等的基础上根据自己的意愿，对股权价值进行评估。当协议不成时，则可以提起诉讼，请求法院决定其价格，进行诉讼评估。诉讼评估主要涉及以下几个问题：

首先，价格确定的标准，应当是异议股东所持股权的公平价值。公平价值应当符合以下几项要求：其一，公平价值应当是指该股权在营运企业中所占的比例性利益。因此，它不仅应包括公司有形财产的价值，而且还应计算公司的无形财产以及预期的利润价值。其二，异议股东股权的价值不应受案件审理期间所发生

---

❶ 侯东德："封闭公司股权转让限制的契约解释"，载《西南民族大学学报》（人文社科版）2009年第8期。

的股权价值变化的影响。因此，价格评估的基准日应当是股东提起诉讼的日期，而非法院判决的日期。其三，公平价值应当排除股东不当行为给股权价值造成的影响。例如，在股东滥用公司资产、违法向自己多支付工资或公司利润等场合，应当将被股东滥用的资产、多支付的工资或利润计算在公司的应有价值内。否则，不仅对异议股东而言是不公平的，而且会刺激公司大股东欺诈小股东。

其次，运用何种方法确定股权价值，也是股东退股权行使的一个重要问题。确定合理的股权价值评估方法，有利于有效发挥股东退股权的作用。对于非上市公司转让股份的估价问题，诺齐克认为：不管什么分配，只要它来自当事人双方的自愿交换，就都是可以接受的。❶ 换言之，只要转让双方是自愿同意达成转让协议的，其价格就符合正义原则。如天津狗不理集团其估价为1520万元，而在天津产权交易中心以1.06亿元的价格成功转让。❷ 但当我们真正将股份转让的定价规则放在私法自治的框架下时，其股份定价则因收购者不同而不同，成为了一个个别判定问题，而无一个公平的恒定的收购价格。因为，此种定价机制仅仅是从投资者利益的角度进行考虑的，但根据我国宪法第15条规定，经营事业属于财产权所保障的范畴，因此，在处理非上市公司股票定价时，我们务必要考虑到对其他股东经营权——财产权的影响。在平衡股份转让人、受让人以及公司及其他股东利益的前提下，有几种股价估计方式比较流行。如F.霍吉·奥尼尔

---

❶ 罗伯特·诺齐克：《无政府、国家与乌托邦》，何怀宏等译，中国社会科学出版社1991年版，第192页。

❷ "拍卖狗不理：天津同仁堂1.06亿接手"，http://finance.sina.com.cn/chanjing/b/20050302/14251397011.shtml.

教授归纳出以下五种典型的方法❶：（1）账面价值；（2）收益的资本化价值；（3）优先购买权；（4）第三方估价；（5）共同协议。而我国中国人民大学法学院博士康俊亮则归纳为四种方法❷：（1）按照公司净资产价值确定股权价值；（2）按照注册资本价值确定股权价值；（3）按照市场价值法确定股权价值；（4）按照收益现值法确定股权价值。

以上几种价格评估方法兼具优点和缺点，在适用这几种方法时，可以予以综合应用。相对于上市公司而言，公司法及相关法律对非上市公司的强制性规定要少许多。所以，为避免在公司运作过程中出现退股纠纷而无法和平解决，非上市公司股东可以在其公司章程中预先规定股权价格的计算方法，将上述几种方法择一写入章程或者综合采用两种以上的方法。如果由法院或公司确定的第三方有关单位对股权价格进行评估，也可以兼采上述方法，同时也可以将公司的运营前景、投资人的收益价值、公司涉及的行业、是否获得控制权、股东和管理层的受信任度、政策的影响、品牌效应、资源优化重组等作为考虑因素，以提高股权价格确定的合理性和准确性❸。

（四）完善非上市公司股份转让监管制度

考虑到非上市公司在产权市场实施股份交易（转让）之后，可能会有众多的非上市公司参与交易，这样对我国现行的监管制度会提出较大的挑战。"发展较好的二板市场多数都建立了严格的监管要求……严格的监管要求成为二板市场成功发展的保

---

❶ See F1 Hodge O'Neal, *Restrictions on Transfer of Stock in Closely Held Corporations: Planning and Drafting*, 65 Harv1 L1 Rev1 1952, p.7731. 转引自侯东德："封闭公司股权转让限制的契约解释"，载《西南民族大学学报》（人文社科版）2009年第8期。

❷ 康俊亮："非上市公开发行公司股票交易制度构建研究"，载《西南民族大学学报》（人文社科版）2008年第6期。

❸ 王征："非上市公司股权定价初探"，载《商业研究》2003年第17期。

第三章　非上市公司股东权的正当行使：以股权转让为中心考察

障。"❶ 以德国法兰克福新市场为例，该市场在1997年建立初期发展活跃，但仅仅运转了五年就被宣告关闭，法兰克福新市场关闭的原因是多方面的，"但监管要求不够严格是一个重要因素。"❷ 由此可见，只有加强非上市公司股份转让中的监管力度，才能促进市场的规范性操作。

1. 国外非上市公司股份转让监管制度的考察

（1）美国。1990年，美国在纳斯达克市场（NASDAQ）专门设立了电子告示板市场（OTCBB），作为最主要的非上市公司股份交易市场。OTCBB从NASDAQ独立出来，并自主运行后，直接由美国证监会和全美证券商协会（NASD）负责监管，在监管模式上以自律型监管为主导。其中NASD在监管过程中，发挥的主要职责是：制定纳斯达克证券交易法规、规范及会员行为准则；对违反协会规章或者联邦证券法的会员公司及注册的雇员进行惩处；收集和发布在场外交易市场上的证券报价信息；连续不断的对市场上的证券交易活动进行监督；规定OTCBB做市商的活动和交易法规。对于活跃在场外市场中的经纪人和自营商进行监管，防止欺诈行为和操纵市场行为，促进场外市场的公平交易，建立和维护自觉自愿的商业道德。❸ 在监管内容上，美国对于OTCBB采取了较为严格的监管措施，主要体现在三个方面：一是对进行交易市场挂牌的股份实行登记制度，如对于交易市场所交易的股份，实行登记制度；二是对证券商资格注册与行为管理的监管，如美国法律规定所有经纪商或者交易商必须在SEC和州管理部门注册之后，才能成为美国证券交易商协会的合格成

---

❶ 胡海峰、罗惠良："多层次资本市场建设的国际经验及启示"，载《中国社会科学院研究生院学报》2010年第1期。

❷ 同上。

❸ 乐强毅：《我国未上市公司股份交易市场建设研究》，上海财经大学出版社2008年版，第72、73页。

员，才能在 OTCBB 市场进行交易；三是对交易行为的监管。❶ 如 NASD 对交易行为的监管主要采用各种自动化中央控制系统，连续不断的对证券交易行为进行监督，其可以随时得到交易的统计资料，并分别按照天、周、月、季、年等不同时期进行公布，对于每天、每周的交易活动进行分析，监督交易中各种证券价格和交易量的变动，非上市公司股份交易法律制度的完善防止不法交易的产生。异常的交易方式会自动显示出来并传至市场监督处的分析员进行分析。作为一个自律型管理组织，NASD 有权对那些违反全国证券交易商协会规章或者联邦证券法的会员公司及其注册的雇员进行处罚。❷

（2）日本。日本的非上市公司股份交易所形成的市场习惯称为柜台交易市场，1991 年，日本为了提高非上市公司股份交易的效率，建立了类似美国 NSDAQ 市场的日本证券商自动报价系统（JASDAQ）。日本的非上市公司股份交易市场既要接受大藏省的监管，也要接受日本全国证券业协会的管理，但以证券业协会管理为主，大藏省管理为辅，在管理模式基本上与美国一致，也是采用自律管理模式。日本全国证券业协会通过制定一系列自律规范并监督实行以达到监管的目的。日本《证券交易法》赋予证券业协会相当大的自律监管权限，在东京和大阪，该协会均设立了"株式店头市场监管专门委员会"，具体负责市场监管工作。在日本的证券立法中，关于场外交易市场的法律规范主要包含于《证券交易法》及其历次修正中。此外，1971 年以后，证券业协会根据大藏省证券局的要求，对其制定的场外交易市场的管理规则又作了进一步完善，如 1976 年协会理事会颁布的《关于在 OTC 交易及其交易规则》和《关于 OTC 股票注册及价

---

❶ 付艳丽、牟莉莉："证券场外交易市场监督管理体制比较研究"，载《大连海事大学学报》2003 年第 3 期。

❷ 戴军："美证券监管法律体系"，载《中国证券报》2002 年 1 月 10 日。

格制定规则》。日本对场外交易的监管主要体现在三个方面：一是证券登记注册制度；证券商在详细核查公司经营及财务状况后向证券业协会进行推荐，并提交相关资料，经协会审阅并认为该公司符合在非上市公司股份交易市场进行交易的条件的，则该证券商必须将申请书及所有正式文件提交给日本证券业协会审核，申请书中还必须附有其他证券商共同签署的意见；经协会正式审核批准后，即可公告发行和注册。二是证券商行为的监管；证券商只能接受固定价格交易的订单，并应尽力为交易者争取交易当事的最佳报价，证券商应当向交易者讲清交易的风险。三是禁止性行为的规定，禁止从事内幕交易、操纵市场、证券欺诈等行为。

（3）英国。英国的资本市场中，为中小企业进行股份融资服务的非上市公司股票交易市场，除了 AIM 外，主要就是 off-Exchange，简称 OFEX。从 2002 年起，OFEX 由自己实施监管改为英国证监会直接监管。OFEX 对交易主体的监管主要体现在对交易主体条件的规定上。比如，在 OFEX 进行交易的主体必须要符合以下条件：发行公司必须是一个合法的公司；上市过程必须有一个上市顾问和一个终身保荐人；[1] 必须保证股票得到自由的转让；必须能为公司股票在电子网络上交易进行合理的安排；保证足够的公众持股以保证市场正常的交易；必须确保准确的、有效的信息披露。[2] OFEX 对于融资企业基本上取消了上市的规模、盈利等条件，把市场监管的重点从企业上市控制转移到以充分信息披露为核心，以管理从业券商为主要手段，以会员制为主要形式，以券商自律为基础的监管模式。其中，"终身保荐人"为核心的监管制度即要求上市企业在任何时候都必须聘请一名符合法

---

[1] 佚名："英国 AIM 创业板的终身保荐人制度"，载东方财富网，http://finance.eastmoney.com/090710，1128473.html，2011 年 2 月 18 日访问。

[2] 周浩、王淇琼："英国证券市场的变革与发展"，载《杭州金融研修学院学报》2001 年第 3 期。

定资格的公司作为其保荐人,以此来保证OFEX的上市企业遵守OFEX制定的规则。❶

2. 完善我国非上市公司股份转让的监管制度

目前,我国对非上市公司股份转让监管制度的构建已进入实质性操作阶段。通过上文中对美国、日本和英国等发达国家场外交易市场监管制度的考察,并结合我国非上市公司股份转让市场的实际情况,笔者提出以下几点建议:

首先,构造纵横结合的监管模式。有学者建议,如北京大学彭冰教授认为,应构建两层次监管模式,即在第一层次解决公众公司的认定问题,在第二层次解决公司股份流动问题。具体说来,在第一层次监管中,应对股东人数超过200人的公司实行强迫注册,使其成为公众公司,并履行由此带来的强制性信息披露义务。在第二层次监管中,由中国证监会设定具体条件,满足条件者可以向特定对象公开发行证券并进入划定的证券交易场所挂牌。❷ 我们认为,在监管模式上,非上市公司应当不同于上市公司,上市公司采用的是集中监管和单一监管,我们应当将其调整为分层监管及多元化监管。❸ 如外部监管、内部监管相结合的方式。建议在制定严格的责任追究制度,追究违规行为相关责任人的责任的基础上,我们应当充分发挥证券业协会自律监管、证监会的间接监管,以及主办券商在选择、辅导以及推荐企业挂牌的过程中严把质量关的作用,来保证挂牌企业的质量。与此同时,提倡发挥中央和地方两个积极性,划分事权,界定职能,分工合作。比如建设场外交易市场,由证监会负责制定统一的上市标

---

❶ 佚名:"英国OFEX场外交易市场介绍",载http://www.3009.cn/Article/200432922655-1.htm,2011年2月18日访问。

❷ 周翀:"对非上市公众公司采取两层次监管",载《上海证券报》2006年4月11日,第A02版。

❸ 戴天柱:"推进我国多层次资本市场发展的总体思路",载《经济研究参考》2007年第66期。

准、上市程序、交易办法、交易制度并监督实施；制定信息披露、股权登记和股份波动控制等一系列规则；以及引入合格投资人包括做市商制度（活跃并稳定市场）。省级人民政府负责场外市场的硬件建设和日常管理，以及非上市公司股份的归类、清理等项工作，从而建立起纵横结合的监管体系。

其次，确立自律监管的原则。我国对上市公司股份转让的主板市场监管奉行的是政府主导型和行业自律型相结合的监管原则。而相对于上市公司而言，非上市公司的股份转让具有其特殊性，如交易主体分布广泛，交易形式多样化等，致使政府难以实现全面、有效的监管，如果按照对上市公司股份交易监管的原则，势必造成监管成本的剧增；且如果过多地对非上市公司股份转让进行行政干预，将制约非上市公司股份转让的自由，同时也不利于非上市公司股份转让市场的发展，人为地破坏市场自我完善机能，容易诱发政府道德风险行为。因此，笔者认为，自律监管乃是我国对非上市公司股份转让市场进行监管的最佳选择，同时，我国可以借鉴美、日、德等发达国家的先进经验，重视行业自律，发挥市场参与者的自律作用，从而完善整个监管体系。

再次，明确非上市公司的监管机构和监管范围。一是确定中国证券业协会为证券行业自律机构。我们可以借鉴美国OTCBB的做法，将非上市公司股份转让市场的监管交由中国证券业协会来承担。在美国，全美证券交易协会是一个行业自律组织，其依法在美国证券交易委员会注册，依照国会赋予它的特殊权利对其会员进行监管。我国非上市公司股份转让监管可以借鉴此制度，充分发挥中国证券业协会的自律监管职能，经过国务院证券监督管理部门的正式授权，对目前开展非上市公司股份转让业务的产权交易所和证券公司提供的股份代办系统内发生的非上市公司股份转让行为进行监管。中国证券业协会在监管过程中可以行使以下职权：制定非上市公司股份交易规范及其会员行为准则，收集和发布进行股份交易的非上市公司的股份报价信息，对非上市公

第三章 非上市公司股东权的正当行使：以股权转让为中心考察

司的交易活动连续不断的进行监管，对活跃的证券商等中介机构进行监管，防止欺诈行为和操纵市场行为，促进交易的公平，建立和维护自觉自愿的商业道德，等等。二是明确监管范围。因为非上市公众公司的发行对象限于特定对象，所以仅需要求发行人提供符合证券法规定的企业基本信息、财务数据以及其他直接影响其股权价格的信息，不需要披露盈利预测性信息。对公司治理结构等信息可以交由交易场所进行要求。❶

总之，对非上市公司及其股票转让进行管理，必须要监管到位，笔者认为，这就需要对证券交易所之外的股权集中交易市场采取允许设立，但严格规范的态度。❷ 即除了需要证券监管部门鼎力配合之外，还必须从以下五个方面努力：一是允许地方先制定法规作为依据，先进行探索，等时机成熟，再对我国《公司法》和《证券法》进行修改，并将非上市公司作为一种与上市公司相对应的分类纳入法律调整的范围；二是完善产权交易机构及其交易规则；即包括：（1）开辟证券交易所之外的集中交易市场。交易市场可以由政府出资来办，也可以利用已存在的民间产权交易机构。❸（2）制定非上市公司股份转让的交易规则，规范交易行为，防止出现大的失误和风险。其措施包括：明确非上市公司股份转让的限制性规定，既要体现对私权和公司自治的尊重，也要维持非上市公司的人合性特点；强化非上市公司对其投资者的信息披露，建议构建信息权；规定股份转让价格的计算等。三是明确监管主体；如果国家证监会一时不能把非上市公司的股权交易纳入到监管范围，应当允许地方确立监管机构。如前

---

❶ 杨喆："论我国非上市公众公司概念、现状及其发展"，载《华北金融》2008年第6期。

❷ 刘俊海：《现代公司法》，法律出版社2008年版，第394~395页。

❸ 因为，目前我国各地散布着许多产权交易机构，有的已达到了相当的规模，积累了经验，人员素质也达到了一定的水平，由它们承担非上市公司股权交易市场的职能是可以胜任的。

面提到，地方政府设立审批部门，但该审批部门也绝不能一批了之，他们还应当对公司承担社会管理职能，进而对交易市场负有管理调控职能，非上市公司股权转让市场的监管应当由设立审批部门承担。四是与托管机构展开密切的联系合作。监管部门应在公司设立的同时，要求公司对全部股权在托管机构进行集中托管。在及时掌握公司的股权管理情况的同时，要求公司加强管理工作，明确股份转让、赠予、继承、质押股权都必须在托管机构办理过户手续，否则，其转让、赠予、继承、质押行为无效。从而彻底杜绝股权的不合法交易行为，同时也规范公司运作，为非上市公司的股份转让避免不必要的风险和障碍。

第四章 非上市公司的控制权：
一种实证分析方法

第一节 实证分析的一般理论

一、实证分析、定性分析和定量分析的法律界定

所谓实证分析，乃是立足于作者人生的经验与志趣，是对前文洋洋文字的一个延伸考查；是对具体的时间、地点与事件，乃至个人体验的还原，以求发现其中的学术意义。实证方法的基本模式是根据已有的理论提出假设，确定变量，收集数据，证实或否定假设，肯定或发展已有理论，这是一种从自然科学移植过来的研究模式。❶ 可以简单分为定性分析方法和定量分析方法。

定性分析方法是对科学现象进行"质"的理论思辨的科学方法。所谓"质"是一事物区别于其他事物的内部规定性，定性分析主要功能是"解释"。主要方法有：历史研究、文献研究、观察研究、逻辑分析、内容分析、实地考察、个案研究等方法。

定量分析方法是一门新兴的工具性学科。定量分析方法体系包括时间序列分析法、最优化法、模糊数学分析法、残差辨识预测、平衡联系预测法、回归分析法等。❷ 除了基本的定量方法之

---
❶ 于良芝：《图书馆学导论》，科学出版社2003年版，第135页。
❷ 孙建军、成颖、邵佳宏、徐美凤：《定量分析方法》，南京大学出版社2002年版，第1~9页。

外，在分析决策中，逻辑方法、德尔菲法、层次分析法等定性、半定量的方法使用也非常广泛。定量分析的主要功能是"实证"，主要方法有：统计方法、试验方法、系统科学等方法。在定量的社会科学研究中应当遵循三个基本原理，即变异性原理（variability principle）、社会分组原理（social grouping principle）和社会情境原理（social context principle）。❶

二、定量分析与定性分析的关系

在经济学、社会学等社会科学领域，已经发展起包括分层多重抽样和回归分析等取得和处理数据的一整套精巧而复杂的方法。尽管定量方法在现有法律研究中有提倡并强化的必要，但这并不意味着在法律研究中，定性方法就没有存在的价值。实际上，只要能够对法律现象有解释力和说服力的研究就是好的研究。因此，在进行法律的实证分析时，有必要处理好定量和定性研究之间的关系。

定量方法虽然在近几十年的社会科学实证研究中占据了主流地位，但必须认识到，无论是定量还是定性方法，都有其固有的长处和缺陷。定量方法的核心是通过抽样和统计分析在自变量和因变量之间得出显著的因果关系，其长处在于精确性和可概括性（generalizability）。与此同时，把社会生活中的各种现象转化为变量并预设这些变量之间存在因果关系的做法本身存在许多问题，近年来一些美国学者已经对此做了十分透彻的批判性分析。❷ 而定量方法的缺陷恰恰是定性研究方法的长处：通过参与观察、深入访谈、历史文献分析等方法，在研究者和研究对象之间建立一

---

❶ 关于这三个基本原理的详细讨论，参见谢宇：《社会学方法与定量研究》，社会科学文献出版社2006年版，第9~28页。

❷ See Andrew Abbott, *Time Matters: On Theory and Method*, University of Chicago Press, 2001; or Abbott, Andrew, *Methods of Discovery: Heuristics for the Social Sciences*, W. W. Norton & Company, 2005.

种更具叙事性和反思性的联系，从而更为直观和深刻地把握社会现象之间的内在关联。更重要的是，如果对定量方法过分强调乃至盲目崇拜的话，会在很大程度上限制"社会学的想象力"。因此，他认为，与片面追求量化研究的倾向相比，定性研究更适合当前中国的法律实证研究发展的需要，该研究方法是以各种定性方法（如访谈、个案研究、历史文献分析等）为基础，再辅以一些描述性的定量数据，以解决定性研究（尤其是个案研究）常常面临的"典型性"或者"可概括性"方面的疑问。事实上，定量和定性研究在方法论上并无优劣之分，在法律实证研究中要应用哪种方法，应当取决于具体的研究主题与可获得的数据情况。而对一项研究的好坏真正重要的，首先是要提出有效的研究问题以及能够解释这个问题的论点，然后再用理论和数据分析来支持这一论点——做到了这些，无论采用的是定量还是定性方法，都可以做出既严谨又有理论贡献的研究。可以说定量分析和定性分析的结果正好从不同的侧面，即从微观与宏观（点与面）、复杂性与一致性、纵向与横向、背景与前景等方面，对科学现象进行全方位多角度的研究分析，使结果更具说服力和科学性。二者关系主要有三点：定量分析标志着分析方法的科学水平；数量化并不等同于科学化；通常，定性方法与定量分析方法相结合才更加完整。

三、实证调查中的技术规范

（一）选择实证研究的方法

在法律研究中，无论做定量还是定性分析，或是两者的结合，都要审慎地处理好实证调查过程中的技术规范问题，这是衡量研究好坏的重要标准。实证研究是独特的，但也是异质多元的。其哲学基础来源于现象学、实证主义、后实证主义、建构主义、自然主义，或者它们的某些结合；研究的结果可能是基础的也可能是应用型的；它们对理论的贡献可能是归纳演绎或是组合；其数据的类型和调研数据的方法不是特定的而是多元的；应用的方法可能是定性研究，也可以是定量研究，或者是二者的结合。❶ 实证研究在知识的建构中展示了多元的特色。成功的实证研究需要采用多种类型的验证方式，这有益于实证研究的定量和定性分析。

1. 个案研究方法

（1）追因法。追因，顾名思义，就是追寻和探究现象的原因。追因法，就是追寻和探究现象背后的原因的方法，即由果溯因，先见结果，然后根据发现的结果去追究其发生的原因。❷ 它是个案研究中经常使用的这样一种研究和行文结构，且非常符合社会科学研究的通行规范。例如，下文中，在论述控制权争夺现象时，首先提出其在非上市公司中普遍存在，而后，继续探讨或追寻这一现象存在的原因，这就是追因法。因此，将来的一个努力方向应当是如何在中国法律制度体系中推动追因法制度的完善。这样也有助于将来进行更严格的因果关系分析。

（2）追踪法。所谓追踪法，就是指在较长一段时间里，对某一研究对象进行有意识的跟踪，收集相关资料，揭示其发展变化的趋势的研究方法。❸ 如本章中的国美事件。个案追踪是对相同的个案进行长期而连续性的研究，能真实而直接获得研究对象发展变化的第一手资料，能深入了解研究对象的发展情况，弄清其发展过程中的个别差异现象。它对于研究对象发展的顺序性、阶段性、成熟性、关键性，以及研究复杂现象的发展变化、某一方面的理论的验证、某一具体措施的实施、某一新方法的探索、某些个别现象之间前后发展的关系等都具有重大的意义。

---

❶ See Gilgun, J. F. *a Case for studies in social work research*, Social Work Journal, (1994) 39 (4), pp. 371~471.

❷ 吴晓芬："个案研究法"，http://hpky.hpe.cn/filemanager/WebUI/ShowNews.aspx?id=4349&type=dy，2011年3月22日访问。

❸ 同上。

2. 实地调查法

实地研究法（field study）是指不带有理论假设而直接深入到社会生活中，采用观察、访问等方法去收集基本信息或原始资料，然后依靠研究者本人的理解和抽象概括从第一手资料中得出一般性结论的方法。它是一种非常重要的实证研究手段，其主要包括问卷调查和访谈等形式。例如，本章中，在讨论非上市公司控制股东与公司治理时，便采用了问卷设计和实地访谈的形式。实地调查法有利于帮助研究者对所研究问题获得丰富素材，形成对目标总体的清楚概念，从而加深对所调查研究问题的认识。也就是说，实地调查法在调查者试图了解受访者的意识、价值取向等含有主观性的因素时，可以成为非常有用的工具。当然，在研究过程中，研究者在进行问卷调查或访谈时，应选取具有较强代表性的样本，问卷中提出的问题和可供选择答案的设计必须做到明确、具体和清晰，避免出现模棱两可的情况。因为如果设问和回答选项过于抽象或者容易引起多重的理解，很有可能造成受访者理解上的混乱。由于问卷的回答者总是有意无意地存在着"提供模范答案"的潜在倾向，在利用问卷方法调查法律制度运作的实际情况时，要对其客观性保持警惕，问卷结果还很容易因调查时的环境或受访者方面的因素等受到影响。

3. 文献研究法

文献研究法是指根据一定的研究目的或课题需要，通过查阅文献来获得相关资料，全面地、正确地了解所要研究的问题，找出事物的本质属性，从中发现问题的一种研究方法。[1] 文献研究法是一种古老、而又富有生命力的科学研究方法。对现状的研究，不可能全部通过观察与调查，它还需要对与现状有关的种种文献做出分析。没有继承和借鉴，科学不能得到迅速的发展，故

---

[1] 路北小教："教育研究方法七——文献研究法"，载 http://news.cersp.com/sLgjx/sJxzy/200709/2720.html，2011 年 3 月 22 日访问。

其也决定了人们在发展科学领域时，在研究先前的历史事实时，需要借助于文献的记载，需要继承文献中的优秀成果。如本文中关于公司控制权的法律界定的论述。

4. 合众法

合众法是一种机制，从多角度、多方面测试其研究方法及效果的有效度及可信度，利用混合顿悟的过程去阐明意义，以减少错误和系统度量误差，提高研究结果的效度、信度和说服力。Denzin（1997）认为合众法分为四个层次：（1）透过不同资料来源收集相同的研究资料；（2）不同的研究者观察相同的社会现象；（3）运用不同理论研究同一问题；（4）运用多角度测量方法。

本章的实证研究拟采用文献研究法、个案研究方法（追踪法和追因法）、实地调查研究法（问卷调查和访谈法）以及合众法，其目的在于最广泛地收集研究对象的资料。同一研究使用不同的资料收集方法，可以为研究的设计和解决实际问题提供更多的选择。文献研究法主要是指搜集、鉴别、整理文献，并通过对文献的研究形成对事实的科学认识的方法。现代科学研究不仅需要以人与人之间协作作为条件，同样需要以利用前人的研究劳动成果为基础。追踪法一般侧重于从时间维度获得研究对象发展变化的第一手资料，追因法则主要寻求某些事实推论可能致此的原因，更多的是从空间维度获得造成既成事实的相关材料，实地调查法是在没有明确理论假设的基础上，研究者直接参与教育活动收集资料，然后依靠本人的理解和抽象概括，从经验资料中得出一般性结论的研究方法。而合众法即是透过不同数据来源收集相同的研究资料的方法。因为，在同一研究中同时收集不同类型的原始数据，可以对有关结果进行检验，提高研究结果的可靠性，从而克服单一研究方法难以深入研究对象内部，无法得出客观结论的弊端。

目前，对法律制度的研究主要有规范分析研究和实证分析研究两种方法。前者是在理论层面展开对法律制度的研究。而后者则是经验型研究，是利用专门的实证研究技术规范，强调以实践为起点，重视第一手数据资料的收集，分析法律现实中的实然状况。而长期以来，法学界基本上是透过法理、法条、法律解释、判例等形式探讨法律本身"应该是什么？"或"应该怎么样？"的规范研究知识体系。实证研究要回答的是从具体案件的角度考量法律"是什么"的问题，与规范分析回答的法律"应该是什么"绝然不同。传统的法律逻辑分析和语义分析等方法根本就不能解决此类问题。因此，对于实证研究方法，要从思想上打破对规范分析的过度依赖，"走出屋子去"，到现实中去研究问题才能彰显出跳出理论看法律。如果一味地追求理论性探讨，那么法律制度最终也会沦落为一种文字游戏而已，没有任何实际的应用价值。诚如上述，实证研究在法学研究中的意义重大，服务于现实的"实践理性"已成为法学研究的价值取向之一。因此，本书将通过引入实证研究方法分析非上市公司中控制权人在控制权争夺、控制权滥用、以及公司治理方面所存在的困境，并提出走出这种困境的解决之道。

第二节 非上市公司中控制权问题的实证分析

自20世纪80年代以来，随着公司治理理论的提出及对其进行的系统性研究，有关控制权理论研究更加深入。近年来大量的理论研究和对新兴市场的实证研究结果表明，控制权的集中在有效降低管理者代理成本、提高公司经营业绩的同时，使得控股股东和少数股东之间产生了严重的代理冲突，因此基于控制权产生的系列问题已成为公司法学界的热点问题。但是从众多法学文献来看，对于控制权问题主要是在上市公司的范围内进行讨论，而对非上市公司中存在的控制权之争、以及控制权滥用无论是在理论上，还是在实证上都缺乏必要研究。

第四章 非上市公司的控制权：一种实证分析方法

前章所述，非上市公司作为一种公司分类，其具体包括有限责任公司和未上市的股份有限公司两种。而上述两种公司的共同特点就是股东数量较少，所有权结构较为集中，所有权与控制权分离的可能性很小，公司的控制权一般是由公司股东掌握，即私人或家族所掌握。根据所有权与控制权掌握的人数的不同，具体包括完全所有权控制和几乎完全所有权控制，其具体指一个人或一致行动者持有公司大部分具有表决权的股票，所有权与控制权掌握在一个人或相关的几个人手里。根据我国《公司法》，一个人或一致行动者持有公司 2/3 以上普通股，就可以决定股东大会的一切事项，达到几乎完全所有权控制状态。为了对非上市公司控制权争夺和滥用有一个比较全面的反映，笔者试图从以下几个方面进行展开。首先，查阅国内外学者关于控制权概念的文献资料的研究，以及将控制权与控股权、控制权与所有权和经营管理权两组概念的比较分析，对控制权作出科学、客观的法律界定。其次，通过真实案例的追踪与分析，探究非上市公司中，控制权人与非控制权人争夺控制权的原因或动机。再次，结合真实案例，讨论小股东缺乏保障机制的非上市公司中，公司控制权人获得控制权后，如何凭借手中表决权的优势，在公司商业判断规则的庇护下、合同预先规定不足的情况下，操纵公司运营谋取私利，损害其他中小股东和公司的利益，动摇公司法中股东平等的理念，从而严重挫伤中小股东的投资热情。最后，通过实地调研的方法，对非上市公司进行抽样调查，了解非上市公司中关于控制权争夺、以及控制权滥用等现状，并有针对性地提出如何引导控制权争夺积极性的发挥，纠正非上市公司中失衡的股东利益关系，防止控制股东滥用控制权的建议。

为了探讨的方便，本书将做以下几方面的限定：首先，本书是以现代企业中最为典型的非上市公司为讨论背景。而对于上市公司，鉴于已有诸多文献进行了探讨，故不作重点探讨，仅视行文的需要作必要的介绍。其次，虽然在市场经济条件下，争夺公司控制权的市场包括公司的内、外部市场。内部市场主要是指管理者之间、股东之间和管理者与股东之间的竞争，如国美事件；外部市场，诸如外部接管、收购、要约收购、代理权竞争等。❶由于我国非上市公司的原始资本和再投入资本绝大部分依靠自身积累，社会金融资本只占很少一部分，股权结构基本呈现严重的一元化和封闭化特征，且公司的创始人一般具有"集权"情结，一般不会轻易放弃对公司的控制权。因此，非上市公司中控制权的争夺以及滥用主要存在于股东之间、股东与管理层之间、管理层之间。故本书的讨论主要限于非上市公司内部市场的控制权争夺以及控制权的滥用，而对于外部市场公司之间控制权的争夺和转移（滥用）不做讨论。

一、控制权的界定

随着证券市场上大股东或其他公司控制人的种种违法、脱法等困扰公司法现象的出现，2005年、2013年《公司法》将"控制"这一概念上升为公司"基本法"规范的地位。例如，《公司法》第16条将实际控制人的担保行为，第21条将实际控制人的关联交易作为义务性规范予以规定。应该说，控制概念的公司法化一定程度上填补了控制人责任追究的公司法空白。❷但是，公司或股东行使控制的权利，也就是说，控制权到底是什么，它在某种程度上仍然是一个较新的概念，并且是一个比较难以理解的概念。目前，虽然这个概念已经被公司法学界广泛使用，但其内涵却仍处于变动不定中，其具体含义也似乎并不十分清楚，且其不符合法律上权利的要件规定，如权利有明确的主体、内容和客体，并产生于法律的明确规定或合法的契约约定。从严格意义上

---

❶ 殷召良：《公司控制权法律问题研究》，法律出版社2001年版，第31页。
❷ 张辉："控制的公司法分析——公司治理视角下的思考"，载《甘肃社会科学》2008年第4期。

第四章 非上市公司的控制权：一种实证分析方法

讲，控制权并不是一个类似"所有权"或"股东权"那样有着明确权利内涵的概念，控制权更多是一种事实状态，一种对公司资源的实际控制，其实质是股东权与法人财产权相互博弈的一个结果。❶ 因此，目前为止，还没有一个国家的法律概括性地提出控制权的定义。我们比较熟悉的与"控制权"这个概念有关的命题，最初是由美国学者伯利（Adolf A. Berle, JR.）和米恩斯（Gardiner C. Means）在其《现代公司与私有财产》一书中，提出的"所有权与控制权相分离"（separation of ownership and control）命题，当然，在中国国情下的"两权分离"应当界定为"股权"和"控制权"的分离。❷ 公司控制权既不能归入自益权，也不能归入共益权，它是一项独立的权利。❸ 在内容上，从股权中分离出来的公司控制权是对公司重大事务的决定权，在行使主体上，其行使主体，即控制人可能是股东，也可能不是股东，通常包括股东控制、经理人控制和生产者控制三种。❹

（一）学界对公司控制权的界定

1. 国外学者对公司控制权的界定

美国学者 Berle 与 Means 在19世纪出版的《现代公司和私有产权》一书中首次对公司所有权和控制权进行了比较深入的研究。他们认为，与所有权分离的控制权并不是一个众所周知的概念，而是公司制度的特殊产物，他们从实用主义的角度将控制权定义为参与选举或选择董事会成员的法定权力或影响力。❺ 科斯

---

❶ 李劲华："公司控制权的偏离与矫正"，载《中共济南市委党校学报》2006年第3期。

❷ 钟瑞庆："论公司控制权概念的法理基础"，载《社会科学》2010年第6期。

❸ 胡智强："公司控制权：话语权与法律调整"，法律出版社2008年版，第38页。

❹ 张广根，胡智："公司控制权的分配研究"，载《现代管理科学》2006年第1期。

❺ [美] 阿道夫·A. 伯利，加德纳·C. 米恩斯《现代公司和私有财产》，商务印书馆2005年版，第79页。

(R. Coase)在《企业的性质》中也曾开创性地指出：企业的本质在于它用权力因素代替市场交易，在企业组织体中，资源的优化配置是通过"权威"来实现的。公司"权威"存在与发展的全过程正是公司控制权获得与运行的全过程。因此，其将公司控制权解释为一种规范公司资源配置和所有契约关系的统治体系。公司控制权通过各种公司权利的有效组合和分配并施加于特定的组织经营目标，以制度的形式规范各类企业资源和契约关系的实际运用，由此构成了公司的权利体系和实际治理结构。实质上，公司控制权形成的过程就是赋权的过程，亦是权力的获取并配置于特定股东的过程。❶而 Grossman & Hart 则认为控制权是由合同的不完备性导致的，因而提出了剩余控制权的概念，即在出现合同未规定的突然事件时做出决策的权力。❷1999 年 2 月，巴塞尔银行监管委员会、国际证券业联合会、国际保险监管协会联合发布的《对金融控股公司的监管原则》中"统一控制权"的定义是："不仅包括持有股份为主，而且包括以控制人事、财务或业务等方式的实际控制"。❸Michael Jensen 在《新帕尔格雷夫金融大辞典》中，将公司控制权定义为对高层经理人员的聘用、开除和确定高层经理工资的权力。

2. 国内学者对公司控制权的界定

对公司控制权问题，国内学者杨瑞龙、周业安认为：控制权的存在意味着一方行为对另一方损益，控制权通常包括监督权、投票权等，它可以是明确指定的，也可以是暗含的，但它一定与企业决策有关。❶张秋生提出，公司控制权是指通过占有公司较

---

❶ 林全玲、胡智强："公司控制权的法律保障初论"，载《社会科学辑刊》2009 年第 4 期。

❷ See Grossman, Sanford J., Oliver. D. Hart, One Share One Vote and the Market for Corporate Control, *Journal of Financial Economics* 1988, (20) pp. 175~202.

❸ 桢容："控制权、收购与反收购及其他"，载《上市公司》2003 年第 3 期。

❶ 雷玉德："论公司控制权的制度约束"，载《理论探讨》2006 年第 6 期。

大比例的股份依法享有对公司决策经营、日常管理及拟定财务政策等的权利，即对公司的发展与利益的决定权。❶ 甘培忠认为，控制权是一种集束性财产权。因为控制权不仅本身是一种资源，搭载控制权的股权交易比普通的股权交易存在更大的增值潜力；而且也是一种新的利益存在和产生方式，它具有创造财富的生产力属性，是现代社会一种重要的经济性权利，取得它和行使它意味着控制者对公司资源拥有支配权。❷ 雷玉德提出，公司控制权是公司内部相关利益主体享有的对公司运营的决策权和支配权，这种决策权与支配权的安排既可以由公司法等国家法律法规规定，也可以由公司章程和投资者之间契约这种自治性合约来约定。❸ 蒲自立等认为，公司控制权是指相关主体对企业具有不同程度的影响力。❹ 而朱弈锟则认为公司控制权非常模糊，难以界定，更难度量，公司控制权是指股东或利益相关者对公司施以不同程度的影响力。❺ 由于公司控制权概念具有多元和多维度特征，所以，试图从规范角度给出公司控制权一个清晰而又无懈可击的定义的确是一件非常棘手的事情。故笔者认为，若要更加清晰地理解公司控制权的概念，有必要从控制权与控股权，以及所有权、控制权与经营管理权关系的角度进行辨析。

（二）控制权与相关概念的辨析

1. 控制权与控股权的比较

"谁拥有了控股权，谁就拥有了控制权。"这是大多数人在不了解控股权和控制权的区别时，经常会出现的一种误解，以为

---

❶ 高洁、唐晓东、李晓波："公司控制权及其'相邻权'关系研究"，载《开发研究》2004 年第 6 期。

❷ 甘培忠："公司控制权的正当行使"，法律出版社 2006 年版，第 34~35 页。

❸ 雷玉德："论公司控制权的制度约束"，载《理论探讨》2006 年第 6 期。

❹ 蒲自立、刘芍佳："论公司控制权及对公司绩效的影响分析"，载《财经研究》2004 年第 10 期。

❺ 高洁、唐晓东、李晓波："公司控制权及其'相邻权'关系研究"，载《开发研究》2004 年第 6 期。

第四章 非上市公司的控制权：一种实证分析方法

只要掌握公司一定比例的控股，即获得对公司的所有可供支配和利用的资源的控制和管理的权力。如上文中张秋生先生提出的控制权的概念。其实，从理论上说，控股权是指持有最多表决权股份的股东拥有控股地位的权利。依据股东的持股比率，控股权分为绝对控股权和相对控股权；以所持股份是否为100%，绝对控股权又可以分为完全控股权与多数控股权；根据股东会决议效果，绝对控股权可以分为一般绝对控股权与严格绝对控股权，相对控股权即少数控股权，对此有两种学说，其一是表决控股权说，控股权者得以通过股东大会多数表决权而控制公司经营的权利；其二是有效控股权说，在股权分散的公司，拥有少数股份（低于50%）而掌握控股权，往往采取征求股东表决权委托书方式或在其他股东支持下的方法。❶ 而控制权则是指对公司的所有可供支配和利用的资源的控制和管理的权力。根据美国学者伯利和米恩斯的观点，现代企业可以分为四种控制类型：第一类私人控制；第二类为多数股份控制（majority control）；第三类为少数股份控制（nority control）；第四类为经营者控制。由此可见，股权并非公司控制权结构中唯一的一种权力来源，除股权、债权等物质资本的权力外，还有人力资本的权力及其他种类的权力。也就是说，在现代企业，特别是在所有权与经营权分离的公司中，掌握公司控制权的主体未必是股东或大股东，其也可能由董事会甚至经理阶层掌握；且控制权的方式未必是股份控制方式，也可能是合同控制或人事连锁方式。当然，通过协议收购等交易行为取得公司的控股权与建立在公司控制基础上的权力的集合的控制权还是不同的。❷ 但综上所述，"谁拥有了控股权，谁就拥有了控制权"这种观点是站不住脚的，因为控股权只是控制权的一

---

❶ 朱琪：《上市公司控制权变更：理论与实证分析》，浙江大学2003年博士学位论文。

❷ 1989年欧共体的《兼并条例》在规定了那些情形不属于"集中"的定义上对控制权与控股权作出区别。

种，取得控股权只是拥有控制权的主要途径与手段之一。

2. 控制权与所有权和经营管理权三者之间的关系

所有权、控制权和经营管理权是三个既密切联系又不相同的概念。在现代企业理论中，企业所有权概念是企业所有权理论中一个非常重要的内容。但到目前为止，对于企业所有权的概念并没有一个统一的标准，所以关于企业所有权的概念也是处于"仁者见仁、智者见智"的状态，概括起来，基本可以划分为三种观点：❶第一种观点是认为企业所有权是指对财产资本回收的权利；第二种观点认为企业所有权乃是企业控制权，即排他性利用企业资源，特别是利用企业资产从事投资和市场运营的决策权；第三种观点则认为企业所有权是剩余索取权与剩余控制权的统一。然而，相对于最新所有权理论研究来说，第三种观点乃是目前比较盛行和成熟的观点。包括张维迎教授在内的部分经济学家就比较赞同上述将企业所有权划分为剩余索取权和剩余控制权。因此，根据该观点，笔者认为企业所有权的核心是剩余索取权，全部的所有权拥有合同权利之外的剩余控制权。而控制权从属于所有权，控制权由所有权派生。❷简言之，经营管理权出自于且受制于控制权，但同时经营管理权又是控制权赖以实现的重要途径，因为所有权与控制权存在着分离的倾向，控股股东只有通过股东会选举出代表自己的董事会，才能真正实施对公司的控制。即便如此，若进入董事会的关键成员不是股东自己而是其代理人，他还必须采取措施预防代理人产生逆向选择和道德风险行为。因此，公司控制权与公司所有权和经营管理权三者的关系可以界定为：公司控制权是指对公司的所有可供支配和利用资源的控制和管理的权力，它与剩余索取权一起构成所有权，公司控

---

❶ 兰玉杰：“企业所有权的概念界定与理论研究”，载《经济问题》2004年第7期。

❷ 梁洪学：“公司控制权的演进及其本质、来源和特征”，载《江汉论坛》2008年第10期。

权来源于公司所有权,公司所有权是公司控制权的基础。公司控制权派生出投票权、决策权等经营管理权,但投票权、表决权或决策权并不是控制权的全部。❶

综上所述,公司控制权虽然与"所有权""经营管理权"和"控股权"在内容上存在交叉,但是控制权已经超出了所有权的边界,经营管理权也只是公司控制权派生出来的一种实现控制权的一种权利,而控股权虽说是控制权的一种,但也只是获得控制权的主要途径与手段。因此,它们之间的区别是显而易见的。但通过与上述概念的比较,我们可以发现,公司控制权虽然没有所有权、经营管理权和控股权那样有着明确的内涵,但却无法否认控制权的法律属性。因为法学中的权利不仅包括法律所明确规定的具体法律制度,还包括实定法未予以明确规定的权利。❷ 可见,控制权实际上是一种法律权利,其主要包括以下几个方面:首先,公司控制权是公司实践中实际存在的一种为实现公司制度的正常运行发挥基础性功能的权利形态。公司权利体系形成、发展和完善内在逻辑,并为社会资源的优化组合的确立奠定制度基础。其次,公司控制权是指控制者支配公司全部资源的权力,并享有其利益的排他性权利的总和。即控制者依据自己的意志实现对公司全部财产的利用和处置,且通过权力的工具性运用获得排他性的控制权利益。❸ 最后,公司控制权是一组权利或"权利束",而不是单一的权利。由于非上市公司中所有权结构比较集中,普遍存在大股东控股的现象,大股东对中小股东的掠夺行为便经常发生。因此,为保护自身利益,非上市公司中的中小股东肯定会争夺公司的控制权。因此,非上市公司中控制权的争夺主

---

❶ 高洁、唐晓东、李晓波:"公司控制权及其'相邻权'关系研究",载《开发研究》2004年第6期。

❷ 胡智强:"公司控制权的法律透视",载《安徽大学学报》2009年第1期。

❸ 林全玲、胡智强:"公司控制权的法律保障初论",载《社会科学辑刊》2009年第4期。

要体现为两个方面：一是股东与董事、经理等公司管理层之间争夺公司控制权，如国美事件；二是股东与股东之间争夺公司的控制权，如景谷林业控制权之争。❶ 前者的冲突来源于股东对管理者的控制关系。这种控制关系是通过股东行使股权表现出来的，董事等管理层只能在股东的授权与承受限度内行使他们的权利，而董事等管理层要实现自己的最终决策能力，其必须争夺公司的控制权；而后者的冲突则体现为控制股东对中小股东的控制。要解决公司中上述矛盾与冲突，务必对公司控制权之争的背景和原因进行探讨，从而做到扬长避短。❷

二、非上市公司控制权之争

（一）二个典型控制权争夺案例

1. 广东健力宝集团有限公司控制权转让一案

广东健力宝集团成立于1987年，注册资本1000万美元，健力宝饮料持股75%，澳门南粤贸易有限公司持股10%，中国银行广州分行持股15%。健力宝饮料是健力宝集团所在地三水市政府全资持有的国有企业，健力宝集团的实际控制人是三水市政府。2002年1月15日，三水市政府在未请财务顾问提供中介服务，亦未对买家的资信进行调查的情况下，将健力宝集团75%的股权作价3.38亿元转让给浙江国投，其后浙江国投的控制股东张海出任健力宝集团董事长，时年28岁。2004年9月，张海被健力宝集团举报涉嫌侵吞挪用7亿元资金，健力宝俱乐部处于完全瘫痪状态，董事会决定出售。2005年4月30日，张海因涉嫌挪用7亿元资金被检察机关正式批准逮捕。2006年11月2日，在经历了一年零七个月的羁押、侦查与审查起诉后，张海涉嫌职

---

❶ 王斌："景谷林业受困控制权争斗"，载生活新报网，http://www.shxb.net/html/20100825/20100825_252279.shtml，2011年3月22日访问。

❷ 甘培忠：《公司控制权的正当行使》，法律出版社2006年版，第32页。

务侵占与挪用资金一案当天上午在广东省佛山市中级人民法院开庭审理。根据佛山市检察院的指控，张海在任职健力宝集团董事长、总裁期间，涉嫌利用职务便利，侵占公司财产人民币1.2亿余元，涉嫌挪用健力宝资金9400余万元，健力宝集团对此指控未持异议。后经调查表明，张海交付的首期1亿元股权转让款，是张海质押一笔国债所获得的短期融资，张海自有资金十分稀少。张海控股后，对健力宝集团的经营管理极其混乱，并利用职务之便，共侵占健力宝集团资金人民币1.207亿余元，挪用健力宝集团资金人民币8644余万元。在控制权转让前拥有固定资产14.11亿元，总资产35.90亿元，净资产4.59亿元，实力雄厚的健力宝集团在短短两年内停产整顿，陷入困境。2007年2月佛山市中级人民法院以职务侵占和挪用资金罪判处张海有期徒刑15年。❶

2. 国美电器控制权案

2010年8月4日，曾经创造了全球家电流通业独一无二的新模式的国美电器，它的第一大股东黄光裕以其控股公司的名义要求举行临时股东大会，动议撤销前股东大会给予董事会的20%增发授权，以及撤销陈晓的公司执行董事及董事局主席职务，随即，国美董事会在香港起诉黄，双方通过媒体采访和公开信的方式你来我往，相互指责和讨伐。其实，国美在创业之初是由创始人自己掌舵，向社会融资后，国美创始人成为了大股东，把自己对企业的部分控制权交给董事会。而后，由于董事会与大股东之间在控制权的问题上出现了矛盾，所以出现前文中所述的动议撤销前股东大会给与董事会的20%增发授权，以及撤销陈晓的公司执行董事，即董事局职务。当然，国美电器公司作为典型的家族企业，其大股东和管理层是在规则之下行使权利，且在公司法

---

❶ "广东健力宝起诉原董事长张海索赔1.29亿元"，载中国普法网 http://www.legalinfo.gov.cn/index/content/2009-10/19/content_1167471.htm?node=7880.

和公司章程的框架下争夺控制权。之所以会出现上述矛盾,其实质上跟公司的发展存在很大的关系。因为,起初公司完全由创始人拥有和管理,在做商业决定时,大多数关键决策都是由创始人自己做出的。后来,随着公司规模的扩大和业务的扩张,以及股权多元化,决策和管理的复杂性大大提高。为了适应企业新的发展要求,于是主动引入非家族职业经理人协助管理企业,如力邀陈晓加盟国美电器。由创业者和后来进入的资金或技术的新股东构成董事会,包括风险投资者、战略投资者等。于是,创业者的绝对权威受到了挑战,争夺控制权便成为了公司中不可避免的矛盾冲突。

(二) 控制权之争事件的启示

在广东健力宝集团有限公司一案中,介入健力宝仅两年,为什么张海就能把健力宝的几亿元资金"倒腾"出去的呢?除了张海得到了祝维沙等人的帮助,进行短期融资,和耗资数千万元入主河南宝丰酒业集团,耗资上亿元收购"深圳足球俱乐部"等进行假投资以外,面对如此巨额资产的控制权转让,三水市政府作为控制股东未请财务顾问提供中介服务,亦未对买家的资信进行调查也是一个重要因素。整个股权转让过程秘而不宣,健力宝集团的中小股东、经理层和员工都毫不知情,值得法律界人士反思。

在国美一案中,黄光裕动议撤销陈晓公司执行董事和董事局主席职务,而陈晓起诉黄光裕之间的纠纷,主要问题是董事会的权力超越了股东会的权力,管理层的权力也超越了股东的权力,实质上就是大股东与管理层之间争夺公司控制权的具体表现。当然,此次控制权争夺具有特殊背景,比如,陈晓采取的一系列的动作,如吸收贝恩的投资、稀释股权等,以及签署一系列的文件,基本上都发生在黄光裕入狱以后。如果严格按照我国《民法》的规定,陈晓所做的一切行为和签署的所有文件皆是可以宣布无效的,因为这属于典型的乘人之危。同时,根据我国《公司

第四章 非上市公司的控制权:一种实证分析方法

法》规定,吸收投资、稀释股权等行为是应该经过股东大会进行投票决议得,而国美最大的股东乃系黄光裕,大股东没有表态,董事会是不可以来做这个决策的。如果董事会和股东会对该决策发生了冲突,最终应当由股东会决定。而对于经理人的权力根本就不该法律化,经理人更不能越位,它的定位就是执行,就是对董事会负责,而不是过多参与董事会和股东层面的事务。[1] 其实,"公司控制权之争"现象,在现代企业制度里并不是一件新鲜事,在国内有科龙和创维等事件,在国外有 DeBaun v. First Western Bank & Trust Co.[2]。所有这些案情几乎如出一辙,但在我国目前的法律制度中却难以得到合理的救济方式,美国法在本案中通过控制股东在控制权转让中的信义义务这一原则,确立了控制股东在控制权出让中的审慎调查义务。[3] 对于公司控制权之争,Mane 很早就发现,并对该现象进行了规范的定义和分析。他认为公司控制权之争是各个不同的利益集团为夺取某个企业的决策控制权而采取的种种策略及行为,它包括发起方的主动争夺与目标方的适时反争夺两个方面的行为。[4] 特别是随着所有权与经营权的分离,职业经理人的引介,现代企业制度里股东、董事会、经营者之间的利益并非完全一致导致代理矛盾不断尖锐,公司控制权之争便成为不可避免的公司现象。无论是有限责任公司,还是股份有限公司,无论是上市公司,还是非上市公司,都存在某一主体争夺控制权的问题。

---

[1] 郭峰:"国美之争的症结:股东权力被董事会超越",载 http://www.youth.cn,2011 年 1 月 31 日访问。

[2] See, DeBaun V. First Western Bank &Trust Co. 46 Cal. App. 3d 686, 120 Cal. Rpte. 354.

[3] 陈民锁:《非上市公司控制权转让中控制股东的信义义务研究》,中国政法大学研究生院 2010 年硕士论文,第 10 页。

[4] See Manne H. G.. *Mergers and the market for corporate control*, Journal of Political Economy, 1965 (73), pp. 110~120.

三、非上市公司控制权之争的法律问题

(一)非上市公司控制权之争的法律界定

根据争夺控制权的组织形式的不同,公司控制权之争可以划分为上市公司的控制权争夺(如2002年惠普争夺案)和非上市公司的控制权争夺。根据石水平等的理解,上市公司中控制权争夺(Control Right Contest),是指外部挑战者同管理层竞争并从目标公司的股东手中获取足够多的投票权,以改变目标公司的所有权结构、控制权结构和资产结构,从而实现对公司的实际控制。❶ 而非上市公司控制之争主要系指股东、管理层等通过直接控股(通过协议收购、要约收购的方式)、委托投票、合同约定、法律授权等方式获得在股东会层面表达自己意愿的权力,甚至通过进入管理层,采用通过股份稀释、发行可转换债券、溢价回购股票、反接管修订、所有权结构变更获得代表权等方式来获取公司的控制权。从争夺权主体入手,非上市公司控制权之争主要可以划分为同类人员的控制权争夺和不同类人员之间的权力之争。其中,同类人员的控制权争夺包括公司内部以董事会构成为代表的管理层控制权和争夺,前者主要通过决定董事会人选,进而决定公司的经营方针,并拥有控制经营活动和盈余分配等方面的权利,如企业内部的代理人之间的权力争斗;后者则是股东之间的权力争夺,即各个股东对公司控制权的争夺,主要包括投票代理权竞争、直接购入股票,如2010年景谷林业控制权之争。不同类人员之间的权力之争,公司之间的控制权争夺,如企业股东与企业经理等之间的权力之争,如2010年国美事件,主要通过外部市场实现兼并、要约收购。由于非上市公司具有强烈的家族性特征,所以其无论发展到哪一个阶段,家族的领导者都有着

---

❶ 石水平、石本仁:"上市公司控制权争夺的动机及其特征",载《当代经济科学》2007年第4期。

强烈的保持控制权的欲望,只有当他所获取的效用低于职业经理人的效用时,家族才会放弃对企业的控制权。❶ 因此,外来的管理层或公司中的非家族成员的小股东,如要获得该公司的控制权,难度是非常大的。同时,由于我国非上市公司股权转让的交易市场尚未形成,其往往通过银行获得融资,故通过股票收购、债转股的发生率一般不高。所以,无论是在争夺主体,还是争夺方式上,非上市公司都与上市公司存在较大的差异。因此,在非上市公司中讨论控制权争夺具有特殊的意义。❷

(二) 非上市公司控制权转让与控制权溢价

在控制股东转让其股份时往往能够获得高额的价款,而这其中很大一部分是因为控制权溢价。在股权转让中,美国学者诸多致力于控制权出售(sale of corporate control)与溢价支付合理性之研究,其共通之目标是希望提供对于控制权移转分析出一共通之原则加以适用,在不同之理论中亦有禁止收受控制权溢价之见解,虽然该种理论很难被法院所采,但相关理论提供法院一个深入、基本之架构来分析控制权移转的争议。❸ 其中 1932 年 Berle 发展出控制权理论就是现在所谓的"公司资产"(corporate asset),该理论认为高于每股市场价格之溢价是出卖人了解到溢价是代替控制权股份是公司资产❹。另外学者 Alan Feld 指出闭锁性公司股份之权利可分为三个价值因素,第一为公司之财富即公司净值,第二为公司之配股能力,即公司之收益,第三为参与公司之经营,即控制价值(control value)。

---

❶ 张余华:"家族企业控制权的演进研究",载《科技与管理》2003 年第 4 期。
❷ 朱琪:《上市公司控制权变更:理论与实证分析》,浙江大学 2003 年博士学位论文。
❸ See Thomas L. Hazen, TRANSFERS OF CORPORATE CONTROL AND DUTIES OF CONTROLLING SHAREHOLDERS——COMMON LAW, TENDER OFFERS, INVESTMENT COMPANIES——AND A PROPOSAL FOR REFORM, 125 U. Pa. L. Rev. 1023, pp. 1024~1027.
❹ 同上。

第四章 非上市公司的控制权：一种实证分析方法

1. 控制权溢价之概念

有关公司治理的研究表明，除美国、英国、加拿大等少数国家外，大部分国家的公司都具有集中的所有权结构。在这种所有制结构下，大股东对公司的控制使投票权产生了经济价值。[1] 也就是说控制权是有价值的，有权指挥公司的资源应如何运用，使得控制股东可排除很多的代理成本。而拥有公司控制权之人，在出售他们的股票时，通常可以要求一个溢价，因为这些股票伴随着对于公司的控制力，此即被西方学者称之为"控制权溢价"[2] 举例而言，假设 GenSys 公司已发行股份为 1000 万股，每股在市价是 50 美元，Barbara 是最大股东，其拥有 300 万股，则 Barbara 的这些股份价值多少呢？也许高于每股 50 美元，因为在一间公开发行公司拥有超过 30% 的股份通常即拥有对于该公司的实质控制力。如果 Kendall 想要购买 Barbara 的股份，Barbara 将对其具控制力的股份要求额外加价，而 Kendall 也会支付 Barbara 所要求的溢价，因为 Kendall 认为，在其获得对于 GenSys 公司控制力之情况下，能使其从 GenSys 公司获得更多利益－相较于 Kendall 未获有 GenSys 公司的控制力而言。假设 Kendall 支付给 Barbara 2 亿 4000 万美元或每股 80 美元，则 Barbara 的控制权溢价就是 9 千万美元，与其以市价出售股票之价格不同，也就是每股价差 30 美元。[3]

2. 控制权溢价之种类与来源

一是依控制权溢价包含范围区分为纯控制权溢价与广义之控制权溢价。纯控制权溢价系来自于其具控制权而享有合法赋予之

---

[1] 屠巧平：《公司控制权溢价理论及实证研究述评》，载《经济经纬》2005年第4期。

[2] "See LEWIS D. SOLOMON ET AL., CORPORATIONS, LAW AND POLICY: MATERIALS AND PROBLEMS 1138 (1994)."

[3] See ALAN R. PALMITER, CORPORATIONS: EXAMPLES AND EXPLANTIONS 352 (2006).

第四章　非上市公司的控制权：一种实证分析方法

权利，因其具控制权之股份承受了较多之成本及风险，因此相对可获得合法赋予之权利而有较高之价值；而广义控制权溢价除了纯控制权溢价外，学者尚提到综效价值及征用价值。所谓综效价值之产生系指两项以上之资产相结合之效益通常比单独之效益为高之价值，换言之，有价值之资产由同一公司持有比分别公司持有较多价值之部分。一般而言，综效价值可来自公司内部及公司外部。例如，来自内部者通常为于不比例减少收入之情况下，而相对减少成本；来自外部者为于不比例增加成本之情况下，而相对增加收入。❶ 取得公司控制权者，可结合原有之投资与目标公司之投资而发挥比单独投资较高之价值，因此，综效价值为取得控制权潜在可获得之额外价值。而所谓征用价值系指可透过舞弊、盗用或违反受任人义务等情形而向少数股东攫取财富之能力，学者认为此来自是否可被以很低的成本予以监督那些被认为是允许的、可容忍的或可能为须被责难之行为而产生之灰色地带而来，如过度保有资产、过度分配、或未过度但以高于市价取得商品或劳务等。换言之，即是否可以效率之监督机制来防止控制股东征用公司资产。

二是依其取得控制权之整体环境，可分为基础性溢价（fundamental premium）及技术性溢价（technical premium），前者为真正之控制权之利益产生之溢价；后者系指溢价是随着寻求股份之难易而有不同，有认为寻求股份比例愈大，溢价愈大。如果取得控制权之技术因素是主要的溢价来源，不论是否从交易之安排中获得之利益，都可能须支付溢价，且可能随着寻求股份之多寡、寻求方式及寻求时机而有不同，因此在对相关溢价进行认定时，须考虑交易环境及不同情况，如原股份持有者取得时已支付

---

❶ See John C. Coates IV, "Fair Value" As An Avoidable Rule of Corporate Law: Minority Discounts in Conflict Transactions, 147 University of Pennsylvania Law Review 1251, at 1274~1275, June 1999.

溢价、其税务规划、投资计划及其对公司之未来预期等，而非坚持采取统一及理想化标准。❶

（三）非上市公司控制权之争的原因分析

然而，非上市公司中，控制权股东或管理人之所以会坚决捍卫自己所拥有的控制权，非控制权方则拼命争夺公司的控制权，主要在于非上市公司控制权所具备的自然属性，具体来说概括为以下三个方面：

1. 控制权的权力属性

社会交换理论的倡导者布劳提出，权力是"个人或集团通过威慑力量，不顾反对地把意志强加于他人的能力"。❷ 而企业作为一种集团形式，也面临着权力问题。就公司而言，控制权就是一种权力的体现，而"现代公司"作为一种巨型商事公司❸，它乃是一个权力库，是我们所处的社会中非政府权力的最大中心。❹ 因此，倘若拥有公司控制权，即拥有控制公司的权力，换言之，行为主体拥有了对有价值资源的控制力，即对公司的所有可供支配和利用资源的控制和管理的权力。具体包括：一是决策管理权。在非上市公司中，只有控制者才拥有对企业经营管理的决定权，才能通过指挥企业的一切要素为公司创造增量价值。所有者、经营者往往是吻合的，所有权与经营权的统一性，决定了决策管理权归所有者所有。但是，在某些非上市公司（未上市的公司）中，亦将经营管理权通过契约授权给职业经理人，让高层经理人员享有该项权力，即日常的生产、销售、人事等决策能力和权力。二是决策控制权。系指所有者的代表董事会拥有，如任

---

❶ See Richard A. Booth, supra note 88, at 3, 2003.

❷ 王爱冬：《政治权力论》，河北大学出版社2003年版，第83页。

❸ ［美］贾克贝：《公司权力与社会责任》，中国政法大学出版社1977年版，第11~12页。

❹ 梅慎实：《现代公司机关权力构造论》，中国政法大学出版社2001年版，第53~54页。

命和解雇总经理、重大投资、合并和拍卖等战略性决策权。影响控制权的关键在于表决权的数量，而不是股份的数量。即控制股东要真正实现对公司的控制，对公司的所有可供支配和利用资源的控制和管理的权力，其必须把自己的候选人或自己信任的人选为董事，把自己制定的议案变成公司决议。由于股东已获得公司控制权，股东表决权就成为当权派维护对公司控制的手段。股东大会作出决议由出席会议的持半数以上表决权的股东同意通过。因此，取得超过半数的股份的"股权"，即取得了"控制权"。但对特别事项的决议，往往应持有比章程所订特别决议的出席股数和决权数还多的股权，方能形成"绝对"控制权。

2. 控制权的财产属性

所谓财产权，我国现代汉语词典解释为："以物质财富为对象，直接与经济利益相联系的民事权利，如所有权、继承权等。"❶ 从经济观念来理解，财产权是基于物而产生、对抗世界上所有人的、截然的权利，是一种权利关系束和个人对资源特定用益权的集合。从法学的层面理解，财产权是"以财产为标的，以经济利益为内容的权利"❷，财产权是民事权利体系中的基本类别。❸ 首先，公司控制权作为一组权利或"权利束"，通过权力的工具性运用获得排他性的利益——控制权利益，拥有公司的控制权，即意味着控制者有权控制非上市公司财产的实物形态。包括货币、机器、厂房、设备、土地等资源性生产要素，还包括了具有价值因素的诸如人力资本、专利、商标以及商誉等无形的生产要素，也就是说公司财产不仅仅包括有体物，而且包括无体物。其次，公司控制权主体能够享受到特定的控制权收益。具体体现在公司控制权可以给控制者带来货币收益和非货币收益。前

---

❶ 《现代汉语词典》（增补本），商务印书馆2002年版，第114页。
❷ 江平：《民法学》，中国政法大学出版社1999年版，第82页。
❸ 吴汉东："论财产权体系——兼论民法典中的'财产权总则'"，载《中国法学》2005年第2期。

者包括：工资、奖金、津贴与股票、期股期权、保障基金等收入以及控制者利用控制资源转移和其他控制权所获得的隐性收益；而后者主要是指凭借其职位所获得的社会声望、政治地位以及广泛的人际关系等无法以货币单位精确表示的非货币收益。具体包括：其能够满足控制权主体的一种精神需要，如受别人恭维而获得的心理荣誉感；控制下属所带来的优越感；利用在公司中居控制地位所具有的特权，享受到有形或无形的在职消费，如豪华的办公设施、子女就业安排等利用职权使自身效用提高的非货币收益。❶ 最后，公司控制权也是一种资本化的财产权。即控制者通过智慧企业的一切要素为公司创造增量价值，给自己和全体股东带来收益。同时，控制者还可以通过出让所拥有的控制权来获取"控制权溢价"❷。

3. 公司控制权的可交易性

从经济学角度来看，公司控制权具有商品的一般属性。首先，公司控制权是人类劳动产品。控制权虽然属于无形资产，但它必须通过一定的直接与间接的物质载体来表现，这个载体就是其所依附的特定的企业。企业本身是构成企业的各种有形要素和无形要素的组合，是股东的货币投资和企业全体员工共同劳动的产物，体力劳动和脑力劳动的凝结，是建立在人类劳动基础上的，所以"公司控制权或以货币形式、或以财产物资形式、或以人力耗费形式表现，都可归结为抽象的人类劳动"。其次，控制权具有可交换属性。从商品的"可交换"属性来看，控制权能够在控制权市场上进行交易和转换，具备可交换属性。因此，公司控制权作为一种商品进行作价买卖，这已是不争的事实。但由

---

❶ 史玉伟、和丕禅："企业控制权内涵及配置分析"，载《石河子大学学报》（哲学社会科学版）2003年第1期；或梁洪学："公司控制权的演进、本质、来源和特征"，载《江汉论坛》2008年第10期。

❷ 赵克祥："控股股权交易中控股股东的义务——以控制权溢价为视角"，载《暨南学报（哲学社会科学版）》2008年第1期。

第四章　非上市公司的控制权：一种实证分析方法

于控制权的价值载体是其所依附的特定的企业，所以控制权的转让必须是同其依附的特定企业紧密联系，而不能像普通商品那样单独转让。当然，控制权的交易活动，除了直接地进行控制权买卖（企业并购）以外，还存在着其他形式，如代理权争夺、托管营运、司法裁定和无偿划拨等。

综上所述，控制权作为一种具有资源价值的权力，意味着谁拥有了公司控制权，谁就拥有了可支配的资源。即拥有了对公司主要管理人员的任免权、对重要经营管理活动的决策权和监督权。且控制权人可以凭借这种权力，使公司依照符合自己意志和利益的方式运营，从中获益。换言之，控制权的行使能带来控制利益，其本身就成为控制利益的载体。而且，控制权作为一种特殊交换物，可以通过多种方式实现流动和转移，促进了控制权争夺的产生。所以，持有者与争夺者之间就其开展交易是在所难免的，争夺公司的控制权便成为公司治理的常态。

当然，值得肯定的是，争夺控制权行为不仅有利于牵制现行的控制权人，促进公司治理战略的改进、公司绩效的提高、以及控制股东滥用控制权行为的约束、代理成本的降低，而且有助于推动公司治理结构的完善，发现公司的真实价值，有利于股东利益最大化。[1] 正如伊斯特布鲁克和费希尔所认为的："公司控制权的争夺将使公司掌握在最会经营的控制者手中，因为控制权争夺是有利于公司和投资者的"。[2] 因此，如果我们能够建立一套合理引导控制权争夺的行之有效的，且能防止控制股东滥用控制权的约束机制，这对公司的健康经营发展、广大中小股东利益的维护有非常重要的意义。但由于"经济人"的有限理性、信息的不对称，监督约束困难等因素共同致使公司控制权持有者为自

---

[1] 陈怡男："公司控制权的商品属性分析及意义"，载《当代财经》2005年第11期。

[2] 郁志茹："表决权信托之理论正当性证明"，载《法学》2007年第10期。

己的控制权收益最大化而不顾其控制权源泉提供者——出资者之利益,这就是控制权在企业的权力配置和权力体系中经常面对的问题,这也是公司控制权的内核所在。❶ 因此,充分调动控制股东积极参与公司治理性的同时,也有可能诱使其他非控制权股东为争夺控制权而采取不正当的手段,损害公司及其利益相关人的合法权益。❷ 所以在非上市公司中控制权人滥用控制权是不可避免的,正如孟德斯鸠所所说的"一切有权力的人都容易滥用权力,这是万古不易的一条经验"❸。

四、我国非上市公司控制权滥用

(一) 问题的提出——从一则典型案例谈我国非上市公司控制权滥用的具体形态

2001年3月18日,许兵、于红疆、凌云、邱建荣、覃小冬、陈振东、邹高峭等6人成立了一家有限责任公司——广西汉和房地产开发有限责任公司,其注册资本为1500万元。当时6个股东的股份各占公司股本的3%。一年后,由于某些原因,汉和公司召开了一次股东会,讨论并通过了股东股份调整、董事会调整等事项。调整后的汉和公司,其股份结构为:许兵:930万,占公司股本的62%;于红疆:180万,占公司股本的12%;凌云:150万,占公司股本的10%;邹高峭:75万,占公司股本的3%,邱建荣:75万,占公司股本的5%;覃小冬:45万,占公司股本的3%;陈振东:45万,占公司股本的3%。调整后的汉和公司经营管理班子为:许兵任董事长兼总经理;于红疆任董

---

❶ 梁洪学:"公司控制权的演进及其本质",载《江汉论坛》2008年第10期;或高洁:《公司控制权研究》,四川大学博士论文,2005年。

❷ 张靖靖:《控制股东滥用控制权的法律规制研究》,中央民族大学2007年硕士论文。

❸ 孟德斯鸠:《论法的精神》(上),张雁深译,商务印书馆1997年版,第154页。

事；凌云任董事兼副总经理；覃小冬任综合部经理；陈振东任设计部经理❶。

许兵通过某种手段夺得公司的控制权后，进行了一系列的活动，首先，其利用自己的控制地位，剥夺了三位小股东的知情权；其次，利用修改公司章程，确立了自己对公司的控制地位；第三，与他人成立了与本公司存在竞争业务的其他公司；第四，将本公司名下的土地廉价卖给自己控股的其他公司；最后，将自己控股的公司的股份高价再转让给其他人。究其实质，许兵上述系列行为乃属于典型的滥用控制权行为，即利用自己对本公司的控制权为自己谋取非法利益，而严重损害公司和其他小股东的合法利益。由此可见，公司控制权作为内生于公司的一种权力，具有天然的膨胀特性，再加上公司在现实生产经营过程中的诸多不确定性，以及信息的不对称，导致控制权股东不断扩大公司控制权的边界，如经理人资本主义、内部人控制、大股东欺诈小股东等。因此，如何有效地进行控制权配置就成为企业必须解决的问题，其中核心内容是如何对公司控制权进行制约，防止因过分的膨胀而突破其应有的边界。❷ 如本案中凌云、于红疆、陈振东等通过司法权对许兵的公司控制权进行制约。正如孟德斯鸿在总结权力的运行规律时所指出的，"要防止滥用权力，就必须以权力制约权力"。特别是在股权高度集中的非上市公司中，所有者与经营者基本合一的情况下，控制股东往往拥有参与管理方面与获得经济利益方面的双重权利，而小股东却无法像上市公司的股东一样，通过证券交易市场抛售股票等方式退出公司，因此，相对于上市公司，在非上市公司中，控制股东操纵公司谋取私利、滥

---

❶ 本案例中的详细案情，具体参见甘培忠：《公司控制权的正当行使》，法律出版社2006年版，第18~20页；或王国国：《论公司控制权及其正当行使》，贵州大学2007年硕士论文。

❷ 高洁、蒲华林："浅论公司控制权的权力本质观"，载《暨南学报（人文科学与社会科学版）》2004年第6期。

用控制权的现象尤其严重。而理念和实务中经验的空白导致现有公司法的大面积失当，且法律的滞后又严重影响了公司控制权的合理配置与协调。所以，非上市公司中控制权的滥用现象超出了正常的影响范围而成为社会的焦点。公司控制权滥权之恶，已经是一种广泛的存在；批评之声浪也已经响彻神州大地。于是，如何控制非上市公司控制权滥用便成为了非上市公司中一个绕不开的棘手的理论和实践问题。

（二）非上市公司中控制权滥用的原因

在股权集中的非上市公司中，控制权被滥用，绝非偶然，应有着多重的深刻的理论和现实根源，通常归结为股东利益冲突与代理人问题，其中，股东利益冲突是公司控制权的争执起点，而代理人问题则导致公司控制权的异化。❶在实践中的具体原因基本上可以归纳为以下两点：一是控制权滥用主体的主观原因；二是存在控制权滥用的客观因素。其中，控制权滥用主体的主观原因乃是控制权滥用产生的最主要原因。

1. 非上市公司中控制权滥用产生的主观原因

（1）经济人的本性——机会主义

控制权滥用产生的主观原因之一在于控制权滥用主体的经济人本性，即对利益的无尽追求。对于经济人的这种特性，美国经济学家奥利佛·威廉姆森（Oliver Williamson）将其概括为机会主义，并将其诠释为"信息不完整或被歪曲地透露，特别是为了掩盖、误导、混淆、歪曲、搅乱而做的蓄意行为"❷。需要注意的是，对机会主义的偏好是对经济人的一种假设，这种假设是为了分析经济人的经济行为，并不是对人性的真实反映。但是，用这种机会主义行为的假定，能够更好地理解和分析控制权主体的

---

❶ 李萌：《公司控制权滥用的法律规制》，吉林大学法学院2009级博士论文，第12~15页。

❷ [美] 奥利佛·E. 威廉姆森：《资本主义经济制度》，商务印书馆2002年版，第72页。

滥用行为，当然，非上市公司的经营从被天然自私的营利动机所驱使、不惜损害企业效率及社会职能之实现的股东之手，尽可能地移向独立于股东之外、并能自由和客观地衡量企业要求的经营机关。❶ 因此，非上市公司控制权滥用的行为主体包括：股东、董事和管理人员等三方主体，由于这三方主体都可能利用权力满足自己个人利益。但实践证明，具有投机行为的股东也不仅仅限于享有控制权的股东，其中也包括小股东。

（2）股东冲突——利益对抗和争夺

公司制企业的出现，带来了商业组织形式的革命性变化，股东之间的合作和共同意志被看成是公司产生的人性化前提，但这种共同性并不能改变股东之间的冲突，因为此时的股东利益冲突虽然被悄然湮没在制度边缘的昏暗光线下❷。但它作为股东内心一种自然的、真实的呼唤，对利益获取的本性、无可厚非的渴望，是永远都不会泯灭的❸。特别是当公司利益的分配与股东心理预期出现差距时，冲突就会被酝酿、发酵，甚至演变为对抗。❹ 公司控制权是股东实现利益最大化的最佳工具，因为公司控制权的支配对象是公司全部资源，而不是控制股东相应的股权份额。理论上讲，股东一般可以通过行使股东权获得应有利益，但事实上是，股东的利益往往受到各种侵害，为避免此种情况的发生，同时可以追求更多的利益，股东一般倾向于争夺公司控制权。❺ 由此可见，股东利益冲突是与生俱来的，冲突的根源在于利益对抗和争夺，故股东冲突自然演变成为公司控制权滥用的根源。因此，对于非上市公司组织文件的起草人而言，这种股东之

---

❶ 刘俊海：《股份有限公司股东权的保护》，法律出版社2004年版，第124页。
❷ 甘培忠：《公司控制权的正当行使》，法律出版社2006年版，第16页。
❸ 同上。
❹ 同上。
❺ 林全玲、胡智强："公司控制权的法律保障初论"，载《社会科学辑刊》2009年第4期。

第四章 非上市公司的控制权：一种实证分析方法

间的利益平衡是无法回避的。一方面，他们必须为小股东提供保护，以确保公司经营成功时，小股东能够获得足够的投资回报；另一方面，他们又不能给予小股东太多的权利，因为后者可能会借此实施机会主义行为而谋取不当利益。❶ 因此，公司法能否圆满解决非上市公司中控制权滥用问题的关键，也就在于能否在控制股东与小股东间寻得最佳的利益平衡点。

2. 非上市公司中控制权滥用的客观原因

客观上，控制股东控制权滥用的产生是以下几个条件共同作用的结果：一是非上市公司的封闭性特征；二是资本多数决原则；三是合同预先规定的不足；四是法院遵循商业判断规则。

（1）非上市公司的封闭性

非上市公司最显著的法律特征——封闭性，即非上市公司被禁止通过向公众发行股票的方式来筹集资金，股东人数较少，且股东转让出资受到来自法律或章程的程序性或实体性限制，股东的出资缺乏流通性的特征。该封闭性特征有利于保持非上市公司股东的稳定，避免股东不了解或不信任的人加入公司，体现了非上市公司"人合性"的一面。但另一方面，转让的限制、转让市场的缺乏、股东不能任意退出的原则也给那些因一些正当事由而希望从公司退出的股东造成困难，使这些股东成为"出资的囚徒"❷。理论上，任何公司的股票都可以自由转让。公开公司的股票可以方便地在公开交易市场买卖，但非上市公司股票的情况却并非如此。因为非上市公司的股票无法在公开的交易市场交易，所以，被侵权的小股东想要撤回投资就只能将其股票出售给公司或其他股东或公司外的第三人，而这三者都没有足够的经济

---

❶ [美] 弗兰克·伊斯特布鲁克、丹尼尔·费希尔：《公司法的经济结构》，张建伟、罗培新译，北京大学出版社2005年版，第269页。

❷ Marcua Lutter, *Limited Liability Companies and Private Companies*, International Encyclopedia of Comparative Law (Vol. 13, Ch. 2), 1998, p. 88.

第四章　非上市公司的控制权：一种实证分析方法

动机为其提供一个可以接受的价格。❶ 对于公司的控制股东来讲，由于其本身已经享有公司的控制权，购买小股东的股票并不能改变他在公司中的控制地位。加之在非上市公司中，股东的股利一般都以薪酬、奖金或者养老金的形式分发，❷ 购买小股东的股票也不能显著增加控制股东的经济收入。除非控制股东准备将公司整体出售，否则他没有动机来购买小股东的股票。公司其他的小股东也不会购买小股东的股票，因为购入这些股票只会使他增加投入而成为一个更大的小股东，无法改变其在公司中的小股东地位❸。即使其他股东同意购买其股票，由于该股票的意义仅仅限于剩余财产索取权，因而，小股东很难得到一个可以接受的价格。当公司的其他股东不愿意为小股东的股票支付公平的价格时，他们自然也不会促使公司来购买该股票。公司外的第三人通常也不会购买其股票。因为一方面，多数非上市公司的股东间通常签订有限制股票自由转让的协议；另一方面，第三人会发现，一旦其购买了股票，他将处于与被侵权小股东同样的地位。如果不能得到控制股东的一些保证，第三人必然不会考虑购买小股东的股票。即使第三人同意购买，由于非上市公司的股票缺乏可以进行交易的公开市场，所以会损害非上市公司投资者的利益，这具体体现在以下四个方面：一是股权估值存在极大的不确定性；二是投资者在股利和其他的利润分配政策方面容易产生冲突；三是公司缺乏公众监督机制；四是缺乏公开市场剥夺了信息不充分

---

❶ [美] R. W. 汉密尔顿：《公司法》，刘俊海、徐海燕译，中国人民大学出版社2001年版，第291页。

❷ 张迪：《美国封闭公司司法解散制度研究》，对外经济贸易大学2006年硕士论文，第4页。

❸ 小股东往往无投资回报的期待，只能获得一份工作、参与公司管理并获得劳务报酬，参见 F. Hodge O'Neal &Robert B. Thompson, *O'Neal's Close Corprations* (2nd ed), West Group, pp. 21~22.

的投资者以市场价格购买股票的权利。❶ 因而,第三人通常不会购买小股东的股票。因此,非上市公司的封闭性特征造成小股东实质上并没有自由退出的途径,也就自然成为了控制权人滥用控制权的客观原因之一。

(2) 资本多数决原则滥用

资本多数决原则是指股东大会依持有多数股份的股东的意思做出决议,是建立在资本平等基础上的议事规则。其产生于1843年英国枢密院的著名案例 Foss v. Harbottle 案。该原则的实质在于,在公司内部实行少数服从多数的民主制度,让公司依据持股多数的股东意见,而不是所有股东的意见来做出经营判断,以便有利于公司机关及时做出决策。❷ 德国学者伊蒙格(Immenga)和魏德曼(H. Wiedmann)指出,资本多数决原则的妥当性源于多数决形成的利益调整机制:全体股东在加入公司时追求共同目标,经过变动不居的多数股东形成同种、同质的利益形态即公司利益。❸ 换言之,该原则有利于鼓励股东的投资热情,确认股东投资风险系数与投资回报率之间的正比关系,以补偿股东为此承担的风险代价;确保股东的投资回报,赋予股东与其投资数额和风险系数相称的、对于公司事务的发言权或表决权。但随着股东会制度的发展,在很长的一段时期,资本多数决原则被绝对化了。例如,德国莱比锡法院在1908年著名的西贝尔尼亚案件中指出,"控股股东影响下的股东大会就公司问题所作的决议,即使给小股东造成了不合理的经济损失,仍对小股东产生拘束

---

❶ [美] 弗兰克·伊斯特布鲁克、丹尼尔·费希尔:《公司法的经济结构》,张建伟、罗培新译,北京大学出版社2005年版,第260~261页。

❷ 朱慈蕴:"资本多数决原则与控制股东的诚信义务",载《法学研究》2004年第4期。

❸ 刘俊海:《股份有限公司股东权的保护》(第2版),法律出版社2004年版,第507页。

力。"❶ 简言之，在资本多数决原则的支配下，控制股东常常利用自己持股比例高的条件，支配股东大会，并通过对自己有利但可能侵害小股东的决议。这表明，资本多数决原则的实践并不永远产生符合该原则真谛的结果。相反，它从维护股东平等出发，有时却走向了股东实质不平等的结果，偏离了该原则的真谛。因为这一原则先天不足，它虽可以实现股份平等，但它却很难不歧视任何一个股东。所以，不能期望用资本多数决原则去纠正违反其本意的弊病，而要创造和依靠其他法律措施来维护资本多数决原则的真谛，去纠正违反其本意的弊病，预防与治疗其可能产生的弊病，否则该原则将成为控制权主体滥用控制权的工具。

（3）公司合同的不完备性

按照制度架构的性质，可以将公司分为非上市公司和上市公司。对于非上市公司而言，股东们通常按照讨价还价的方式确定某些结构性和分配性规则，也就是通过合同方式完成。因而其法令呈现出明显的合同属性，它授权公司股东缔结不损害第三方的任何合约，❷ 而法院也愿意执行公司股东创造的任何合约。因而，理论上，小股东可以与控制股东签订协议来安排彼此的权利与义务，以免遭到侵权。但实际上，非上市公司的股东很难订立这样的合同。首先，非上市公司的股东多数由家庭成员、熟人或朋友构成，在公司成立之初，股东间的关系较为亲密，这种密切关系在很大程度上抵销了订立保护合同的需要。因此，非上市公司股东一般不会就公司的事务做出周密约定，也不会对股东之间冲突的解决途径做出完备约定。况且，做出向非上市公司投资的决定就意味着决定与其他股东建立长期的私人关系。股东在合同

---

❶ 刘俊海：《股份有限公司股东权的保护》（第2版），法律出版社2004年版，第506页。

❷ 在该方面最典型的例子，是美国律师协会（ABA）颁布的"闭锁公司规范补充法案"（ABA's Model Statutory Close Corporation Supplement），该法案1982年通过，1984年修订，对封闭公司从创建到终止都作出了示范性的规定。

期间通常会避免损害这种关系，而订立有效的保护合同被认为是对此关系的一种挑战。实际上，小股东甚至会因担心损害股东间的相互信任而对提出自己的异议都犹豫不决，更不用说订立明确的保护合同了。其次，在公司成立时，多数情况下股东并不是精明的商人，对法律问题了解不多，无法自行制定解决日后问题的文件。聘请律师订立合同，无疑会增加大量成本，以至成为小公司成立初期难以承受的负担。因此，通过成本分析，所有的公司参与方都倾向于认为，没有这些合同条款他们反而会受益。❶ 最后，即使股东非常谨慎小心地订立了合同，但面对数不胜数的方法，小股东很难提前预见到需要合同保护的各种情况。公司合同不同于传统合同，它长期存续、合同各方接触频繁、其利益需求因外界情形变化而随时调整，被称为"关系合同"。在关系合同中，合同各方在任何一个时间点上并没有、也不能被期望能够预料到将来会发生的种种情形，而只可能将这种关系视为在很大程度尚属未知领域的整体行为的一部分。❷ 理性主义的有限性使其在复杂的现实面前变得无能为力。因此，现实中非上市公司股东间很少存在有效的保护合同，这就增加了小股东的风险。

（4）法院遵循商业判断规则

商业判断规则是法院审查董事行为是否违反其谨慎职责的司法审查准则，其适用对象由公司董事逐步扩展至公司的控制股东。但是该规则建立在对董事行为适当性的合理假定之上，体现了法院对是否由法官在事后评价董事行为之是非曲直的审慎态度。❸ 如1984年法官在Aronson v. Lewis一案中认为："商业判断规则建立在这样一种假定之上，即董事在行使决策之职时，会在

---

❶ [美] 弗兰克·伊斯特布鲁克、丹尼尔·费希尔：《公司法的经济结构》，张建伟、罗培新译，北京大学出版社2005年版，第269页。

❷ 罗培新：《公司法的合同解释》，北京大学出版社2004年版，第103页。

❸ 丁丁：《商业判断规则研究》，吉林人民出版社2005年版，第10页。

知悉的基础上，本着善意，为公司最佳利益的忠实信念而行事"。❶ 只要董事基于合理信息理性地做出决定，即使该决定对公司是不利的或是灾难性的，根据商业判断规则董事仍然无需承担责任。事实上，法院在运用商业判断规则时，审查的是做出商业判断的过程或程序，而不是商业判断本身。支撑商业判断规则的一项认知是，如果对经理们的商业决定都加以严格的司法审查，反而不利于股东利益。❷ 在瞬息万变的市场面前，公司管理层经常必须马上做出决定、事后总结，而这些商业决定的优劣往往只有以事后的眼光来考量才能得出结论。况且，商业失败本身并不必然表明当时的决定是不明智的。因而，法官缺乏足够的信息对商业决定作出裁定，而且如果司法审查过于严苛，出于承担个人责任的担忧，公司管理层将变得过于谨慎而事事保守，同时还将使得有才华而且愿意出任董事的人大为减少。所以，法院采取了一种独特的"顺从路径"（deferential approach），充分尊重公司管理层做出的决定。当非上市公司的小股东就公司的雇佣、管理或利润分配等内部决定向法院提起诉讼时，法院通常会遵循商业判断规则做出有利于控制股东的判决，从而使小股东难以得到法律的有效救济。概言之，从机理上看，控制股东滥用控制权来源于控制权财产性、权力属性和可交易性，而实质上真正还是来自公司内部控制股东与中小股东的利益冲突。从控制权滥用的手段来看，主要是通过公司各种资本运作制度或行为，如通过争夺股东大会等手段压制、欺诈中小股东或损害中小股东的利益，或者直接通过控制权的使用或转移来侵占公司或其他股东的利益。

总而言之，在非上市公司中，控制股东以追求利益为目的经

---

❶ Aronson v. Lewis, 473 A. 2d (Del, 1984), pp. 805~812.
❷ ［美］弗兰克·伊斯特布鲁克、丹尼尔·费希尔：《公司法的经济结构》，张建伟、罗培新译，北京大学出版社2005年版，第105页。

第四章　非上市公司的控制权：一种实证分析方法

济人本性，股东之间无法改变的利益对抗和冲突，以及非上市公司封闭性特征、资本多数决原则、合同预先规定的不足和法院遵循商业判断规则等六个主、客观因素共同构成了控制股东滥用控制权的原因。当缺少以上某个因素时，其形成的环境尚不足以导致非控制股东的权利被侵犯，但当以上因素同时存在时，非控制股东被侵犯就成了这种体制的必然结果，这就需要通过对控制股东的行为进行立法约束和司法审查等方式来保护非控制股东的合法利益。

当然，笔者之所以在上文中分析非上市公司中控制权争夺和控制股东滥用权力的成因，其目的是调动控制权争夺的积极性，以及寻求限制控制权被滥用的破解之策。因此，如何有效引导非上市公司中控制权争夺且制约公司控制权滥用的行为，将公司控制权置于适当的限度，成为亟待解决的问题。

（三）非上市公司控制权滥用的具体表现

我国2005年《公司法》第148条明确规定"公司董事、监事和高级管理人员要对公司尽到忠实义务和勤勉义务。"具体来说，忠实义务解决的是利益冲突下的公平交易问题，那么勤勉义务则关注公司常态存续中的决策与经营质量，控股股东、控制经营者、实际控制人在控制、经营、指导公司方面的实际影响力相差无几，其滥用控制权的典型表现主要在其直接或者通过"傀儡"间接参与的行为方式上，[1]其控制权滥用行为在公司法条文的具体表现主要在以下方面：

1. 违反忠实义务的滥权行为

（1）不公平关联交易。《公司法》第21条规定："公司的控股股东、实际控制人、董事、监事、高级管理人员不得利用其关联关系损害公司利益。违反前款规定，给公司造成损失的，应当

---

[1] 傅穹、王志鹏："公司控制权滥用规制的法理基础与司法判断"，载《社会科学战线》2011年第5期。

承担赔偿责任。"《公司法》第20条、第150条分别从原则上规定了公司股东、董事、监事、高级管理人员因滥权行为给公司造成损失应承担赔偿责任，可以作为控制权主体不公平关联交易的一般规则条款；《公司法》第149条第1款第4项规定的"违规自我交易"。

（2）侵占或者擅自处分公司财产。《公司法》第16条第2、3款规定："公司为公司股东或者实际控制人提供担保的，必须经股东会或者股东大会决议。前款规定的股东或者受前款规定的实际控制人支配的股东，不得参加前款规定事项的表决。该项表决由出席会议的其他股东所持表决权的过半数通过。"第116条规定："公司不得直接或者通过子公司向董事、监事、高级管理人员提供贷款。"第148条第2款规定："董事、监事、高级管理人员不得利用职权收受贿赂或者其他非法收入，不得侵占公司的财产。"第149条第1款第1、2、3、5、6、7项分别规定，董事、高级管理人员不得挪用公司资金；不得将公司资金以其个人名义或者以其他个人名义开立账户存储；不得违反公司章程的规定，未经股东会、股东大会或者董事会同意，将公司资金借贷给他人或者以公司财产为他人提供担保；不得未经股东会或者股东大会同意，利用职务便利为自己或者他人谋取属于公司的商业机会；不得接受他人与公司交易的佣金归为己有；不得擅自披露公司秘密。上述条款规定了公司控制权主体以侵占或者擅自处分公司财产方式违反忠实义务的滥权行为。

（3）同业竞争。《公司法》第149条第1款第5项规定，未经股东会或者股东大会同意，董事、高级管理人员不得自营或者为他人经营与所任职公司同类的业务。

（4）其他行为。《公司法》第149条第1款第8项规定，董事、高级管理人员不得从事其他违反公司忠实义务的行为。

2. 违反勤勉义务的滥权行为

（1）怠于职责。比如，《公司法》第110条第2款规定的

"董事长召集和主持董事会会议,检查董事会决议的实施情况。"第111条第1款规定的"董事会每年度至少召开两次会议,每次会议应当于会议召开十日前通知全体董事和监事。"第113条第1、2款规定的"董事会会议,应当由董事本人出席;董事因故不能出席,可以书面委托其他董事代为出席,委托书中应载明授权范围。董事会应当对会议所议事项的决定作成会议记录,出席会议的董事应当在会议记录上签名"。此外,第114条、117条还规定了公司经理的聘任及解聘以及定期向股东披露董事等公司高管的薪酬情况等等。控制经营者未按上述部分条款的规定尽职尽责地经营公司即构成违反勤勉义务的滥权行为。

(2)拒绝监督。《公司法》第151条规定:"股东会或者股东大会要求董事、监事高级管理人员列席会议的,董事、监事、高级管理人员应当列席并接受股东的质询。董事、高级管理人员应当如实向监事会或者不设监事会的有限责任公司的监事提供有关情况和资料,不得妨碍监事会或者监事行使职权。"

五、控制权溢价之分享与控制权交易的法律规制

(一)控制权溢价之分享理论

1. 平等分享理论(Equal Share Rule)

关于平等分享理论,其主要理论依据皆为"公平性之要求",学者间之学术讨论可区分为三种论述方式;其一为 Adolph Berle 教授于 1932 年提出之公司资产理论(corporate assets theory of control);其二为 David Bayne 教授提出溢价为使违反受任人义务诱因理论;其三为 Willam Andrews 教授提出之相等机会理论。其中公司资产理论认为,出卖人变卖其控制股份所获得高于每股市价之溢价是公司资产,因为它是来自持有者必须支配属于他人之财产所缺乏之能力,此可推论出,溢价必须属于公司之财产。而相等机会理论(Equal Opportunity Rule)认为,购买者不论是否意图购买控制权,对所有股东需以相同价格公开收购,亦即须给予非控制股东相等之机会,以相等之价格出售相等比例之股份。至于相等机会理论则认为,即购买者不论是否意图购买控制权,对所有股东需以相同价格公开收购,亦即须给予非控制股东相等之机会,以相等之价格出售相等比例之股份。

2. 原控股股东独享理论(Deregulatory rule)

1982年时,以Frank H. Easterbrook和Daniel R. Fischel为首的芝加哥学派认为:买方会支付控制权溢价的原因是其可重新设置公司的经营团队,并相信其可更有效利用公司资产,因此支付高于市场价格的溢价以获取控制权。这溢价部分是对于控制权移转后,未来股价上升预期的反应,如果不是预期未来股价会上升,则买方支付溢价就是不合理的。因此Easterbrook和Fischel认为,控制权的移转就和其他任何形式的自愿交易一样,是将资产移转给更能有效利用它的人。❶ 此理论主张控制权交易之成功与否来自于不平等之分配,其理由认为平等分配将无法吸引控制股东移转其控制权;另一原因为可避免"搭便车"(Free-ride)之问题❷。此理论认为法律若要规定必须确保两个要素,第一为能促成有效率之交易,也就是控制权转移至更有效率之拥有者;第二为抑制没有效率之交易,也就是控制权自有效率者转出或转移至无效率之拥有者。❸

3. 机动理论(The Triggering Rule)

Einer Elhauge将控制权交易分成两大类,一为可能有利之交易,另一为可能有害之交易,而分别适用不同之理论。其关键不在于公司因控制权移转而产生实际之伤害,而在于是否因控制权交易而增加滥用控制权之风险。如果可能增加滥用控制权之风

---

❶ See Easterbrook & Fischel, supra note 142, at 705.

❷ See Frank H Easterbrook & Daniel R. Fischel, Corporate Control Transactions, 91 Yale L. J. 698, at 709~710, March 1982.

❸ See Yedidia Z. Stern, The private sale of corporate control:A myth Dethroned, 25 Journal of Corporation Law 511, at 529, 2000.

险，则适用平等分享理论；反之，则适用不干涉理论。❶

4. 比例价值理论（The Proportionate Value Rule）

Coffee 教授认为一个更有效的方法，是将"控制权溢价"区分为有效率的（例如是出于促进效率之动机所支付的）及无效率的（例如是为了挥霍控制权私益所支付的）。Coffee 教授从德拉瓦州法院赋予少数股东们在股份收买请求权诉讼（Appraisal Proceeding）中，有权要求现存公司的比例价值（Proportionate Value in the Existing Enterprise），而发想出比例价值理论，此理论主要在讨论由控制权交易所得之综效利得（Synergy Gains），并试图藉由将溢价作出分类以决定如何分配这些综效利得。

5. 表决理论（The Voting Rule）

Lucian Arye Bebchuk 建议控制权交易应征求目标公司过半数少数股东之同意，为了要取得同意，控制权的出售方或收购方就必须提供给少数股东一些好处或提供某些方式使少数股东也有机会参与交易，以诱使少数股东同意该控制权交易。这种同意的要求，将可确保没有负面的现象会加诸于少数股东身上，而在没有负面现象的情况下，所有发生的交易必然都是有效率的。❷

（二）控制权交易的法律规制

1. 美国

控制权股东依美国联邦法进行控制权移转时，联邦法上有数项之监管机制，兹分述如下：❸

---

❶ 张心悌："Regulating Sales of Control Transactions in Taiwan-From the Perspective of Economic Analysis"，载《台大法学论丛》（第31卷）2001年第4期。

❷ See Lucian Arye Bebchuk, Efficient and Inefficient Sales of Corporate Control, 109 QUARTERLY J. OF ECON. 957, 981 (1994).

❸ See Thomas L. Hazen, TRANSFERS OF CORPORATE CONTROL AND DUTIES OF CONTROLLING SHAREHOLDERS——COMMON LAW, TENDER OFFERS, INVESTMENT COMPANIES——AND A PROPOSAL FOR REFORM, 125 U. Pa. L. Rev. 1023, pp. 1033~1047.

(1) 联邦法上之申报义务：例如：证交法第 13 条第 d 项第 1 款实质所有权人持有已发行股份 5% 以上时申报义务、证交法第 16 条第 a 项公司之重要职员（officers）、董事、10% 以上大股东申报交易之规定，第 16 条第 b 项禁止内部人短线交易（short swing），另亦规定控制股东对于公司有重大影响时应共同连带负责，其控制之认定并不以有实际股份为必要。

(2) 诈欺第 10 条第 b 项第 5 款，其与一般传统的诈欺不同，系扩及公司不当管理的情形，包括适用于控制权出售的情形（sale-of-control），除刑事上处罚（criminal penalties）外，更重要的是亦扩及私权诉讼，甚至 Birnbaum-Blue Chip 案认为其实质范围应扩及控制利益之超额溢价，且证管会亦将第 10 条第 b 项第 5 款作为不当扭曲控制溢理之一监管工具。

(3) 威廉法案（The Williams Act-Tender Offers）：Andrew 教授系提案有关控制溢价应按比例原则（pro rata）由股东共享。

(4) 投资公司法（The Investment Company Act）等作为监理之机制。

此外，美国各州法对收购部分收购所支付之控制权溢价也有相应的规定，其中包括收购方决定支付溢价是否违反忠实义务（breach of fiduciary duty）。在美国各州的公司法中，其最基本的原则之一是公司的董事对于公司及股东负有忠实责任（Fiduciary Duty）。美国法院主张，虽然公司董事与股东之间并没有"信托"关系存在，因此并不负"信托人"（Trustee）所负之义务；但对于公司及股东，仍然负有"受托责任"，其主要原因系认为公司董事负责公司政策的制定，选择适当的经理人经营公司业务，因此对公司的前途与股东之福祉负有重任。另外公司内具有"控制权"的股东与公司的董事，应该受到相同的待遇，均对公司与股东负有"受托责任"，其理由亦系认为在某些状况下，公司内具有"控制权"的股东，会利用其所有之表决权，要求公司接纳其主张，此时，其地位便相当于公司董事，因此亦须对公司与其他股东负受托责任,如此才符合公平原则。是故,不论具有控制权之股东系直接以股东身分行使其影响力,或间接地透过公司董事、经理人而影响公司政策的制定、执行,德拉瓦(Delaware)州法院要求这些大股东,在行使其职权,运用其影响力时,必须依照"诚信原则"(good faith requirement),不得有任何压迫小股东的行为。❶

2. 我国台湾地区

我国台湾地区"证券交易法"和"公司法"分别在董监事持股申报义务之部分规定,董监事选任之后须向主管机关申报其持股状况,在任期中如有增减亦须向主管机关为申报。另设质部分是为了解董监事持股及杠杆资之信用状况,在公开发行公司,需在5日内向金管会申报。而在刑事责任部分规定,董监事可能对公司涉及背信等刑事罪责。不利益且不含营业常规部分的问题,如董监事直接或间接对于公司业务之执行为一般营业上常规相违背的话,这部分也是要对公司负赔偿责任。证券交易法对于诈欺及不利益且不合营业常规行为有刑事责任的处罚,为10年以下有期徒刑。其中,我国台湾地区"公司法"第23条第1项规定,"公司负责人应忠实执行业务并尽善良管理人的注意义务,如有违反致公司受有损害者,负损害赔偿责任"。

3. 中国大陆

我国公司法、证券法在在控制权交易规制立法上存在两点不足:一是无视控制权溢价存在的事实,未对控股股权交易中控股股东违反诚信义务的法律后果做出规定;二是未明确控股股权交易中控股股东的信息披露义务。❷ 为此,需要以法律途径规制公司控制权滥用。建议:一是未来公司立法应更加关注于利益冲突

---

❶ 罗怡德:"美国公司法中董事所负之'忠实义务'之研究",载《辅仁法学》1990年第9期,第214页。

❷ 赵克祥:"控股股权交易中控股股东的义务——以控制权溢价为视角",载《暨南学报(哲学社会科学版)》2008年第1期。

问题的责任区分和损失追偿；二是应该侧重对股东控制权滥用行为作出规制。❶

第三节　非上市公司控制权现状的实地调查

一、实地调查的缘由与策略

（一）实地调查的缘由与目的

针对某些特定的社会现象，选择有代表性的个案进行实证研究，是法学借助社会学方法在分析和透视社会现象时的一种常见的有效手段。借助这一手段，可以深刻而具体地把握特定现象背后的一般规律性。由于非上市公司控制权是一个复杂的现实问题，对现实中的公司控制权的考察要远比理论分析复杂。对公司控制权的实际归属以及不同控制主体的效率等问题需要通过对实际情况的描述来加以概括。尽管以公司控制权为主体的实证分析文献逐渐增多，但对非上市公司控制权的实证研究却非常薄弱。因此，本节选取我国非上市公司较发达的珠三角，通过实地调研的方式，从实证的角度来探讨我国非上市公司控制权问题，希望对该问题的实际情况做一个客观、清晰的描述和分析。

（二）实地调查的背景与指向

1. 背景

由于控制权争夺与滥用牵涉的利益比较广泛，所以该问题得到了政策制定者、学术界及市场参与者颇为密切的关注。国内外大量研究成果表明，对公司控制权问题进行理论和实证的考察，

---

❶ 李萌：《公司控制权滥用的法律规制》，吉林大学法学院2009级博士论文，第21~22页。

第四章 非上市公司的控制权：一种实证分析方法

主要局限于上市公司。❶ 尽管在上市公司或是非上市公司中，公司控制权都是从股东权中派生出来的一种经济性权利。但由于股东拥有的股权或股份不同、集中或分散，因此便产生了不同的控制权组织结构模式。与股权分散的上市公司相比，非上市公司存在以下几个方面的特点：其一，非上市公司中股权相对集中，股东人数明显较少，股东参与控制与管理的经济激励更强，所以对控股股东的决策具有一定的制衡；其二，非上市公司股权呈现一元化特点，且具有较强的封闭性，非上市公司面临更弱的监管、更少的信息披露要求，所以非上市公司中的内部人控制和管理层滥用控制权可能会比上市公司更加突出；其三，非上市公司在所有权结构方面与上市公司不同，其必然导致公司在控制权模式和配置上存在不同（见表4-1）。因为公司控制权的配置是企业所有权安排的具体化，公司所有权结构的改变会导致公司控制权发生相应的转移和变化。离开所有权结构谈公司控制权是空洞、没有意义的，所以这些针对上市公司的实证分析及研究结果并不适合无条件地推广到非上市公司中去❷。在数量上显然代表性不足。因此，上述差异性决定了对非上市公司控制权配置进行独立研究不仅具有理论意义，而且还将帮助我们为广泛的非上市公司实践提供借鉴意义。

---

❶ 石水平、石本仁："上市公司控制权争夺的动机及其特征"，载《当代经济科学》2007年第4期。

❷ 上市的私有企业和非上市的私有企业，在治理结构方面可能是明显不同的。

表4-1 不同企业形态与控制权模式

组织形态 模式	有限责任公司	未上市股份有限公司	国有企业	上市公司
初创期控制权模式	控制权集中在创业者手中	控制权集中在创业者手中	控制权集中在创业者手中	分散式控制权模式 企业的所有者只保留所有权,而将企业控制权完全交给有能力的人力资本所有者经营
成长期控制权模式	控制权在股东中分配	控制权在股东中分配	控制权在股东中分配	
成熟期控制权模式	重大控制权集中于创业者,控制权向职业经理开放,股东保留重大控制权	重大控制权集中于创业者,控制权向职业经理开放,股东保留重大控制权	重大控制权集中于创业者,控制权向职业经理开放,股东保留重大控制权	

资料来源:本研究整理而得

2. 实证分析的利益指向:有限责任公司和未上市的股份有限公司

(1) 非上市公司控制权问题的梳理(见图4-1)

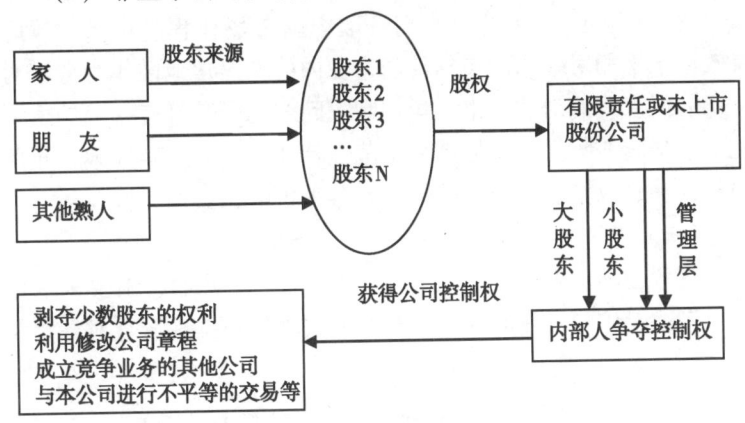

图4-1 非上市公司中的控制权问题

资料来源:本研究所得

(2) 实证分析的地区指向:中山、佛山、东莞、惠州、深

圳、广州、江门等地区

中山、佛山、东莞、惠州、深圳、广州、江门等地区皆属于珠三角城市。作为中国最具经济活力的经济圈之一，珠江三角洲在改革开放后的飞速发展构成了我国经济增长奇迹不可分割的一部分，在这一过程中，各种企业的成长与演变演绎了公司制度变革最为生动的画卷。目前，珠三角地区是我国市场化程度最高、政府有效性程度也很高的几个地区之一。在世界银行 2006 年公布的一份报告中，根据外资公司反馈的政府效率所列出的 120 个城市排名，广东省的 4 个城市惠州、东莞、深圳、江门排在前 4 位❶。同时，广东省的经济规模在全国也占有举足轻重的地位，是名符其实的中国第一经济大省。据相关媒体报道，2008 年广东省的 GDP 总值为 36796.71 亿元人民币，2009 年为 39482.56 亿元人民币，增长 9.5%。❷ 已经赶上台湾。其中江门作为珠三角主要城市之一，其经济强市的地位也是不容忽视的，据 2009 年江门市统计年鉴表明，2008 年江门全市生产总值已达到 1270.8751 亿元❸。因此，我们选取中国市场化程度最高、政府有效性水平相对较高的包括江门市在内的珠三角地区作为考察对象，能促使我们对非上市公司控制权问题的研究具有一定的典型性、很强的前瞻性、指标性和示范性特征，因而对其他地区相关问题的考察也具有相当大的借鉴和参考价值，其意义重大。

（三）非上市公司控制权状况问卷调查

笔者在确定本书题目后，于 2008 年 5 月开始，主要采取电话、实地走访与发放问卷相结合的方式收集数据，调查对象是从

---

❶ 从不同的评价角度来看，中国各城市的政府有效性评价结果可能会略有不同。不过，这不会影响我们认为"珠三角是我国政府有效性程度最高的几个地区之一"的判断。

❷ 广东统计信息网：http://www.gdstats.gov.cn/tjgb/t20100225_74438.htm；或广东统计年鉴 2010 年。

❸ 江门市统计年鉴 2009 年。

业人员不超过 800 人且注册资本不超过 500 万元人民币的有限责任公司和未上市的股份有限公司，获得有关珠三角非上市公司控制权的第一手资料和数据。调查的内容涉及非上市公司控制权的多个方面：从非上市公司控制权的手段多元化类型、非上市公司中两权分离程度、大股东占有非上市公司股份的比例、董事会和监事会的成立和召集情况、经营决策及监督方式、独立董事制度与公司控制权配置、非上市公司的家族性特点、公司控制权主体性质与公司价值和公司业绩、非上市公司中的控制权滥用的具体形式、非上市公司中控制权滥用的救济措施、非上市公司中的控制权争夺的表现形式、制约非上市公司中的控制权争夺的救济途径等多方面进行比较全面的调查，并通过认真分析，为非上市公司控制权问题的研究提供了第一手资料和数据。截至 2010 年 5 月 1 日，共调查了 138 家企业，其中有效样本共 105 份。

1. 样本企业地区分布

本次调查的地区范围涉及中山、佛山、东莞、惠州、深圳、广州、江门、恩平、开平、台山、鹤山、新会等市、区，基本能够代表珠三角非上市公司状况。但鉴于人员、时间、经费以及企业配合情况等各种因素的综合考虑，本次调查以江门等五邑地区的样本数量居多，约占本次调查样本总数量的 90%。

2. 样本企业行业分布

本次调查的行业范围比较广泛，涉及电子商务、家电制造、服装、食品、家政服务、法律咨询、金融投资、床上用品、建材五金、装潢设计等数十个行业，基本涵盖了非上市公司所处的多数主要行业，具有较强的代表性。

3. 企业所有制情况

本次调查的样本企业中，中小型企业占主体地位，样本比例超过 80%。表明中小型企业已经成为中国非上市公司的主体。可见，中国非上市公司很大程度上乃是中小型企业的代称。在本次调查中，未上市的股份有限公司样本数量接近 20%，也将对

第四章 非上市公司的控制权：一种实证分析方法

本次调查样本企业的总体特征产生重要的影响。应该注意的是，在本次调查中的外资企业样本比较少，因此，本次调查结果基本上反映的是本土企业的特征。

4. 样本企业组织类型情况

样本企业中，有限责任公司占40%，占据了主体地位，另外，非上市的股份有限公司、国有独资公司也占有相当的比例。应该说，本次调查样本中，非上市公司的组织类型的分布是比较均衡的。

5. 样本企业创立时间情况

调查结果表明，87%以上的样本企业成立于1996年后至今，成立于1990年前的企业仅占样本总数的13%，说明了非上市公司的变动速度较快、生命期较短，现有企业主要是近几年成立的。

6. 样本企业资本规模情况

调查中，大部分（接近50%）样本企业的注册资本规模在500万元以下，其中100万元以下的占40%以上。这深刻地反映出了样本企业规模小的特征。（见表4-2）

表4-2 公司样本的基本信息

类别	具体内容	全部样本	有效样本	无效样本
企业地区分布	江门市区	41	33	8
	新会	33	26	7
	鹤山	13	10	3
	恩平	13	10	3
	开平	13	10	3
	台山	13	10	3

续表

类别	具体内容	全部样本	有效样本	无效样本
企业地区分布	中山	2	1	1
	佛山	2	1	1
	东莞	2	1	1
	惠州	2	1	1
	深圳	2	1	1
	广州	2	1	1
行业领域	电子商务	14	11	3
	家电制造	13	9	4
	服装	14	10	4
	食品加工	14	10	4
	家政服务	14	10	4
	法律咨询	13	10	3
	金融投资	14	10	4
	床上用品	14	9	5
	建材五金	14	13	1
	装潢设计	14	13	1
企业规模	中型	71	55	16
	小型	67	50	17
企业组织形态	有限责任公司	76	62	14
	未上市的股份有限公司	46	37	9
	国有独资企业	16	6	10
创建时间	1990年前	18	14	4
	1996年后至今	120	91	29

续表

类别	具体内容	全部样本	有效样本	无效样本
公司资本情况	100万以下	56	44	12
	100万以上500万以下	69	53	16
	其他	13	8	5
	合计	138	105	33

资料来源：本研究整理而得

注：中小企业划分标准来源于《中华人民共和国中小企业促进法》，以员工人数和营业利润为判断要素。

二、珠三角非上市公司控制权调查结果分析

（一）非上市公司控制权的手段多元化

表4-3　非上市公司控制权的手段（%）

	有限责任公司	未上市股份有限公司	国有独资企业
管理层控制	27.41	43.24	33.33
法律手段控制	22.59	21.62	16.67
少数（所有权）控制	25.80	24.32	—
多数（所有权）控制	14.51	2.70	—
独资控制	10.0	—	50.0
清算人控制	—	8.10	—
合计	100	100	100

资料来源：本研究整理而得

如表4-3所示，62家有限责任公司中，有56家公司属于管理层控制或由持少数股份的公司控制，其中31家（占50%）公司是由管理者和法律手段控制，但仍有25家（约占40%）的公司是由所有权人控制，这在很大程度上表明，尽管所有权与控制权已经开始分离了，但传统企业的两权合一的状态在有限责任公司中仍然存在。而在37家接受调查的未上市股份有限公司中，

其中有 24 家公司由管理层或持少数股份的公司控制,其中,仍有 10 家(约占 27%)公司是由所有权人来控制公司。在为数不多的国有独资企业中,所有权和控制权已接近完全分离,其基本上是由独立的管理层和法律手段进行控制。总而言之,非上市公司控制权的手段呈现多元化形式。

(二)非上市公司中两权分离程度较低

表 4-4 样本企业两权分布情况[1]

类别		有限责任公司(家)	未上市的股份有限公司(家)	国有独资企业(家)	合计(家)	百分比(%)
股东任职情况	100%	28	12	—	40	38.0
	80%~100%	21	4	—	25	23.8
	20%~80%	3	7	—	10	9.5
	20%以下	10	14	6	30	28.6
合计		62	37	6	105	—

资料来源:本研究整理而得

如表 4-4 所示,对上述样本企业的数据统计发现:股东都在本公司任职的企业,占所有样本企业的 38.0%;大约有 80%~100% 股东在本公司任职的企业,则大概占 23.8%;将近 22.2% 的企业,其股东在企业任职比例低于 20%;仅有 9.5% 的企业,其股东在企业中任职在 20%~80%。对上述数据进行分析后,我们发现,非上市公司股东在企业任职的比例并不均衡,有呈现两极化的趋势,即绝大多数股东都在企业中任职,或绝大多数股东都不在企业中任职,但相对而言,都在公司中任职的比例要比都不在公司中任职的比例高出 15 个百分点左右。因此,就目前而言,笔者认为,非上市公司总体上仍然呈现出传统企业

---

[1] 国有独资企业只存在国家一个股东,且该股东属虚构主体,故存在股东任职情况,所以用"—"表示。

的两权合一的状态,委托代理关系尚未发展充分,两权分离仍处于初级阶段。同时,我们也注意到,部分样本企业中,股东已逐渐将企业的经营权让渡给部分股东,甚至是职业经理人,形成委托-代理关系,并通过构筑激励约束机制来促使职业经理人与自己形成一致的价值取向。这表明,部分非上市公司也已进入两权分离的阶段。但总体来说,非上市公司两权分离的程度还是比较低的。当然,究其原因,主要在于股东利益和职业经理人利益的不完全一致性,股东和经理人之间属于一种不完全契约,因此,两权分离在股东和职业经理人之间将形成一片利益真空。纵然企业所有者可以通过这样或那样的手段来挤压这片"真空",但并不能最终消除它。

(三)大股东占有非上市公司股份的比例

表4-5 非上市公司资金构成百分比(%)

时期	股东	其他个人（包括职工）	银行贷款	其他（包括海外市场）
开业时	60	24.9	2.8	2
2009年年底	82.7	13.1	1.2	2.3

表4-6 第一大股东占有股份的比例(%)❶

类别	第一大股东占总股的比例（≥51%）	第一大股东占总股的比例（30%~51%）	第一大股东占总股的比例（20%~30%）	第一大股东占总股的比例（10%~20%）	第一大股东占总股的比例（<10%）
有限责任公司	37.5	31.89	23.63	6.24	0.48
	23个	20个	15个	39个	3个

---

❶ 国有独资企业不存在表中所述情况,所以用"—"表示。

续表

类别	第一大股东占总股的比例（≥51%）	第一大股东占总股的比例（30%~51%）	第一大股东占总股的比例（20%~30%）	第一大股东占总股的比例（10%~20%）	第一大股东占总股的比例（<10%）
未上市的股份有限公司	19.4	33.34	38.37	8.44	0.45
	7个	12个	14个	3个	1个
国有独资企业	100.0	—	—	—	—
	6个	—	—	—	—

资料来源：本研究整理而得

通过对表4-5中样本企业资金来源情况进行观察，我们发现，无论是创业还是发展阶段，非上市公司的资金来源主要局限于股东，当然，我们也了解到，也有极个别的公司通过产权市场、海外的三板市场去进行融资，但数量极其少，上述情况一是限制了企业筹集到的资金数量，从而使公司难以达到规模经济的要求；二是控制权高度集中在了股东手上，尽管控股不等于实现控制，但通过控股实现控制是掌握公司控制权最主要的方式。而表4-6则表明，有限责任公司中，第一股东的占总股比例超过51%的公司数量占样本企业的37.5%，但是，伴随着知识经济的到来，企业发展的决定因素不再是物质资本的规模，而是人力资本的数量和质量，人力资本在生产中的作用日益凸显人力资本相对作用的增强、相应的相对价格的提高产生了变革的控制权安排的制度要求，以调动企业人力资本的积极性。因此，目前非上市公司中以控股来获得公司的控制权的方式已与提高管理效率的目标背道而驰。

（四）多数企业未成立董事会和监事会

如图4-2所示，董事会是我国公司制企业法定的决策机构。虽然董事多数由股东代表出任，但董事会已经不仅仅代表股东的利益，而且包含了职业经理人、员工、甚至企业外群体的利益。

第四章 非上市公司的控制权：一种实证分析方法

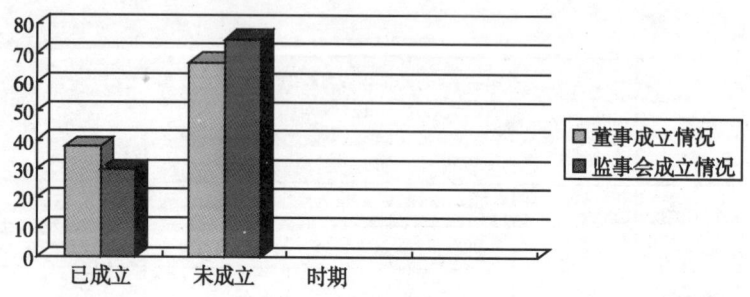

图4-2 样本企业治理架构情况

资料来源：本研究整理而得

监事会是我国公司制企业法定的监督机构，不但监督董事会决策的过程，也监督企业管理机构的运作。这种决策-监督的机制是几百年来公司制企业治理经验的结晶。然而，对样本企业的统计表明，超过60%的企业没有董事会，超过70%的企业没有成立监事会。

（五）经营决策及监督方式有待优化

表4-7 非上市公司中经营决策者（%）

类别	有限责任公司	未上市的股份有限公司	国有独资企业
经营负责人决策	55.0	55.0	55.0
董事会决策	28.0	28.0	28.0
所有者监督经营决策	59.0	59.0	59.0

资料来源：本研究整理而得

如表4-7所示，样本企业的统计数据表明，非上市公司的经营决策方式中，经营负责人决策最为常见，占样本总数的55%，其次才是董事会决策，占样本总数的28%。经营决策的主要监督方式为所有者监督，占59%，占据了绝对的比例。

由于这些企业多数的经营负责人本身就是所有者，最终形成的局面就是所有者决策、所有者监督。如果股权是多元化的，不同股东能够进行集体决策或者在决策和监督方式进行分工，情况会稍好些，但没有证据表明非上市公司在股权多元化方面走在大企业的前面。非上市公司的这种经营决策及监督方式反映了股东导向型治理机制仍处于主导地位，董事会和监事会等企业治理架构在企业的决策和监督过程中并未发挥其主导作用，这与现代企业的发展方向显然是相互矛盾的。

（六）独立董事制度与公司控制权配置失调

表4-8 非上市公司中独立董事制度（%）

有限责任公司		未上市的股份有限公司	
内部董事数量（人）	公司数量（比重）（%）	内部董事数量（人）	公司数量（比重）（%）
1	23.0	0~10	15.0
2	33.0	11~20	38.0
3	23.0	21~30	25.0
4	12.0	31~40	15.0
5	5.0	41~50	5.0
大于等于6个	4.0	51~60或60以上	2.0
合计	100.0	合计	100.0

资料来源：本研究整理而得

由表4-8可知，在所统计的样本企业中，有限责任公司的董事会中，内部董事小于6人的公司占96.0%，而内部董事人数大于或等于6人的，则只占4.0%；而在未上市的股份有限公司中，内部董事数量为1~10人的公司占到15%左右，51~60人或60人以上则只占2%，总体上来看，非上市公司中内部董事的数量与比例都处于一个较低的水平。

第四章 非上市公司的控制权：一种实证分析方法

（七）非上市公司的家族性较强

表4-9 非上市公司股东和员工的来源情况（%）[1]

类别		有限责任公司		未上市的股份有限公司		国有企业	
股东关系	家人关系或朋友关系	87.09		81.08		—	
	其他	29.03		18.92		—	
员工人数	100人以下	30.65	19个	21.62	8个	—	
	社会招聘	56.0		69.23		—	
	关系介绍	24.0		15.77		—	
	其他	20.0		15.0		—	
	500~800人	29.35	18个	43.24	16个	83.33	5个
	社会招聘	71.8		77.23		77.23	
	关系介绍	21.2		15.34		7.0	
	其他	7.0		7.43		15.77	
	500人~100人	40.0	25个	35.14	13个	16.67	1个
	社会招聘	66.6		77.12		69.14	
	社会介绍	11.5		10.88		15.67	
	其他	22.9		12.0		15.19	

资料来源：本研究整理而得

表4-10 非上市公司管理层的来源情况（%）

管理人员	社会招聘	从本地企业基层提拔	董事长或总经理亲属	董事长或总经理亲戚朋友	其他来源
管理人员总数	27.8	28.2	21.5	16.6	5.9
总经理	23.0	24.2	26.1	17.3	9.4
副总经理	31.3	25.0	21.2	13.1	9.4
财务部门主管	23.6	24.6	16.4	30.9	4.5

---

[1] 问卷中所调查的国有独资企业中没有收集到有关员工人数为100人以下企业员工的情况，所以用"—"表示。

续表

管理人员	社会招聘	从本地企业基层提拔	董事长或总经理亲属	董事长或总经理亲戚朋友	其他来源
销售主管	34.3	34.6	12.6	13.9	4.6
采购主管	40.2	32.5	12.9	10.4	4.0
仓库主管	33.5	33.1	15.6	14.5	3.6
一般管理人员	43.5	40.4	7.5	4.1	4.5

资料来源：本研究整理而得

表4-9表明，样本企业的员工数量多集中于三个区间，区间一是100人以下，区间二是100人至500人，而区间三则为500~800人。这说明了非上市公司在发展过程中显示了一定的阶段性特征。股东主要以家人和朋友为主。样本企业员工主要源于社会招聘，占员工总数的70%，关系介绍是非上市公司员工的第二大来源，占员工数的10%；而表4-10则表明：（1）目前，非上市公司经营管理人员的来源虽然呈多样化趋势，但主要是社会招聘、基层提拔和企业主的亲属等三种形式。从总体来看，非上市公司中通过社会招募高层管理人员的比例还是不太理想；（2）而且在公司中，与公司股东有亲属关系的管理人员占20%以上。说明公司在选用管理人员时，第一位考虑的因素并不是专业素质或管理水平，而是与股东之间的亲密程度。概言之，上述两表的数据共同表明非上市公司仍具有很强的家族性。当然，其家族性之所以仍然存留，乃是一种自然选择的结果。因为其有利于企业塑造共同的价值导向，同心协力实现企业发展的目标，同时也有利于非上市公司的发起人或大股东牢牢地掌握非上市公司的控制权，即使引进人员，也不会造成控制权的转移，因为控制权本身蕴含着巨大的租金空间，如果制度设计不合理就会

遭致引入人力资本的背叛的风险。❶

(八) 非上市公司中的控制权滥用的具体形式

表 4-11 非上市公司滥用控制权的情况 (%)❷

类别		有限责任公司	未上市的股份有限公司	国有独资企业
剥夺少数股东的权利		67.74	81.08	—
利用股东（大）会修改公司章程		40.32	54.05	—
成立竞争业务的其他公司		72.58	62.16	—
与本公司进行不平等的交易		37.09	29.72	—
公司持续数年不分配股息和红利		79.03	81.08	—
救济途径	累积投票权	59.67	32.43	—
	司法诉讼 决议无效	38.70	37.80	—
	股东代表诉讼	51.61	72.97	—

资料来源：本研究整理而得

如表 4-11 所示，通过以上的调查发现，大多数非上市公司中都存在控制权滥用的现象，可能每个公司具体的表现不同。在众多不同的形式中，其中以剥夺少数股东的权利、成立竞争业务的其他公司和公司持续数年不分配股息和红利较为普遍。对此，部分公司制订了细致周密的救济规则，但也有部分公司没有作出任何规定。这些救济规则主要在保证公司控制权人滥用公司控制权现象时，公司的中小股东可以及时地保护自己的合法权益。一般主要包括股东代位诉讼、司法裁判解散以及股份收买和其他法院自由裁量的救济措施。法院对于解决控制权滥用问题具有广泛的自由裁量权。传统理论认为法院不应当过多干预公司内部治理，

---

❶ 尹哲：《基于不同成长阶段的我国中小企业控制权转移问题研究》，中南大学 2008 年博士论文。

❷ 国有独资企业中只存在国家一个股东，故不存在剥夺少数股东的权利、利用股东（大）会修改公司章程等问题，所以用"—"表示。

尤其是股东之间的内部争议。但是，由于各国均认识到非上市公司的特殊性，法院对于公司干预的范围在不断的扩张。例如，可以干预公司内部的职员解任事项、公司分配股利事项，等等。

（九）非上市公司中的控制权争夺的表现形式及其救济途径

表4-12 非上市公司采用的控制权争夺的表现形式和救济途径（%）❶

类别		有限责任公司	未上市的股份有限公司	国有独资企业
代理权争夺	管理层争夺	32.43	78.38	66.67
	大股东争夺	66.13	64.86	—
	表决权代理	22.58	18.92	—
	表决权拘束协议	19.35	21.62	—
	表决权信托	12.90	13.51	—
	代理权征集	14.52	18.92	—
收购	协议收购	64.52	52.1	50.0
救济途径	电子表决	1.61	2.70	33.33
	累计投票制	16.23	21.34	—
	表决权代理	34.24	35.44	—
	代理权征集	36.33	39.62	—

资料来源：本研究整理而得

如表4-12所示，通过以上的调查发现，在非上市公司中争夺控制权的现象呈现三个特征：（1）有限责任公司和未上市的股份有限公司中，股东之间的争夺普及率占样本企业的60%以上，由于在未上市的股份有限公司和国有独资企业经营权与所有权分离程度相对较高，且在部分企业中聘请了专业的管理人员，故管理层人员也成为公司控制权争夺的普遍主体；（2）通过代理权争

---

❶ 国有独资企业只存在一个股东，故不存在大股东争夺、表决权代理等问题，所以用"—"来表示。

夺成为了样本企业中争夺控制权的一种最为主要的方式，其他的如表决权代理、表决权拘束协议、表决权信托或代理权征集在部分非上市公司中有所反映，但一般所占比例都不高。另外收购也是非控股股东或管理人员获取控制权的一种方式；(3) 对此，部分公司制订了细致周密的救济措施，但也有部分公司没有作出任何规定。救济措施主要包括电子表决、累积投票制、表决权代理和代理权征集救济措施。许多公司出于如成本等各种因素的考虑，采用累积投票制、表决权代理和代理权征集较为普遍。当然，对于争夺控制权问题，我们应从两方面进行分析，一方面通过公司控制权的争夺，有助于促进经营管理者提高经营业绩；另一方面争夺控制权可能会给与某些人篡夺公司的机会，从而侵害非控制股东利益，攫取控制权的私有利益（private benefits）。

三、研究结果

我们的研究结果显示，控制权争夺和滥用问题是我国非上市公司中的关键性问题，即本章实证研究的主要结论：

1. 非上市公司所涉行业较为广泛。包括信息技术、商业贸易、机械制造、服饰皮具、广告宣传、粮油食品、农药代理、社会服务、工业控制、管理咨询、金融投资、会务展览、床上用品、建材五金、装潢设计等数十个行业。

2. 通过对样本企业控制权手段和股东在企业任职的比例这两个问题的分析，得出结论：一是除极少数情况外，我国非上市公司的控制权掌握在第一大股东手里，这一结论具有普遍的意义，但也不是绝对的，现实中，在一定条件下，也有或阶段性地出现过第一大股东失去公司控制权的情况；二是非上市公司中，尽管所有权与控制权已经开始分离了，但传统企业的两权合一的状态在非上市公司中仍然存在，总体上仍然呈现出传统企业的两权合一的状态，委托代理关系尚未发展充分，两权分离仍处于初级阶段。

3. 按照公司所有与公司经营相分离的经典论述，公司控制权的存在形态包括：多数控制，少数控制和管理层控制，前两者属于股东控制，后者属于经营者控制，而公司控制权的行使主体可分为股东、董事和高级管理者，对公司控制权的滥用主要就发生在这三方主体之间。但结合我们的实证调查，发现，非上市公司中控制权滥用的主体主要是股东。

4. 非上市公司通过产权交易市场融资十分不活跃。在被调查的企业中，只有极个别企业通过省、市内产权交易市场或海外资本市场筹资。究其原因，主要包括：其一，我省产权交易市场还不规范，虽然成立了产权交易中心，但操作随意性较强，尤其是部分公司担心产权交易市场进行交易，容易泄露公司内部的商业机密；其二，部分公司可以选择的融资方式较多，例如江门市大长江摩托车有限公司主要通过政府的扶持和银行贷款作为主要的筹资方式，特别是当公司发展到一定阶段时，租赁、信任和担保将成为融资渠道之一；其三，非上市公司不愿意与外人分享所有权，也害怕企业的控制权旁落他人的手上，破坏非上市公司创业家族的控制权收益。❶

5. 经营决策及监督方式有待优化。经过调查，我们发现，大部分非上市公司中的管理人员具有很强的内生性，其中有20%的人员都是来源于股东的亲属，其家族性比较强。同时，由于大部分非上市公司并未成立董事会和监事会，其分别占所有样本企业的60%和70%；独立董事制度与公司控制权配置失调，非上市公司中内部董事的数量与比例都处于一个较低的水平，尤其以未上市的有限责任公司居多。因此，非上市公司中的经营决策及监督方式都有待优化。

6. 现实中，非上市公司中滥用控制权和争夺控制权虽然在

---

❶ 尹哲：《基于不同成长阶段的我国中小企业控制权转移问题研究》，中南大学 2008 年博士论文。

表现形式上呈现多样化,但其采用的救济途径却较为单一。

如上所述,实践中,非上市公司争夺、滥用公司控制权的行为频频发生,如若要限制甚至是杜绝该类行为,必须在不同的阶段针对行为的具体特点采取不同的法律措施。如孟德斯鸠所认为的"法律的重要作用之一乃是调整和调和种种相互冲突的利益"❶。因此,我国新《公司法》第20条第2款规定,滥用权利的股东给公司或者其他股东造成损失的,应当依法承担责任,这款规定是基于赔偿责任在公司与股东、股东与股东之间等公司内部主体之间的分配纠纷的基础上进行考虑的。其实,许多国家的公司法也都规定了相应的救济措施,如:赋予少数股股东一定范围内的请求权、确立累积投票制度、规定大股东的诚信义务、排除利害关系股东的表决权等。❷

第四节 非上市公司控制权交易的立法规制

但是至今为止,笔者认为,一种真正预防公司控制权非法争夺和滥用控制权的法律良策其实是股东平等原则。但是控制者总是居于强势地位的这种情况,如果法律仍然坚持其传统的角色,纯粹扮演利益博弈的旁观者,那么,势必有相当多的投资人的利益会成为一句空话。根据本章前三节的理论分析、个案分析和实证调查分析,我们发现当前我国非上市公司控制权滥用现象十分突出,控制权滥用的原因是人作为一个经济人的特性,以及非上市公司中股东主观上的机会主义、逐利主义,和客观上非上市公司的家族性、封闭性等特点,非上市公司控制权滥用的主体主要存在于公司内部的股东、董事和高级管理者三者之间,非上市公

---

❶ [法]孟德斯鸠:《论法的精神》(上册),张雁深译,商务印书馆1982年版,第83页。

❷ 姜一春:《日本公司法判例研究》,中国检察出版社2004年版,第89~90页。

第四章　非上市公司的控制权：一种实证分析方法

司控制权滥用的行为，通常表现为大股东通过欺诈、压迫和挤出合并等手段对股东表决权的争夺与控制。因此，有必要对控制权滥用行为进行必要的规制。

一、非上市公司内部的权力体系

现代公司是以所有权与经营权相分离为理论基础的。整个公司法律关系通过公司权力构造，体现着公司、公司负责人、股东、其他利益相关者的权利、权力的博弈。

(一) 公司权力

就公司而言，其本质是西方国家分权制衡的国家制度在公司治理上的再现。❶ 从外部看，从生成、活动到责任的发生，公司的存在是一个动态的过程。❷ 公司是有权力的，这个"权力"谓之"公司的权力"(Corporate Power)，依照英美公司法学者的理解，其"是指公司依照宪法和法律的规定去做某些事情的能力或权利，公司被授权去做的事情就是它的权力。法院也通常在这种意义上使用权力的概念。"❸ 在我国，民法学家在论及公司法人的权力时往往不是从积极方面论及公司法人权力的种类，而是从消极方面论及公司法人权力的特性，认为公司法人的权力应当受到各种限制，包括自然性质的限制、法律的限制以及目的的限制。张民安教授认为，在现代公司法中，公司的权力可以分为两类，即明示权力和暗含权力。所谓明示权力是指公司根据公司制定法、其他制定法和公司章程、公司的管理细则及公司董事会的决议所享有的权力。所谓暗含权力是指公司所享有的从事其章程

---

❶ 关于公司本质的理论有法人理论、契约理论、管理者理论、机构投资者理论、新古典经济学派理论、厂商理论、团队合作理论等观点。

❷ 张旻昊："公司本质属性的动态分析"，载《山东大学学报》(哲学社会科学版) 2004 年第 4 期。

❸ 张瑞萍：《公司权力论——公司的本质和行为边界》，社会科学文献出版社 2006 年版，第 7 页。

明确规定范围之外的某些活动的权力，这些权力虽然没有明确规定在公司章程之中，但由于它们同公司章程所规定的明示权力具有某种关系，因此，公司仍然可以享有这些权力。❶可以说，就公司存在形式而言，"现代公司"是一种巨型商事企业，它是权力库，是我们所处的社会中非政府权力的最大中心。❷因此，在本质上，公司内部是权力配置和公司机关之间的权力制约。

（二）公司负责人权力

公司机关依据其性质不同，可以分为意思机关、执行机关、代表机关与监督机关。除意思机关外，其他机关皆被概称为公司负责人。❸公司负责人的权力配置主要是通过股东会、董事会和监事会来实行，而具体通过股东、董事、监事来执行。

依我国台湾地区所谓"公司法"第 8 条之规定，公司负责人可分为当然负责人及职务负责人：

1. 当然负责人

所谓当然负责人，系指具备公司法第 8 条第 1 款所定之资格，即认定其为公司负责人之意。依公司法第 8 条第 1 款规定，公司之当然负责人为公司法定必备之业务执行机关或代表机关。所谓执行业务系指处理与公司所营事业有关之所有事宜应如何为之，属公司之内部事项；所谓代表系指处理公司外部与第三人间之权利义务关系。公司法第 8 条第 1 款所定公司之当然负责人，在无限公司、两合公司为执行业务或代表公司之股东；在有限公司、股份有限公司为董事。

2. 职务负责人

所谓职务负责人，系指仅在其执行职务范围内，始为公司负责人。依公司法第 8 条第 2 款规定，公司之职务负责人有公司之

---

❶ 张民安：《公司法上的利益平衡》，北京大学出版社 2003 年版，第 157 页。
❷ 梅慎实：《现代公司机关权力构造论》，中国政法大学出版社 1996 年版，第 50～54 页。
❸ 王文宇：《公司法论》，中国政法大学出版社 2004 年版，第 100 页。

经理人或清算人,股份有限公司之发起人、监察人、检查人、重整人或重整监督人。

(三) 股东的权力

股东的权力来自股东对所持股票、股权的所有权,是指股东的表决权、分配请求权、剩余财产分配权和行政司法请求权。❶ 实际上,我们认为,股东权力的行使是通过股东权来实现的。而股东权具有"权利束"的特征,是股东收益权和控制权的集合。❷ 而股东控制权内部又分解为商业决策权、经营管理权和财产支配权。❸ 在这个意义上讲,股东的权力就是行使股东权,也就是说股东考虑怎样拥有公司,怎样行使对公司的管理和控制。对此,美国学者曾作出这样精彩的描述,股东拥有公司暗含的几层意思❹:(1) 公司是可以被拥有的一件物品;(2) 股东是这件物品的惟一主人;(3) 他们怎样对待"他们"的物品都行。

(四) 其他利益相关者权力

利益相关者(Stake holders)一词,首次出现于美国斯坦福大学一个研究小组的内部文稿中,它专指某种组织(包括公司)生存所依赖的其他利益群体如股东、雇员、顾客、供货商、债权人和社区。❺ 利益相关者的权力来源可以用公司契约理论来解释。以美国为代表的法律经济学家认为公司不属于人的规范而是一系列契约,在他们看来,公司既不是一个组织体,也不是一个

---

❶ 互动百科网,http://www.hudong.com/wiki/%E8%82%A1%E4%B8%9C%E6%9D%83%E5%8A%9B,2010年1月22日访问。

❷ 章有土、陈雪萍:"表决权信托:控制权优化配置机制",载《法商研究》2005年第4期。

❸ 王继远:"股东控制权略论",载《经济与管理》2009年第8期。

❹ 理查得·奥利佛:《什么是公司欺瞒?》,魏聪译,华夏出版社2004年版,第3页。

❺ 刘丹:《利益相关者与公司治理法律制度研究》,中国人民公安大学出版社2005年版,第38页。

能够被拥有的东西，而是包括一系列合同关系的法律拟制。❶ 往往被描述为明示的或默示的一系列合同。可见，公司本质上是公司参与人的博弈，公司各参与人的交易行为和经济活动，公司被塑造成一个由企业的经历和劳动、服务、原材料、自版本的提供者订立的一系列合同及其他各种合同许诺共同构成的集合。❷

二、非上市公司权力配置的路径选择

路径选择涉及研究范畴和思维方法，而范畴实际上是一个哲学上的概念，范畴的形成是一个实践的结果，它具有主观性与客观性、确定性与相对性对立统一的特点。在法学上，法学范畴体系由法的本体论范畴、进化论范畴、运行论范畴、主体论范畴和价值论范畴等六类范畴构成❸。其中权利与义务、权利与权力、控制权与股东权都构成一对范畴。本书在非上市公司权力的配置上也遵循这样的思维模式。

（一）权力与权利的配置

"权力"与"权利"作为一对范畴，这两个词语常作为相同概念的法学范畴，在公司法的研究中交替使用。这主要集中体现于英美法系的立法文件和学术研究之中。如英美公司立法普遍认为："一个公司具有一名自然人所具有的权能、权利、权力和特权"❹，甚至美国《示范公司法》授予公司能力时直接使用的概念是"权力"（power）而不是"权利"（right）。我国学者对此提出了不同的看法，❺ 认为公司法研究的基础是在严格区分"权

---

❶ R. W. 汉密尔顿：《公司法》，中国人民大学出版社2001年版，第6页。
❷ 罗伯特·W. 汉密尔顿：《公司法》，法律出版社2008年版，第41页。
❸ 张文显：《法学基本范畴研究》，中国政法大学出版社2001年版，第13页。
❹ ［马来西亚］罗修章等：《公司法：权力与责任》，杨飞等译，法律出版社2005年版，第1页。
❺ 谭宗宪、骆月敏："论公司权力的经济学属性"，载《当代经济管理》2008年第1期。

利"与"权力"两个法律术语,认为它们是两个不同性质的概念,进而认为公司法关于法权形态的配置与其他法律部门相比,呈现出极其明显的"权利"与"权力"配置的二元构造。❶ 我们认为公司中权利的具体类型包括公司法人财产权和债权,股东的股东权与控制权。而公司中的权力则主要是国家公权力和公司私权力。其中国家公权力的内容主要有登记权、公司经营监管权与宏观调控权三项,需要公司立法来干预;而公司私权力则根据公司法人权力机构的配置,由股东(大)会、董事会与监事会分别通过行使决策权、执行权与监督权来实现。

在非上市公司中公司权力与股东权利之间有一个博弈,权力的配置大体上经历了从股东大会中心主义,到董事会中心主义,再到经理中心主义的历史嬗变。而在我国目前公司的权力控制,显然已经越过董事会中心主义的阶段,而直接掌握在经理手中,显现股东大会形式化,董事会趋于形骸化,经理权力膨胀化的迹象。❷ 需要完善以董事会为核心的法人治理结构,削弱限制股东大会职权,重新界定经理的地位,增强外部董事制度,明确公司负责人的义务。

(二)大股东的义务与小股东的权利配置

股东是公司的所有者,公司的一切权力属于股东,股东权是公司权力配置的基础。但是现代公司法的一个突出特点就是以董事的权利义务为中心,这种立法模式的理论基础是伯利和米恩斯的"公司所有与控制相分离"的权力模式。只是当时的公司生存环境是股权相对分散。而现代公司中代替股东持股分散,而以股权集中现象为普遍,如 Shleifer & Vishny(1986 年)发现:20 世纪 80 年代初《幸福》500 强公司中的 456 家样本公司的股权

---

❶ 郭富青:"公司法权形态二元配置的法理解析",载《甘肃政法学院学报》2010 年第 2 期。

❷ 马振江:"构建董事会中心主义的公司法人治理结构",载《东北师大学报》(哲学社会科学版)2009 年第 2 期。

结构是适度集中。❶ 实际上，伯利和米恩斯的理论是以当时美国的公司实践为基础。时过境迁，即使是股权相对分散的英美国家现在也存在相当多数的大股东控制的公司，而欧洲大陆国家以及亚洲国家，大股东控制是公司权力结构的常态。❷ 因此，有研究者指出："在企业两权分离的情况下，如果股权分散，只存在一个突出问题，即经营者损害股东的利益。比如，美国多数上市公司的情况；如果股权集中，存在两个突出问题，即经营者损害股东的利益，以及大股东损害小股东利益，比如欧洲大陆许多公司的情况。"❸ 其中，在相关的研究中，大股东对小股东侵害的产生，基于两个前提，一是大股东为谋求自身利益的最大化具有侵害小股东的天性；二是大股东因掌握控股权而对公司具有控制权。❹ 可见，在存在控制股东的公司，无论是上市公司还是非上市公司，控制权也是公司权力配置的核心，英国学者戴维斯指出，在股东控制权方面，有三个主要的股东控制领域：对章程的控制、对管理层的控制和对公司经济盈余的控制。❺ 因此，非上市公司权力的配置就是要处理好大股东的控制权滥用。换言之，有必要加强小股东权利的保护，扩大大股东的义务与责任范围。

三、非上市公司控制权滥用的法律规制

早期的公司立法仅赋予公司法律人格而不规定公司的权力界

---

❶ See Shleifer&Vishny, A Survey of Corporate Governance, Journal of Finace, 1997, Vol. 52, pp. 737~783.

❷ See Claessens, S., S. Djankov, L. P. H., Lang, *The Separation of Ownership and Control in East Asia Corporations*, Journal of Financial Economics, 2000, 58 (6), pp. 81~112.

❸ 佚名："中央企业如何完善公司治理"，http：//www.5757.net/lunwenfanwen/lingleiqita/17703_3.s html, 2010年1月2日访问。

❹ 刘少波："控制权收益悖论与超控制权收益——对大股东侵害小股东利益的一个新的理论解释"，载《经济研究》2007年第2期。

❺ ［英］戴维斯：《英国公司法精要》，法律出版社2007年版，第17页。

限，过度强调公司组织法而忽视公司行为立法，自然会导致公司权力的不断扩张。现代公司法因此从主要是公司组织法发展成为主要是公司行为法。❶ 但是，在公司行为立法方面却过于重视公司负责人，使公司（公司的投资者和管理者）直接和完整地了解自己在行使公司权力时所必须遵行的义务，而忽视了股东的权利及公司负责人对股东及股东之间的信义义务的立法，从而使股东控制权滥用一直缺乏法律的规制。如果说公司控制权滥用是特殊情势下控制权对公司权力之分立互动的扭曲和干扰，那么得不到控制权合理加持的话，公司三权之任何一项在一般情势下想要正常发挥作用都可能举步维艰。也就是说，法律规制控制权滥用应当避免矫枉过正，公司控制者的积极滥权与消极缺位是问题的两个极端，皆不足取。规制的理想状态是不同参与者在法律安排下彼此尊重、各就其位、各司其职。即，在有效规避公司控制权滥用行为的同时，合理督导公司控制权的规范行使。易言之，法律规制的方向和目的应当是变公司控制权的恣意滥用为规范行使而非消极不作为。❷ 为此，应从公司法人治理结构、信义义务和股权诉讼等路径方面去加强非上市公司控制权滥用的法律规制。

（一）完善从"股东本位主义"转向"董事中心主义"的公司法人治理结构

公司制度的发展，促使公司管理体制由股东直接民主制让位于代表制，公司制度从股东大会中心主义阶段发展到董事会中心主义阶段。在董事会中心主义阶段，公司权力发生董事会空壳化、不能实现有效控制等异化现象，即公司权力日益集中到以经理人为代表的公司管理高层手中，从而导致公司管理高层侵犯股

---

❶ 张瑞萍："从公司组织法到公司行为法——从公司权力的演变看公司法规制重心的转变"，载《清华大学学报》（哲学社会科学版）2005 年第 2 期。

❷ 王志鹏：《上市公司控制权的法律规制》，吉林大学法学院 2012 年博士论文，第 82 页。

东、公司合法权益事件的不断出现。❶ 在非上市公司中也不例外。因此，需要加强权力分立与权力制衡原则。具体来说就是一要加强股东会与董事会之间的制衡关系；二要强化监事会与董事会之间的制衡关系。其核心是界定和限制公司权力中枢——董事会和高级经营层的特权。对非上市公司而言，由于其封闭性特点，应该引进外部董事，因其具有较强的"独立性"而能够很好地加强对董事会和高级经营层的监管。例如，美国 1940 年的《投资公司法》其规定的独立董事制度就不限于上市公司。❷ 为此，我国新《公司法》对公司治理结构和权力配置模式进行了调整，明确规定股东（大）会、董事会、监事会和经理的地位、职责和功能，使之充分发挥法律所期望的分权制衡、分工协作的作用。公司法和一些行政法规借鉴和移植了国外独立董事制度。但是还必须要公司负责人义务的法定化、客观化，建立权力——责任——信义义务关系。完善股东会对董事会的监督机制，赋予持有一定股权的股东享有临时股东会召集权，增加职工董事、监事制度。

（二）强化公司负责人信义义务体系

1. 立法应对信义义务的内涵明确界定

信义义务作为公司合同不完备的补充规则而出现。❸ 目前，其概念在非上市公司中得到了最充分的发展。❹ 劳伦斯认为，"信任是非上市公司（closed-held corporations）股东之间关系的

---

❶ 曾颜璋："董事会中心主义阶段公司权力异化与对策的法学分析"，载《法学杂志》2009 年第 6 期。

❷ 傅明："非上市公司如何设置独董"，载《上海国资》2008 年第 18 期。

❸ See Frank Easterbrook and Daniel Fishel, The Economic Structure of Corprate Law, *Harvard University Press*, 1991, p. 92.

❹ See Stephen Bainbridge, Corporation：Law and Economics, *Foundation Press*, 2002, p. 816.

基石……信任仍然是公司生存和发展的根本。"❶ 换言之，少数股东之所以投资于非上市公司，主要是基于对控制权股东的信任而投资到非上市公司，而且少数股东期待并信任多数股东能够为他的利益而行使公司管理控制权。尽管信义义务在非上市公司进行规定具有必要性，但信义义务仍然是一个比较模糊的原则性规范，如果信义义务仅停留于宣示性的规定，显然无法满足司法实践的需要。通过立法对何谓信义义务做出明确解释，并对违反信义义务行为做列举规定，虽然有助于改善该规则的司法适用，但基于法律的不完备性，许多行为本质上仍然难以通过成文法律加以清晰界定，事实上导致立法无法穷尽一切违反信义义务行为的结果。反观美国法院执行的股东信义义务规则，不但要认定被告是否违反了信义义务，为什么违反了信义义务，更重要的是，在违反信义义务的场合，它要为原告股东提供有效的救济措施。Mary Siegel 发表了一篇题为《封闭公司法律中受托义务的虚构》的文章，她提出两个重要问题：谁是封闭公司中受托人？这种受托义务的程度怎样？她将合伙人之间的"最大诚信和忠实"的信赖义务理论运用于股东之间，认为股东对彼此都承担着如同合伙关系中的信赖义务，且这是一种"强化"的合伙义务。❷ 在美国法中，是否违反信义义务经常是法院决定是否授予原告股东救济权的前提。"救济先于权利"，如果缺乏有效的救济措施，诉讼更有可能成为多数股东逃避法律责任的工具，而不可能被少数股东用来实现其权利。因此，信义义务规则的完善，一方面要对信义义务的要求予以具体化，以作为多数股东的行为规范；另一方面更要在事后为有限责任公司中被欺压的少数股东提供有效的救济措施。

---

❶ Lawrence Mitchell, Fairness and Trust in Corporate Law, *Duke Law Journal*, Vol.43, 1993, p.425.

❷ See Mary Siegel, Fiduciary Duty Myths in Close Corporate Law, 29 Del. J Corp. L. 377, 2004, pp. 381~382.

2. 扩大信义义务的主体范围

实际上，信义义务如何被引入到公司法中，由于各国历史发展不同，进入公司法的方式也不相同。在大陆法系国家，特别是对一些"转型"国家，如从波兰、俄罗斯和德国有关的成文法和判例法加以分析，他们主要是从西欧或美国的法律资源中进行成文法律的移植。移植的重点放在西方众所周知的那些法律规则的内容和公司法原则上，即重点是实体内容的移植，这些法律涉及的问题在盎格鲁—撒克逊国家正好落在诚信义务的范围内。❶ 而英美法系中，以英国和美国为例，有学者认为信义规则进入美国公司法是通过某种"比喻"的方式，也就是说，法院在将某一种关系定义为信义关系时，往往先指出这种关系与既存的信义关系之间所存在的相似之处，将前者"比喻"成后者加以规制。传统公司法只规定董事、经理等管理人的信义义务，股东不必对公司和其他股东负担特殊的义务。因此，我国《公司法》第148条第1款规定："董事、监事、高级管理人员应当遵守法律、行政法规和公司章程，对公司负有忠实义务和勤勉义务。"但没有使用"信义义务"这个概念，义务范围也只是董事、监事、高级管理人员对公司，而缺乏控制股东对公司，及董事、监事、高级管理人员、控制股东对股东的信义义务条款。而现代公司法则认为，股东权是一种综合性的、独立财产权，内部又以不同的标准划分为共益权、自益权，财产性质的权利和非财产性权利，控制权、经营权和决策权等，这些权利之间相互联系，并非随心所欲的行使。特别是，随着控制权的滥用，控制股东损害从属公司和少数股东权益事件的不断增加，理论界开始逐渐将信义义务的承担主体从董事、经理等管理人扩展到控制股东。在公司中，董

---

❶ 许成钢、卡塔琳娜·皮斯托："转型的大陆法法律体系中的诚信义务：从不完备法律理论得到的经验"，载《比较》（第11辑），中信出版社2004年版，第125~143页。

事、经理与公司之间,董事与股东之间有特殊关系,足够产生信义义务。❶ 例如,在美国的 Southern Pacific Co. V. Bogert 一案❷ 中,Brandeis 大法官明确指出:"大股东掌握着控制公司经营的实力,而当大股东行使其控制的权力时,不论其所用方法如何,诚信义务即应产生。"因此,我国公司法应该扩大信义义务的主体范围。

3. 强化违反信义义务的责任救济制度

我国新《公司法》第 20 条第 3 款表述了揭开公司面纱规则,但是当我们从法律解释的整体性出发,将该条第 1 款和第 3 款联系起来的时候,会发现公司法上的规定更像是在演绎了侵权法规范而制定的特殊条款,而侵权责任的主体为控制股东。而新《公司法》第 20 条并没有区分控制股东和非控制股东,而是概括地规定了由股东与公司对公司债权人承担连带赔偿责任。❸ 另外,我国公司法第 148 条虽然规定了董事、监事、高级管理人员应当遵守法律、行政法规和公司章程,对公司负有忠实义务和勤勉义务,但是却缺乏违反义务的判断标准和违反义务的责任条款。建议我国公司立法应该严格界定和区分忠实、注意义务,清楚表述忠实注意义务的具体含义,确定各自的判断标准和类型化,针对不同的类型,设计可操作性程序,有利于对违反信义义务的法律规制。同时,规定违反义务的责任方式,包括返还财产、归入权、股东诉讼和事后救济机制,等等,以寻求管理人与股东之间的利益平衡。

4. 立法要对非上市公司中信义义务类型化

我国 2005 年修改后的《公司法》对股东信义义务缺乏明确

---

❶ 王继远:"商事组织中信义义务的源流及其嬗变",载《甘肃社会科学》2010 年第 4 期。

❷ See Southern Pacific Co. V. Bogert, 250 U. S, 1919, pp. 43~487.

❸ 叶林、宋尚华:"解读'公司法'第二十条第三款",载《国家检察官学院学报》2009 年第 5 期。

的规定。事实上,信义关系（fiduciary relationships）的本质特征是信任（trust）与信赖。而封闭式公司多数股东与少数股东之间的关系体现了信义关系的基本特征：少数股东因为对其他股东尤其是多数股东的信任而投资到封闭式公司,少数股东期待并信任多数股东能够为他的利益而行使公司管理控制权。少数股东投资于公司并可能参与公司的经营管理,但多数股东拥有控制公司财产的最终权力；多数股东经常可以独立决定对公司财产的处分,并且对公司事务的决策经常会影响到少数股东在公司中的权益。而且,多数股东完全可以忽略少数股东的意愿而采取行动,而少数股东则只能期待多数股东能够为了其利益而善尽责任。❶ 而综合美国的司法实践,对闭锁公司最为关注的是小股东遭受压制的问题,为了防止大股东压制小股东,司法一般强调非常严格的信义义务。一是股东的信义义务。股东承担信义义务的主要切入点还是中小股东利益的保护,在理论上和实务上将封闭公司类比于合伙,尽管在理论上也有怀疑类比为合伙的正当性,❷ 其中,将封闭公司中控股股东有类似合伙人之间的高度的信义义务,这在美国已经被大多数州认可,但是关于封闭公司中小股东是否负有信义义务以及其负有什么程度的信义义务,仍然存在争议。有人认为,为了防止"多数的暴政",封闭公司的股东往往通过公司注册证书、内部法律文件、股东协议等限制控股股东的权力,如与公司重大问题有关的决议需要股东会议或董事会会议的超级多数,甚至一致同意。这类规定实际上赋予少数股东一定的否决权。但是,拥有否决权的股东同样可能滥用权力,损害公司或其他股东的权益,甚至可能造成公司僵局。因此,封闭公司中少数

---

❶ 张学文:"封闭式与公规则司中的股东信义义务：原理与规则",载《中外法学》2010年第2期。

❷ See Lawrence E. Mitchell, Close Corporations Reconsidered, 63 Tul. L. Rev. 1143, May, 1989.

股东对其他股东同样负有信义义务。❶ 二是公司董事、监事等高级管理人员的信义义务。在封闭公司中，由于董事和股东的身份往往发生混同，经营董事可能同时又是控制股东，完全控制了公司的业务经营权，从而往往利用这种双重的优势地位损害小股东的利益，在这种情况下，美国法院一般是通过让股东承担信义义务的方式对受压迫股东提供保护，而不是以董事对个别股东负有诚信义务的理论做出裁决。但是，股东的信义义务与公司董事的信义义务的内容和所针对的对象不同。前者主要针对其他股东，以忠实义务为主，注意义务为辅；后者针对公司，因负有管理重任，注意义务和忠实义务并重。

(三) 完善我国非上市公司中中小股东的股东权保护制度

1. 异议股东股份收买请求权

异议股东股份收买请求权是美国公司法最典型的制度，指在股东大会就公司合并、分立、解散、营业让与等公司重大事项进行表决前和表决时，如果股东明确表示了反对意见，而该事项获得决议通过，则该股东有权要求公司以公平价格收买其所持有的公司股份。美国部分州将这一请求权限定于封闭性公司，原则上不承认上市公司或者股份分散到一定程度以上的公司股东的股份回购请求权。这就是所谓的"市场例外"规则，即如果有关股份存在证券市场，就不存在要求公司回购的权利。我国新修订的《公司法》第143条第1款第4项以及第75条明确规定了异议股东的股份回购请求权，但是，所规定的异议股东股份回购请求权比较简单，具有一定的局限性。如一方面股份回购请求权适用的公司范围仅限于有限责任公司以及股份有限公司中的上市公司的股份回购请求权，对于股份有限公司中的非上市公司则未作任何规定。另一方面股份回购请求权适用的股东范围的条文规定得过于抽象模糊，并且存在一定的冲突。其次，我国股份回购请求权

---

❶ 苗壮：《美国公司法制度与判例》，法律出版社2007年版，第338页。

主要限于公司合并、分立、转让主要财产以及通过修改公司章程使公司存续的决议持异议的情况。最后，新《公司法》中仅仅简单地规定了"异议股东享有要求公司或股东以公平价格收买其股份的权利"，至于何为"公平价格"，该价格如何规定以及异议股东通过哪些程序实现其权利等均无细化规定，这与美国法以专门的规定界定"公平价格"以及法院通过诸多的案例来确定估价方法有天壤之别。因此，为适应我国公司现状，笔者认为，应当完善我国股权回购请求权制度。一是聘请专家评定机构。非上市公司具有封闭性、人合性，异议股东无法通过公开市场顺利转让其股权，当对公司重大决议持异议时，只能低价转让给其他股东，或接受公司的重大变动。因此，应该聘请专家评定机构，这个机构应以是人民法院为宜，当公司和异议股东不能就收购股份之价格达成一致时，异议股东应当提请法院对股价进行评估，法院通过聘请专家评定机构对股价进行评估，并出具裁决书。公司依照裁决书所确定的合理股价收购异议股东的股份。二是明确异议股东股份回购请求权适用的股东范围。我国目前的相关公司立法并没有对股份回购请求权适用的股东范围作出明确的规定，而从仅有的规定可以推定出我国目前适用的股东范围只限于股份的持有人即登记股东，而不包括非登记股东和无表决权和隐名股东的股东。这是因为，一方面无表决权股东对其加入的公司同样具有应当受到尊重的期待利益，同样可以适用团体的可分解性理论，在对公司结构失望而又无他途的情况下，选择行使股份回购请求权退出公司；另一方面，我国存在大量的隐名股东，对于公司以及半数以上股东认可，并且没有违反法律的强制性规定的非登记股东，也应当适用。同时，我国立法还应明确规定，继受股东不享有异议股东股份回购请求权。三是异议股东股份回购请求权的行使程序不应规定得过于严格，而应尽量减少对股东行使权

利的程序性要求。❶

2. 完善非上市公司中股东表决权制度

我国新公司法第 15 条规定，公司可以向其他企业投资，取消了原公司法中有关累计投资额不得超过本公司净资产 50% 的规定。同时也作出了相应的救济之道和替代性、配套性、支持性的制度安排，如强化公司高管人员和控制股东的诚信义务及责任追究机制等，❷ 但对于股东相互持股的表决权未做限制性规定。为保持股东大会的独立性，防止控制股东及董事和其他公司控制股东和董事进行关联交易从而侵害小股东利益状况，笔者认为，我们一是应当对公司表决权进行限制。目前，对于股东表决权的直接限制包括两种方式：（1）以法律或章程直接规定一定比例的持股数，超过该比例的股份实行一股以上一个表决权。如我国台湾地区的"公司法"第 179 条第 1 项规定，一名股东拥有已发行股份总数的 3% 以上者，应以章程限制其表决权。（2）直接规定表决权行使的上限，超过限额部分的股份便不再享有表决权。例如，美国宾夕法尼亚州在 1989 年修改公司法时规定，"任何股东不论其持股多少，最后只能享有 20% 的表决权"。受其影响，目前美国已有近 30 个州采用了类似条款。❸ 二是完善累积投票制度。累积投票制度最早起源于英国，但在美国运作最为典范。因此，通过对美国公司实际操作的考察，发现，累积投票制度在非上市公司中适用的频率远远高于上市公司。因为非上市公司封闭性、微型性等特点，加上股东之间对峙格局相对稳定，使累积投票制能够有效

---

❶ 任艳丽：《浅论有限责任公司异议股东股份收买请求权》，载《大众商务》2009 年第 1 期。

❷ 刘俊海：《新〈公司法〉的制度创新》，载《法制日报》2005 年 11 月 1 日。

❸ 官以德：《上市公司收购的法律透视》（第 1 版），人民法院出版社 1999 年版，第 207 页。

发挥作用。❶ 累积投票制度的作用主要表现为：一是可以增大中小股东赢得董事席位、参与公司经营管理的机会，有利于提高中小股东投资的积极性，降低其投资风险；二是可以协调股东间的利益关系，防止大股东滥用权力，为图私利而损害公司的利益，并可发挥董事会内部的平衡与制约作用，实现管理的民主化❷；三是引入表决权信托制度。表决权信托制度是指公司的股东在一定期间，以不能撤回的方法将其所持有的股份以及法律上的权利包括表决权转移给受托人，由受托人持有并集中行使股份上的表决权，股东则由受托人处取得载有信托条款与期间的信托证书，以证明股东对该股份（信托财产）享有受益权（主要包括股利请求权和信托终止时的股票返还请求权）。它既可在上市公司中运用，也可在非上市公司中运用。❸ 因为，在非上市公司中大股东独控局面非常普遍，而中小股东由于拥有股份数额甚微，无法对股东大会的决策产生实质性影响，所以为了维护自身利益，小股东往往将表决权集中起来，委托给值得信任的受托人，由受托人根据小股东的意愿统一行使表决权，即通过设定一定期限的表决权信托，以双方合意的方式将股票表决权进行分配，使双方的利益都得到满足，从而联合起来共同对抗大股东。正因如此，表决权信托在美国生机盎然，大陆法系的日本也引入了表决权信托法律制度。❹ 我国公司立

---

❶ See Frank H. Easterbrook & Daniel R. Fischel, *The Economic Structure of Coporate Law*, Harvard University Press, 1991, p.64. 转自梁上上：《论股东表决权—以公司控制权争夺为中心展开》，法律出版社2005年版，第94页。

❷ 王宗正："从强行性规范到任意性规范——关于累积投票的公司法规范"，载《宁夏社会科学》2002年第2期；或陈芳："对我国累积投票制度的反思——兼评《公司法》第106条之规定"，载《西华大学学报（哲学社会科学版）》2007年第4期。

❸ See Robert W. Hamilton, *The Law of Corporations*, West Group, 1996, p.232.

❹ 覃有土、陈雪萍："表决权信托：控制权优化配置机制"，载《法商研究》2005年第4期。

法应该借鉴这一制度,使之成为解决大股东和小股东之间利益的平衡器。❶

3. 完善股东诉权制度

股东诉讼是对控制权股东滥用控制权进行矫治的必要的事后机制,它"提供一个高速的、公平的、低成本高效益的机制以解决少数股东和那些运作公司的管理者之间的纠纷"❷。然而,反观我国新《公司法》中关于股东直接诉讼和股东代表诉讼的规定,其仍然停留在框架设计阶段,例如关于公司及其他股东的诉讼地位、诉讼时效、诉讼费用的承担、诉讼管辖及处理程序等相关重要问题皆未作出具体规定。制度的过于原则,具体内容的缺乏,法律的大量空白,导致了公司在实务中的操作性不强。因此,笔者认为,如果要真正实现通过股东诉讼制度,保护公司利益进而保护中小股东合法权益的话,我们应当有必要对我国现行股东诉讼制度进行补充和完善,具体建议:一是明确股东派生诉讼的主体,明确股东派生诉讼的被告范围和公司在股东派生诉讼中的法律地位;在日本,公司既非原告,也非被告,是一种诉讼参加人,以独立于原告的身份参加诉讼,可提出独立的诉讼请求。在美国,公司在派生诉讼中具有双重地位,既是真正的原告又是名义上的被告。由于公司怠于以自己的名义起诉,公司在诉讼中是名义上的被告,必须参加到诉讼中。但股东是为了公司利益才起诉的,因此公司才是真正意义上的原告。❸ 二是完善股东代表诉讼的程序。我国公司法并未对公司案件管辖问题做出明确的规定,也没有对诉讼费用和其他费用的承担进行具体规定。为解决上述问题,笔者主张,首先,我们可以借鉴日本的立法例,

---

❶ 覃有土、陈雪萍:"表决权信托:控制权优化配置机制",载《法商研究》2005年第4期。

❷ 樊云慧:《英国少数股东权诉讼救济制度研究》,中国法制出版社2005年版,第27页。

❸ 袁媛:"评我国的股东派生诉讼制度",载《财经界》2007年第1期。

规定由公司所在地法院专属管辖,因为这样做有利于提高诉讼效率,便利股东行使诉权,节约诉讼成本。其次,我国可以导入美国司法判例所首创的诉讼费用补偿制度。❶ 即当股东诉讼的结果给公司带来收益或避免其遭受损失,原告的合理诉讼费用可以由公司来补偿;但当原告败诉时,基于"利益与风险相伴"的一般经济原理,在原告股东善意的情况下,法定诉讼费用和原告支付的其他合理的诉讼费用也可以由公司承担。最后,因为我国《公司法》并没有强制性诉讼费用担保制度的规定,为防止股东滥诉,在具体案件中,法官可根据民事诉讼法的规定,责令股东提供足额担保。另外,在和解撤诉的场合,因和解协议可能影响全体股东,因此要求和解协议的内容必须向全体股东公开,并须经法官批准。❷

---

❶ 胡滨、曹顺明:"股东派生诉讼的合理性基础与制度设计",载《法学研究》2004年第4期。

❷ 范健:《商法》(第3版),高等教育出版社、北京大学出版社2007年版,第196页。

第五章　非上市公司治理：公司组织与利益相关者的权利制衡

> 一个法律工作者如果不研究经济学与社会学，那么他就极容易成为一个社会的公敌。
>
> ——美国著名法官布兰代斯（Brandeis）

2001年年底，美国出现自20世纪30年代经济大恐慌以来，最大的投资信心危机。从安然（Enron）的做假账、世界通讯（Worldcom）的隐瞒亏损、在线时代华纳（AOL TIME Warners）的虚报广告营收、琼森制药（Johnson）被控隐瞒产品过失等，使得投资大众蒙受巨额损失，投资人信心为之溃散。此一连串的企业危机成就了时代杂志（Time Magazine）2002年年度风云人物的3个女性：辛西亚·古柏（Cynthiacooper）、沙伦·华特斯金（Sherronwatkins）和柯林·罗里（Coleen Rowley）。因为她们勇于揭露知名企业的财务弊端，并因此而被时代杂志称为"吹哨子的人"（whistle blowers）。若非此3个"吹哨子的人"勇于揭发，不可能阻止日后所产生的一连串的企业弊案，也不可能促使美国国会通过企业改革法案（Saranes-Oxley Art），来要求各公司强化"公司治理"（corporate governance）以阻止公司发生弊案。❶ 那么，为何要强调"公司治理"？实际上，自美国20世纪60年代首先提出公司治理的概念以来，公司治理问题便成为了

---

❶ 王雅惠、刘健世、彭焌骅、许元吉："探讨新公司法对落实公司治理的影响"，http://www.mba.yuntech.edu.tw/teachers/yuhy/casestudy/92/92% A4% BD% A5q% AAk% AD% D7% ADq/online.pdf，2011年3月22日访问。

第五章　非上市公司治理：公司组织与利益相关者的权利制衡

经济学家、社会学家以及法学家高度关注和倾力研究的一个重要课题，只是他们的关注角度不同而已。其中，经济学家注重公司治理的成本与效率，在于平衡利益关系最大化的创造价值；社会学家注重的是公司社会责任和人权责任的改善；而法学家则强调公司所有权和经营权的有效分离，明晰公司内部股东、董事和经理之间权利、责任和义务的关系。单就法学而言，对于公司治理同样是众说纷纭、莫衷一是。单就非上市公司治理而言，一方面，由于非上市公司的封闭性特点，容易使得非上市公司的治理产生一些消极的影响，其中主要表现为股东人格与公司人格容易混同和公司较易陷入流转不畅，从而导致公司治理的消极影响；❶另一方面，与上市公司相比，由于其股东人数较少，大股东身份与董事长、总经理身份往往合而为一，价值股权转让流通性较弱，小股东往往缺乏出让股权的机会，导致控制股东容易滥用控制地位侵害小股东参与公司治理的权利（包括控制权与分红权）。❷因而，非上市公司所面临的法律环境、监管要求以及自身经营特征等方面与上市公司存在明显差别，而我国新公司法并没有考虑到非上市公司的特殊性，并对其作出任何改进。随着我国中小企业的发展和急切需求，要求制定特定的法律对非上市公司进行调整便成为必然。因此，笔者认为对非上市公司治理进行独立研究具有特殊的意义。

第一节　非上市公司治理概述

一、公司治理的含义

公司治理一词来自于英文 corporate governance 的直译，我国

---

❶ 李劲华："有限责任公司的人合性及其对公司治理的影响"，载《山东大学学报》（哲学社会科学版）2007 年第 4 期。

❷ 刘俊海：《现代公司法》，法律出版社 2008 年版，第 398 页。

台湾一些学者则将其译为公司管制、公司控制、制衡监控等。❶国内有学者将其译为公司管制或公司机关权力构造。❷ 实际上，公司治理是一个综合经济学、社会学、管理学和法学等跨学科的课题。概括起来，主要有以下四种定义：(1) 公司治理是经营和控制公司的制度；❸ (2) 公司治理主要是指公司所有者与公司经营者之间相互关系的安排；❹ (3) 公司治理涉及公司管理者、公司董事会、公司股东与其他股东之间的一系列关系。公司治理还提供一种构架，通过这种总构架以便确立公司目标、实现公司目标的途径以及对公司经营进行监督的方法；❺ (4) 公司治理是协调股东和其他利益相关者相互关系的一种制度，涉及指挥、控制、激励等方面的活动内容。❻

我们认为，单就公司治理问题的产生和发展来看，可以从狭义和广义两方面来理解公司治理。其中，狭义的公司治理指的是公司法人治理结构，如国内学者吴敬琏认为：公司治理就是由股东大会、董事会和高级执行人员即经理等三者组成的一种权利制衡关系。❼ 而广义的公司治理指通过一套包括正式的或非正式的、内部的或外部的制度或机制来协调公司与所有利害相关者之

---

❶ 刘连煜：《公司治理与公司的社会责任》，中国政法大学出版社2001年版，第11~12页。

❷ 梅慎实：《现代公司机关权力构造论》，中国政法大学出版社2000年版，第1页。

❸ See Adrian Cadbury, *The Financial Aspects of Corporate Governance* (Cadbury report), Gee and Co. Ltd, 1992, §2.5.

❹ See Ulrich Bosch, ECT. *Corporate Governance in Europe*: *Report of a CEPS Work Party*, Centre for European Policy Studies, 1995, P. V.

❺ See Organization for Economic Co-Operation and Development, *Principles of Corporate Governance*, OECD Publications, 1999. p. 7.

❻ 李维安等：《现代公司治理研究》，中国人民大学出版社2002年版，第21页。

❼ 吴敬琏等：《大型国有企业改革：建立现代企业制度》，天津人民出版社1994年版，第185页。

间的利益关系,以保证公司决策的科学化,从而最终维护公司各方面利益的制衡机制,它"是企业所有权安排的具体化"[1]。从法学研究的角度出发,"公司治理"(corporate governance)应包括"管理"和"监控",其中,"管理"指公司通过自治方式来统管或经理业务,例如设置股东会作为最高意思机构,及遴选经理人以发挥专业经营等;而"监控"则为采取适当监控机制来监督或控制公司事务,并课以各种义务或责任以防止违法滥权,确保公司利益相关者的利益平衡。

本书所称的非上市公司的"公司治理"是从广义上进行界定的,研究的是公司法律制度中的公司治理理念,其不仅包括以公司章程和公司"三会"治理结构为内容的内部治理,同时也包括了国家公权力的监督以及市场监督。公司治理框架见图5-1。

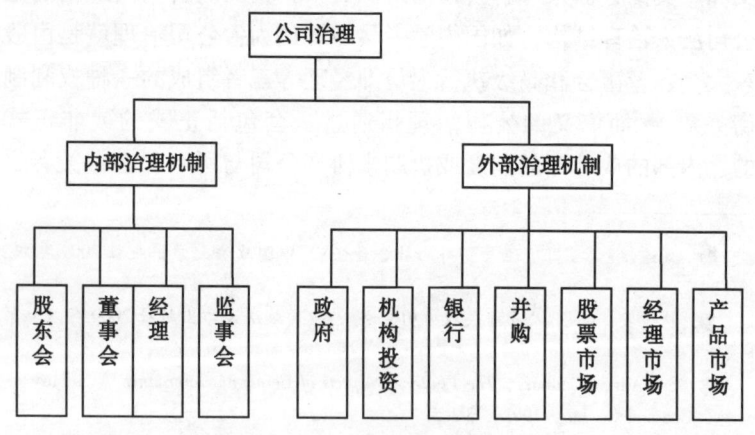

图5-1 公司治理结构图

资料来源:本研究整理而得。

---

[1] 张维迎:《企业理论与中国企业改革》,北京大学出版社1999年版,第86页。

二、非上市公司治理的学理分类

(一) 内部治理和外部治理

依据公司治理所涉及的范围,可以将公司治理划分为内部治理和外部治理两种类型。❶ 其中,公司内部治理是指现代公司投资主体的多元化和公司法人财产权的确立必然引起公司内部权力结构的相应变动❷,即以"经营者经营"代替"所有者经营",它是企业财产制度的演变结果。总体而言,公司内部治理机制主要包括(1)股东会或股东大会作用的发挥;(2)董事的组成与资格,董事会的形式、规模、结构及独立性;(3)监事会的设立与作用;(4)薪酬制度及激励计划;(5)公司内部审计制度等。而公司的外部治理机制则主要是利用市场机制让经理人员感受到持续的、无处不在的压力和威胁。从市场体系的角度看,公司外部治理机制主要包括(1)产品市场;(2)经理市场;(3)资本与并购市场;(4)独立市场中立评价机制,如审计师、税务师和律师等的客观、公正的评判和信息发布。

(二) 股东的治理和全体利害相关者共同的治理

依据治理的主体不同,可以将公司治理划分为股东的治理和全体利害相关者共同的治理。早期的公司以"股东本位"为原则,只有股东有权支配经营整个公司,并对公司具有绝对的控制权,其目的是"如何确保股东获得投资回报以及如何约束经营者,并使经营者在股东利益的范围内从事经营活动"❸。20世纪80年代后,世界各国公司法纷纷放弃了股东大会中心主义,许

---

❶ 李维安等:《现代公司治理研究》,中国人民大学出版社2002年版,第23页。

❷ 梅慎实:《现代公司法人治理结构规范运作论》,中国法制出版社2005年版,第16页。

❸ 聂德宗:"公司法人治理结构的立法模式及发展趋势",载《法学评论》2006年第6期。

多国家开始在公司法中规定,允许经理对比股东范围更广的利益相关者负责,推行包括股东、债权人、雇员、供应商、消费者、社区、相关的社团、社会组织还有政府等在内的公司的利益相关者对公司进行的共同治理。正如布莱尔指出的:"企业并非简单的实物资产的集合,而是一种法律框架,其作用在于治理所有在企业的财富创造活动中做出特殊投资的主体间的关系"❶。从实践来看,各种利益相关者已经以不同的方式分享公司的控制权。比如,许多欧洲大陆国家通过立法确立了职工共同参与制,职工在德国可以获得1/3~1/2不等的监事会席位。甚至,公司的贷款人,银行实际上也介入了公司治理,分享了公司的控制权。

(三)博弈的公司治理与共赢的公司治理

依据公司治理中是否以牺牲部分利害相关者的利益为标准,可以将公司治理划分为博弈公司治理与共赢公司治理。博弈公司治理系指,利益存在严重冲突的各种主体之间,呈现出此消彼长的局面,同种利益主体之间也存有利益博弈现象,如大股东侵害小股东利益的情形。而共赢的公司治理则是指以公司各种利益主体的共赢为根本出发点的治理。❷ 博弈这种治理方式加剧了公司主体的利益冲突,已不符合现今推动公司可持续发展的目标。而共赢的公司治理方式则通过协调各种利益相关者之间的利益,以公司的可持续发展作为满足各利害相关者的利益的根本途径,兼顾眼前利益与长远利益,以实现全体利益和相关者利益的共赢为公司治理的基本理念。因此,共赢的公司治理目前正在成为公司治理追求的目标。

---

❶ [美]玛格丽特·M.布莱尔:《所有权与控制:面向21世纪的公司治理探索》,中国社会科学出版社1999年版,第182页。

❷ 赵志钢:《公司治理法律问题研究》,中国检察出版社2005年版,第17页。

第二节 非上市公司的内部治理

政府与公司这两种组织在现代社会中是相互作用、相互影响的两大力量。而私法自治理念在合同法中体现为契约自由，在公司法中则体现为公司自治。具体来说，公司自治包括两层含义：一是从公司与政府的关系看，公司自治强调公司相对于政府是自治的，政府不得干涉公司的自主经营。"由于公司制度在市场经济中的巨大作用和影响，世界各国的公司法越来越加强国家的干预。公司的设立和活动越来越超出股东个人利益的范围，成为直接影响社会利益的事情。这正是公司法与合伙法的一个重要不同点。公司则不然，当事人之间的协议不能改变公司法律规范，在这个意义上可以说它具有私法公法化的特点。"[1] 二是从公司与股东的关系看，公司自治应当是以股东为本位的自治。公司具有团体的性质。"社团自治"即社团在法律允许的范围内，可以通过章程和多数表决制，自己规定内部关系。[2] 就非上市公司而言，因其人合性更强，公司自治更为突出，具体表现为章程自治和公司法人治理结构。

一、非上市公司内部治理之一——公司章程治理

公司法的自治精神实际上来源于公司契约理论。追本溯源，该理论始于《生产、信息成本和经济组织》一文[3]，其核心意思是每一个公司的参与者基于自身利益的追求和对公司的了解签订了各种"契约"，成为公司众多利益主体中的一员。从规范配置

---

[1] 江平：《新编公司法教程》（第2版），法律出版社2003年版，第3页。

[2] ［德］卡尔·拉伦茨：《德国民法通论》（上册），王晓晔等译，法律出版社2003年版，第184页。

[3] See A lchian& Demsetz, Production, *Information Cost and Economic O rganization*, 62 Am. Econ. Rev., 1972, p. 777.

第五章 非上市公司治理：公司组织与利益相关者的权利制衡

的角度来审视公司法的自治属性则是在公司法规范中有更多的赋权型规范，即通过授权公司参与各方以章程约定的方式自由设定当然具有法律效力的规则的规范，该类规范的识别方式是"可以""由公司章程规定""依照公司章程的规定"等。❶

（一）公司章程的法律界定

1. 公司章程的基本概念

在不同的国家，公司章程的具体含义不同。例如，根据法国、日本等大陆法系国家的公司立法例，公司章程只是一种书面文件。但在英美法系国家，公司章程包括"设立章程"和"章程细则"❷。而我国基本上沿用大陆法系的做法，没有"设立章程"和"章程细则"之分，只作实质意义和形式意义的阐释，且我国新公司法为尊重现行立法传统和公司习惯，维持了单一公司章程，即认为公司章程是指记载规范公司的组织和活动，特别是公司、股东、董事等经营者相互之间权利义务关系的根本准则的书面文件。❸ 换言之，公司章程是对公司组织及运行规范、对公司性质、宗旨、经营范围、组织机构、活动方式、权利义务分配等内容进行记载的基本文件，也是公司必备的由发起设立公司的投资者制定的，并对公司、股东、公司经营管理人员具有约束力的，调整公司内部组织关系和经营行为的自治规则。

2. 公司章程的法律性质

2005年修正后的《公司法》淡化了公司法在公司治理中所体现的国家干预理念，赋予了公司更大的自治空间，如前所述，

---

❶ 翟云岭、王莉莉："评鉴公司法之意思自治理念——以合同为视角"，载《河南省政法管理干部学院学报》2010年第6期。

❷ "设立章程"是公司赖以成立的基本条件，记载了公司名称、经营范围、住所、股份总额等涉及公司对外关系的基本事项。而"章程细则"是公司内部规则，主要载明了股东大会、董事、高级职员等有关公司内部关系的基本事项。除记载内容外，两者功效也有不同。参见刘俊海：《股份有限公司股东权的保护》，法律出版社1997年版，第27页。

❸ 刘俊海：《现代公司法》，法律出版社2008年版，第87~86页。

第五章 非上市公司治理：公司组织与利益相关者的权利制衡

公司章程既是规范股东之间及公司内部关系的准绳，也是规范公司与第三人的关系和政府对公司进行监督管理的根据。为体现公司的自治理念和自身独特性，大家将希望寄托于公司章程的功能和作用上。也正因为如此，如何解说公司章程的法律性质，不仅关系着章程发挥的作用以及发挥作用的程度，而且对公司的运营和自治的实现也具有很重要的意义。目前，对于公司章程的法律性质，学者间也是众说纷纭。具体包括（1）契约说。认为公司章程是公司与其成员之间的一种协议，也是公司成员与成员之间的一种协议，即一系列合同束。❶（2）自治法说。认为章程是一种不随社员的变动或者股份的转让而影响其性质且对其成员者都具有普遍约束力的自治法规。❷（3）宪章说。认为公司章程是对公司内部相关者权利、义务规范的宪章性书面文件。❸（4）秩序说。认为社团的所谓章程，即调整社团成员行为规范的总和。❹（5）权力法定说。认为公司章程完全出于法定而不是参与各方之间的合同，它是依法对公司董事、管理者、股东等参与者之间的一种权力分配关系，而不同于契约说所强调的章程的合同性和权利本位。❺ 在我国，有学者甚至把公司章程视为公司法的渊源，认为公司法是大量公司合同的"浓缩"标准版，而公司章程则是具体的公司合同。本书认为主张上述观点的学者对章程的

---

❶ 在英美法国家，公司章程被认为是一种契约，如高尔教授认为，章程应视为公司股东、董事及高层管理人员之间订立的合同。参见胡果威：《美国公司法》，法律出版社1999年版，第152～153页；或 Gower, Principles of Modern Company Law (Sixth Edition), London Sweet & Maxwell, 1997, pp. 120～122.

❷ [韩]李哲松：《韩国公司法》，中国政法大学出版社2000年版，第76页。

❸ [美]M. V. 埃森博格：《公司法的结构》，张开平译；王保树：《商事法论集》（第3卷），法律出版社1999年版，第419页。

❹ [奥]凯尔森：《法与国家的一般理论》，中国大百科全书出版社1996年版，第111页。

❺ 温世扬、廖焕国：《公司章程与意思自治》，见王保树主编：《商事法论集》（第6卷），法律出版社2002年版，第8页。

第五章 非上市公司治理：公司组织与利益相关者的权利制衡

权利意识都较为淡薄，其只强调章程是一种约束机制，而否认了章程实质上也是一种权利的表征。❶例如，"宪章说"和"权力法定说"，虽然在法律上确实具有一定的严谨性和强行性，也能够通过提供救济的机会来保护少数股东的合法权益。但上述两种学说对章程的要求也非常苛刻，正如朱慈运教授所认为的，"即使在英美法系规定了章程细则的情况下也不可能将公司各方当事人的权利义务统统囊括而无一遗漏"❷。而且，"将一切归之法定，凭'身份'获得救济，实际上把公司章程等同于公司法本身，或者是公司法的组成部分，与公司章程的宗旨有违。"❸因此，"宪章说"和"权力法定说"在实质上是否认了公司章程自治理论，与我国现行公司立法和公司实践是相违背的。秩序说与契约说相同之处在于它们形象地揭示了章程的自治性格、私法性格，更加突出股东在塑造和影响章程内容方面的决定性作用。但对于章程的地位和"违章"的救济方式，前者把章程看成是团体，是当事人之间的法律，从而其救济不完全按照违约进行救济；而后者则将章程比喻为权利束，当事人间产生纠纷时，采用违约的救济方式。当然，值得肯定的是，契约说在股东享有权利和承担义务上，确是最合理和最自然的解释。❹但契约说在股东的合意方面仍然存在不足：首先，根据上述公司章程概念的理解，其只是发起人制定的规则，并不是所有股东的合意，但却对所有股东（包括发起人和后来加入的股东）、管理人员等都具有拘束力作用；其次，在公司章程进行修改时，往往依据资本多数

---

❶ 刘俊海：《股份有限公司股东权的保护》，法律出版社1997年版，第27~28页。

❷ 朱慈蕴："公司章程两分法论——公司章程自治与他治理念的融合"，载《当代法学》2006年第5期。

❸ 温世扬、廖焕国：《公司章程与意思自治》，见王保树主编：《商事法论集》（第6卷），法律出版社2002年版，第9页。

❹ 王海平："公司章程的性质与股东权益保护的法理分析"，载《当代法学》2002年第3期。

决原则，只会体现大股东的意见，而对小股东则是置若罔闻。因此，公司章程并非符合合同法中当事人意思自治和合意等基本思想。而自治法说则是与我国公司人格独立，财产独立，以及市场经济的本质是相互吻合的❶，但"公司自治"的作用也是有限的，其实质上是一种理想的理性状态。❷ 首先，公司章程不可能完全实现自治，经常可能存在失灵、无法发挥作用的时候；其次，公司章程作为自律性规范，只能对公司成立之后的法律关系进行调整，而对公司成立之前的法律关系尤其是发起人与其他投资者之间的权利义务关系，只能是望洋兴叹，无可奈何。最后，对于权利遭受损害的股东来说，自治法说主要主张通过内部机制的平衡来实施救济和补偿，即使依法提起诉讼，其原告也是公司而并非股东个人。❸ 那么，如果是控股股东滥用优势地位的情况下，中小股东权益则根本无法得到救济。因此，我们在突出章程自治时，仍然必须通过适当的法律规制对其进行辅助。

（二）非上市公司章程自治的主要依据

现代公司自治的实质是什么呢？笔者认为，现代公司自治是以私法自治为基础，建立在股东自治之上又与股东自治有所偏离的法律合理干预下的法人自治。而非上市公司（有限责任公司和发起设立股份有限公司）因其自身特点，致使其在公司治理中更加偏重投资人之间的意思自治，必然要求通过公司章程实现公司的内部治理，这主要由以下几个因素决定。

1. 公司契约理论是公司内部自治的理论基础

为反映现代公司法的最新发展趋势，我国公司法应当采取公司契约理论，软化公司法的规定，将公司法的大多数规定看作任意性的规定，仅仅起补充公司契约当事人意思表示不足的作用。

---

❶ 刘俊海：《现代公司法》，法律出版社2008年版，第81~82页。
❷ 同上书，第84页。
❸ 王爱军："论公司章程的法律性质"，载《山东社会科学》2007年第7期。

第五章　非上市公司治理：公司组织与利益相关者的权利制衡

正如一般契约法仅仅起补充契约当事人的意思表示不足的作用一样，在契约当事人对有关内容作了规定的场合，如果该种规定不会损害公司债权人的利益，则该种规定对所有契约当事人产生约束力；如果仅仅部分股东缔结契约，则该种契约仅仅对这些股东产生约束力，对其他股东不会产生约束力。股东违反契约的规定即应当对其他股东承担违约责任，其他股东有权请求该股东承担违约责任。公司的契约理论把公司治理看作契约，在本质上是参与人自治的，是公司参与人博弈的结果。在契约显失公平时，法律需要进行干预以保护实质的公平。因为有效的权利安排可以提高契约的完全程度。詹森和麦克林认为，企业的本质是契约关系，企业完全是一种法律假设，是一组没有意识、也没有独立思想的个人契约关系的一个联结❶。契约可以从两个层次来理解：首先，公司法本身就是政府为了节约制作成本，为当事人提供，由其来选择适用与否，适用哪些的一个公共产品，即一份标准的格式契约；但由于现实经济生活的复杂多变，各个公司的制度安排要满足不同的需要、适应不同的环境，这就要求公司制度具有高度的弹性，这种弹性只有在契约机制中才有可能得到实现。同时，人的理性是有限的，立法者设计的制度可能会脱离现实的生活，达不到设计者设想的效果。既然公司是契约性的，法律应当充分尊重投资人的选择，由投资人自由决定他们之间的权利义务关系。通过契约，交易各方在相互兼顾的前提下以较低的交易成本实现自己个人的目标。因此，立法在建构公司治理的法律制度时，应尽可能规定授权性规范，让投资人进行自我设计。否则，过多的强制性规定会使公司投资人丧失创业的动力，或者即使已然创业，可能也会使其千方百计去规避公司法的规定，从而降低法律的权威。

---

❶ See Jensen, Organization: Theory and Methodology, 50 ACCT. Rev, 1983, pp. 312, 319.

第五章 非上市公司治理：公司组织与利益相关者的权利制衡

因此，根据公司契约理论，公司应该自治，公司法只是示范契约文本，为各方当事人缔结契约提供便利，缔约各方有权在公司法原则性规定的框架下自由决定变更或者拒绝适用公司法其他强制性规定。公司自治在实践中表现为股东自治，即全体股东组成的股东会作为公司的权力机关，有权自行制定公司的"自治法规"——公司章程，对公司权利义务及公司利润和风险进行配置和分配。

2. 非上市公司的经济结构特点是公司内部自治的必然要求

非上市公司，作为具有封闭性特点的公司，其管理权和风险负担分离程度较低，投资者的身份和管理者的身份常常结合，即大股东往往也是重要的管理者，以通过薪酬的方式对利润进行不合理的分配，通过对章程进行任意性条款的规定，有时也可以较妥善地对利润分配进行一些规范。并且基于监督成本的考虑，很多非上市公司并未引入外部人去监督管理层。对公司具有控制能力的股东，很有可能采取一些方法不让小股东分享或少分享利润，比如控制财务。虽然少数股东可以通过知情权来确认有可分配的利润，但操作往往较困难，其功效目前有时还是难以充分发挥。因此，对于投资者而言，他们的个人财富往往与该公司的运作状况有重要的关联。这种情况常常有利于提升监督效果，减少代理成本，但也对股东之间的融洽相处提出了更高的要求。而且，很多情况下，非上市公司的股东之间除了商业往来外，彼此之间可能还有私人交往，有的还有家族关系。但是，这种持续的非金钱纽带关系有时会出现波动甚至破裂。在很多案件中，也都涉及了因公司创办人离异、退休或私人关系间出现问题而引发争执。在这种情况下，往往容易存在着潜在的或未预料的利益冲突。有的非上市公司设立者在创立公司时对这种非正式纽带关系过于自信，容易对以后潜在的风险以及公司运营过程中可能出现的矛盾缺乏考虑。在有的情况下，若能在公司章程中事先拟定一些有针对性的任意性条款，有助于妥善解决可能出现的利益冲突的。非上市公司经济结构的特点,股东人数较少、股权相差不大、表决权平均化,对重要决议可能有时难以达成一致,使其较上市公司更容易陷入公司僵局。

3. 非上市公司立法的缺乏是公司内部自治的现实需要

非上市公司的内部治理往往被人忽略。表现在立法上,就是普遍缺乏对非上市公司的特殊考虑和安排,且相当一部分学者或立法者会不知不觉或潜意识地把适用于上市公司法律原则及规则一并强加给了非上市公司。由于立法者没有对上市公司与非上市公司类型的划分的内部治理进行差别对待,同时在非上市公司范围内,带来法律资源的浪费,也不利于达到社会的最优化安排,相反可能带来管制成本的增加。因此,未来的公司法应当将规范非上市公司的规则更多地规定为一种任意性的规则,对于上市公司,则相应地要规定更多的强制性。❶ 从普通投资者的角度来看,他们并不努力去获取相关的信息,因为获取信息需要成本,也可能因为他们缺乏能力或是没有必要的手段去得到信息。他们通常并不仔细阅读公司章程,甚至根本就不阅读,他们不愿意付出太高的成本去获得信息,而宁愿试试运气,如果运气不好的话,他们会抛出股票,寻找其他的投资机会,即按照所谓的"华尔街规则"行事。但非上市公司的投资者则不同,他们将其相当多的财产投入到公司当中去,由于他们在信息的获得和使用能力方面处于劣势,没有平等的讨价还价的能力,为保护投资者的利益,规范这类公司法律条款就应设计为强制性条款,不允许公司任意改变。

因此在建构非上市公司的治理时,应当不同于上市公司。由于重视当事人的意思自治,必然要求在非上市公司的内部治理中实现章程自治。

---

❶ 汤欣:"论公司法与合同自由",见《民商法论丛》(第16卷),法律出版社2003年版,第134页。

4. 非上市公司一般不存在外部化和信息问题

由于非上市公司中的财产一般都来源于股东自身的财产,所以其在公司的投资收益或薪酬将构成其生活保障的绝大部分。由于他们也知道在公司的投资很难转让出去,所以投资者有强烈的获取必要信息的动机。因此,与募集设立的股份有限公司或公开公司不同,非上市公司(有限责任公司和发起设立的股份有限公司)一般不存在外部化和信息不充分的问题,就信息问题而言,公司的投资者之间要么存在特殊的关系,如亲戚、朋友,或由于公司中的人数较少,成员之间彼此比较熟悉,他们在得到信息方面也比较容易,也有机会对公司事务进行面对面的磋商。对于后来的投资者也是一样,如果他们与原来的股东不能达成一致,他们会选择离开。由于非上市公司的股东无论在信息的占有和磋商能力上都处于平等地位,没有理由对他们缔结的公司合同强加干预。因此,非上市公司应比上市公司享有更大范围的自治空间。因为法律的一般原则是"一项合约,无论其是否公正,通常须依照商定的条款来执行"。其具有"封闭性""人合性"的特点。在有关结构性和分配性法律规则方面,赋权性和补充性规则应当处于核心地位,而强制性规范处于边缘地位;在信义性法律规则方面,强制性规则处于核心地位,而赋权性和补充性规则处于边缘地位[1]。其实,无论如何表达,前述学者的共识是:如果不存在外部化问题,则构成任意性规范,反之,则为强制性规范;非上市公司的契约特征远远强于上市公司,其公司参与各方相对比较固定,同时由于没有向社会公开募集股份或发行股票,涉及主体从范围和数量上远远不及上市公司,故其内部治理导致的外部性问题往往较少存在。意思自治仍然是非上市公司内部治理调整的最为重要和基本的原则。

---

[1] 宋从文:"公司章程的合同解读",载《法律适用》2007年第2期。

第五章　非上市公司治理：公司组织与利益相关者的权利制衡

5. 非上市公司中制定或修改章程的交易成本较低

制定或修改章程的交易成本包含了召集股东会、会议的讨论、议案共识的达成等成本。影响公司章程的交易成本高低的因素很多，诸如公司股东人数的多寡、公司规模的大小等都是必须考量的条件。上市公司作为典型的资合公司，股东人数多，彼此间并不认识，存在极大的资讯不对称，从而为了召开股东会，除了必须付出庞大的行政成本，在会议的进行上亦因为人多口杂而难有效率进行决策，甚至有不理性的情形发生，交易成本相当高昂。反观非上市公司，因为非上市公司人合性较强，公司经营注重个别股东的意思，若适用于上市公司相同强度的法律规范，势必会使僵化关系成本上升，故要降低僵化关系成本，就非降低法律规范的强度不可。简而言之，降低法律规范强度，虽然会使交易成本上升，然而交易成本与参与者能有效控制的成本，若法律能搭配预设规范加以制订，应该能使非上市公司股东间的交易成本控制在一定的范围内；惟僵化关系成本则不然，参与者并无法有效加以控制，而主要系取决于法律规范的强度，只有放宽管制可以有效降低僵化关系成本（见图5-2）。❶

从寇斯定理我们可以知道，自愿交易保证双赢，亦即理性的参与者会透过私下交易达成最有效率的利益分配。若法律介入制造了参与者无法控制的成本，不论其目的为何，都将无法通过效率的检验。因此，认为以相同强度的法律规范，约束上市公司与非上市公司，将使非上市公司支出较多的、不受控制的成本，并不符合最低成本的要求，无法通过成本效益的考验，亦违反了"自愿交易保证双赢"的法律经济思想。换言之，从僵化关系成本与交易成本的关系来看，放宽章程自治对于非上市公司而言是正确且必要的。当然，正如威廉姆森所言，"政府没有任何特别

---

❶ See Robert Cooter & Thomas Ulen, *Law and Economics* (3rd Edition), Addison Wesley Publishing Company, 1999, pp. 92~93.

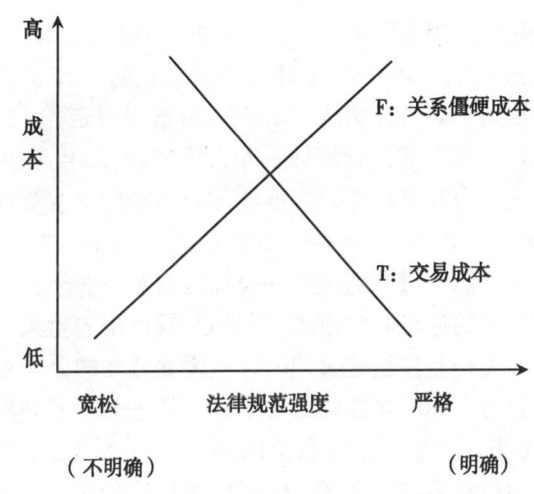

图5-2 法律规范与交易成本

的权利来取代公司组织结构的创新"❶ 既然交易费用能够很好地解释合约范式,应当埋头寻找降低费用的途径。最后,最为重要的一点,同时也是2005年修正后的公司法非常突破性的规定,公司章程通过规定替代公司法的某些规定,以此排除公司法规定的适用,通过自治的方式更好地发挥公司的个性。

由此可见,公司章程在非上市公司治理中扮演着举足轻重的角色,是实现非上市公司治理的重要方式之一,而并非一纸空文。因此,各个公司要根据自身的特点,在遵守国家法律、行政法规的前提下,制定行之有效的公司章程,实行公司治理策略,使公司的运行建立在产权明晰、权责明确、利益协调的基础上,进而促进整个国家市场经济的健康快速发展。

(三)我国非上市公司章程治理的现状

我国自身并没有孕育出公司制度,作为"舶来品",我国引

---

❶ Williamson, Organization Form, Residual Claimants, and Corporate Control, 26 J. Law & Econ, 1983, pp. 351~361.

进公司制度的定位在于承担富国强民的重任,而不仅仅是规范公司这一组织体的私法规范。2005年修订后的公司法进一步扩大了公司章程自治的空间,对新公司法中出现"由章程规定""公司章程另有规定除外"等表述进行统计,除去第25条、第82条集中规定章程应规定的内容事项外,其他涉及允许或指定由章程规定公司事项的条文有24项,而在修订前的公司法中只有11项,显然这是一个从片面、过度的控制和管理转向对企业经营自治的尊重、对运营效率的追求和对市场机制的有效运用的重大的转变。法律也要求各类企业在组建公司时,应树立自觉的公司章程意识,制订符合公司实际的个性化公司章程,促进公司的健康发展。❶ 然而,直至当前,公司章程自治问题在我国公司法上所处的尴尬境地,恐怕也是屈指可数的。学者们在描述公司章程的法律地位时,都是毫不吝惜的,如有学者将公司章程比作"公司灵魂"❷或"公司自治法规"❸,还有学者将公司企业直接称为"章程企业",但无论怎样华丽的称谓也无法减轻立法和实践中所存在的诸多问题。例如,(1)理论与实践脱节。公司章程在理论与实践中存在天壤之别,令人始料不及。尽管公司章程自治理念早已深入人心,但实践中,公司章程轻如鸿毛,更谈不上公司章程自治理念。即便在私法传统悠久的西方国家公司章程受重视的程度也大不如从前。公司章程往往处于受漠视的状态,人们甚至完全可以抛开公司章程而大谈特谈公司的治理结构。公司章程自治理念在我国公司法实务领域所遭遇的困境令人困惑,以致于不得不让人探究问题的症结所在。(2)缺乏鲜明特色。即使就我国大多非上市公司章程拟定的情况来看,基本上是互相抄袭、几近雷同。在申请设立有限责任公司的过程中,地方工商管

---

❶ 我国2005年《公司法》第16、38、12、13、42、43、44、45、46、49、51、53、54、56、72、76、101、105、106、118、120、142、170、181、182条。
❷ 石少侠:《公司法》(修订版),吉林人民出版社1996年版,第88页。
❸ 张蕴:《公司法原理》,南开大学出版社1995年版,第53页。

理部门会提供公司章程的范本。这些范本的内容大多都是公司法法条内容。设立人大多根据范本来制定章程，使公司章程的拟定似乎简单到了范本的"填空"。因此，公司章程往往成为形式化的公司文件，其内容千篇一律，导致公司内部的制度结构"千人一面"，使我国公司章程意识的现状非常难以令人乐观，究其原因，其一是立法者为公司的治理结构留下更多的可操作空间；其二是对范本改动越少的章程越容易通过工商管理部门的审查，可使设立公司较顺利；最后也是最重要的原因是非上市公司设立对公司法的熟悉程度不够，也忽略了公司章程的重要意义。

(3) 公司章程可操作性不强。我国绝大多数非上市公司中的投资者和经营者的章程意识非常淡薄，认为章程不仅可有可无，而且是一个约束手脚的几张纸质的东西。其片面地将章程视为一种约束机制，而没有认识到章程同时也是一种权利保障机制行为。因此，绝大多数公司章程只是规定了股东的姓名、住所、资本规模等方面，对许多重要事项未进行详细的规定，造成制定出来后往往被束之高阁。本来非常重要的自治机制，在面对公司与股东的争议、股东之间的争议、公司与高级管理人员的争议时，如同一纸空文，不仅不能发挥任何作用，反过来，还导致人们对章程形成错误的认识。

（四）完善我国非上市公司章程治理的建议

实际上，从公司章程的历史演变中可以看到，在每一个特定的历史阶段，在相关因素的合力作用下，法律对公司章程自治的空间都有不同的界定，不存在一个绝对的、统一的标准。要完善我国的公司章程自治，就必须找到关于公司章程自治空间的相对确定的标准，做到公司的内外事务有别：公司章程的内容应当根据公司类型的不同区分为相应的必要记载事项和任意记载事项；不同的公司类型：有限责任公司、不上市的公司和上市公司章程

自治的范围和程度有别。❶

1. 非上市公司章程任意性记载事项合理设计❷

如果公司的创立者有足够的前瞻性，在公司章程中设立一些较有"个性"的任意性记载事项，有时对于完善非上市公司的内部治理具有较满意的效果。例如，有这样一个案例，甲乙两人同为某非上市公司股东，甲乙双方持股数量相当，甲任董事长，乙任总经理，并决定以支付薪酬的方式派发利润，以减少公司支付的税收。在公司的运营过程中，甲乙出现分公司陷入僵局。甲召开董事会解除了乙的经理职权，并剥夺了乙的股东分红权。那么，按照法律规定，乙股东可以通过以下法律途径来解决上述问题：（1）转让股份。一般而言，受让者购买公司股份时，主要是从投资回报率和转让机制两个方面进行考虑的。由于非上市公司缺乏公开的股权交易市场，所以转让机制不够灵活，加之，如果投资回报率低的话，外人一般是不会轻易购买的。（2）撤消董事会决议。根据我国《公司法》规定，要撤销董事会决议，首先，要在决议做出后的60日内，请求人民院撤销，而法院只有在其提供相应担保的前提下，才会答应公司的请求；其次，还要向法院提供董事会的会议召集程序、表决方式和决议内容存在违反法律、行政法规或公司章程方面的证据。❸ 因此，对于股东来说，要采用这种方式并不是一件轻松的事情。（3）司法解散。根据我国公司法规定，当公司经营管理发生严重困难时，可以向法院提起解散公司的诉讼。❶ 但提起司法解散是以解散公司为代价的，而公司作为独立的社会经济实体，涉及各方面的社会关系，担负着多方面的社会责任，一旦判决解散，必然对其他股

---

❶ 杨姝玲："公司章程自治的空间"，载《经济研究导刊》2010年第35期。

❷ 陈丛林："简析新公司法对公司章程自治的扩大"，载《现代商业》2010年第2期。

❸ 2005年《公司法》第22条。

❶ 2005年《公司法》第138条。

东、公司的债权人债务人、社会产生多方面的影响。因此，采用解散的方式不仅需要高额的成本，且还不一定能达到满意的效果。由此可见，要让公司章程的某些条款中的利益趋于协调的设计，是需要"平衡"的技巧。若能充分结合非上市公司的特点，对可能出现的利益冲突进行妥当协调，在保障运行效率的程度上，设计出任意性记载事项，有时能达到比股份转让、司法解散等方式更为理想的效果。

2. 增加设定解决公司僵局的条款

一般而言，非上市公司规模小、人数较少且股权分散，表决权平均化，用"脚"投票的机会也极其有限，所以公司僵局比较容易出现。❶ 我们应该提高对解决公司僵局的方法的关注。例如：在美国，《模范封闭公司法附则》规定，当僵局导致了"无法弥补的损害"或公司控制者"已经、正在或者将要以一种非法的、压迫性的、欺诈的或者对于控诉股东具有不公平的损害的方式从事行为"，可以申请解散，或规定股东可以要求公司或者其他股东以一个双方协议的价格或者如果协议不成时以一个法院决定的价格购买自己的全部公司股份。❷ 笔者认为，我们可以借鉴美国的做法，可以在公司章程中也拟定一些有关解决公司僵局的方法，如仲裁、第三方为打破僵局而投票的权利，由另一方购买股份等，以便为公司僵局的解决提供更为妥当的方法。当然，这需要章程设计者有一定的前瞻性，并综合衡量公司治理效率等多方面的因素，有时还需要律师提供专业的意见。

3. 正确处理公司章程与公司法的关系

一是通过对公司法规定的具体化，加强公司法的具体性和可操作性；以前，公司章程仅是公司法一般规则的重复。2005 年

---

❶ 朱慈蕴："公司章程两分法论——公司章程与他治理念的融合"，载《当代法学》2006 年第 5 期。

❷ See Frank H. Easterbrook and Daniel R. Fischel, The Economic Structure of Corporate Law, Harvard University Press, 1991, p. 233.

第五章 非上市公司治理：公司组织与利益相关者的权利制衡

《公司法》修正后，规定了很多原则性规范，例如《公司法》第71条第1款规定，国有独资公司监事会成员不得少于5人，其中职工代表的比例不得低于1/3，具体比例由公司章程规定。其实质是通过将一般规则和原则性规定和表述以委任性规则的形式展现出来，从而实现公司章程对公司法相关规定的具体化。二是强化公司章程对公司法规定的补充作用，弥补公司法的不周延性；我国是成文法国家，法律必须做出明确的规定，实践中才能有法可依，但是由于成文法立法的滞后性和对现实的不可穷尽的局限性，再详细的立法仍会出现漏洞，特别是一些通过列举方式规定的事项，如股东会、董事会和监事会的职权，单纯的列举不可能完全满足实践的需要，必须通过兜底性条款对其不周延性进行弥补。三是公司章程的内容是对公司法规定的替代；例如，《公司法》第43条规定，股东会会议由股东按照出资比例行使表决权；但是，公司章程另有规定的除外。公司法通过赋予公司章程进行排除公司法规定，给予了章程很大的自主权，扩充了公司自治的空间。因此，上述关于公司章程的规定实则是赋予当事人意思自治理念的体现。因为，公司章程作为公司的自制文件，能够更加充分地体现公司的特点和满足公司的需要。

4. 增加司法介入公司自治与公司法解释的政策尺度

现代公司法发展的趋势就是公司可以做它们愿意做的任何事情，按照自己的意愿来安排自身事务，行使一切可以行使的权力，只要公司法以外的特定规则不宣布这些行为非法。一言以蔽之，公司法朝着公司管理自由化的方向发展。❶ 但是，公司自治并不同于个人意思自治，公司决策是一个集体决策的过程，并遵循资本多数决原则，因而存在大股东、控制股东欺压小股东的问题。这就使得司法介入公司自治成为公司的内生需求。关于公司

---

❶ See Lawrence. M. Friedman, A History of American Law (2nd edition), Smion & Schuster Inc. 1985, p. 512.

自治与司法介入的关系,法官有自己的理解,企业作为法律赋予人格的实体法人,应当依靠企业内部的治理机制维持其正常的运转,维护企业利益,并保护股东权益不受侵害。司法干预是公司、股东无法通过企业的治理机制保证企业正常经营以及股东合法权益时的一种救济手段。[1]但基本上是司法介入公司自治能够保护股权和维护公司作为一个组织体的顺畅运作。

5. 培养投资者和经营者的章程意识

长期以来,由于我国个人或私人利益都被大公无私的热浪所掩盖,致使私法自治理念在我国根本无从传播,公司章程自治也似乎注定成为了一种不可能发育出权利分立的民主的公司治理模式。因此,当市场经济的发展促使我国公司成为了真正的市场主体后,如何使投资者和经营者树立公司章程,既是一种重要的权利约束机制,也是一种重要的权利授予和救济机制[2]的正确章程意识,便成为我们解决投资者和经营者们章程自治意识淡薄问题的重要途径之一。因为只有这样,才能在制定和运用公司章程时正确地处理好与公司法之间关系:公司法是一种法律机制,公司章程是一种自治机制。公司法的规定适用于所有公司,确立的是一般规则。然而,由于每一个公司都是独特的,表现在资本规模、股权结构、经营范围、所在地区等方面,所以每一个公司都需要适合本公司特点的具体的自治规则。因此,笔者建议结合本公司在上述方面表现出来的特点,将公司法中包括强行性规定在内的一般规定予以细化,并在不违反法律、行政法规的前提下,利用公司法中一些授权性规范,有针对性地作出具体规定,成为本公司组织和经营活动的自治规则,使公司章程的规定具有可操作性,实现公司章程和公司法的有机耦合。

---

[1] 甘培忠、雷驰:"司法介入公司自治与公司法解释的政策尺度",载《河北学刊》2009年第1期。

[2] 赵玲玲:"公司章程在公司治理中的重要性——从公司章程与公司法的关系分析",载《商场现代化》2006年12月(上旬刊),总第487期。

总而言之，章程自治牵涉的乃是契约法上任意规定与强行规定的权衡。一般而言，法律规定越宽松，则当事人间为了制定出符合双方需求的条款，便必须收集许多资料，并将所有契约的细节详加讨论，使其交易成本❶大幅升高；当法律规定越严格，虽然因为当事人间需要磋商的事项变少，而使交易成本降低，但不容许一丝改变的法律规定，却会制造出另一项成本：僵化关系成本❷。若公司法全部皆为任意规定，或许僵化关系成本能降至最低，但相对地，交易成本便会高到难以负荷，反之亦然。然而，非上市公司由于其经济结构的特点，只有合理地设计章程，才可以妥当地处理以后可能存在的争议，降低经济风险。章程的个性设计，才具有重要意义。

二、非上市公司的内部治理之二——公司法人治理结构

在上市公司的管制成了法学界和经济学界的热点问题之后，本文主要面向于非上市公司的内部和外部治理。而改进和完善公司法的有关规定，为完善非上市公司的内部治理提供必要的法律

---

❶ 交易成本分为三种：搜寻成本、议价成本以及执行成本。公开公司与闭锁公司最大的不同便在于议价成本。议价成本是指缔约当事人在缔约过程中，搜寻商品或服务的品质、价值或其他与价格有关的资讯，并经过合意决定价格所支出的成本。如果缔约当事人间的底价与合作剩余是公开的资讯，那么几乎不需要支出什么议价成本契约便可以成立。然而现实生活中，缔约当事人间的底价与合作剩余并非昭然若揭，为了了解标的物的价值，当事人会希望将对方所拥有的私有资讯转变为公开资讯，因此议价成本会变得相当昂贵。此外，当事人间的关系是否有敌意亦会影响议价成本的高低。若是缔约当事人间对于彼此有非理性的情绪存在，便会阻碍理性协议的达成。若当事人间彼此仇视，即使双方底价与合作剩余是公开的资讯，他们也不会同意彼此分享合作剩余。参见［美］罗伯特·D. 考特（Robert Cooter）、托马斯·S. 尤伦（Thomas Ulen），上海财经大学出版社2002年版，第92~93页。

❷ 标准化的反面效果即是使契约大打折扣。当契约自由受限时，交易关系人可能无法有效率地达成目的。过度的规格化，将戕害契约自由的空间，使得交易关系人的期待落空或无法满足。此种过度规格化所带来的负面效应，便称为僵化关系成本。参见王文宇："物权法定原则与物权债权区分——兼论公示等级制度"，载《月旦法学杂志》2003年第93期，第151~152页。

资源,是中国公司法改革的当务之急。

(一) 法人治理结构的内涵

针对公司治理结构,不同学者从不同的角度给出了不同的定义。由于篇幅所限,不能一一阐释,因此,本书只选取其中几种主要观点进行介绍:英国牛津大学管理学院院长柯林·梅耶(Mayer. Colin)把公司治理结构定义为:"公司赖以代表和服务于它的投资者利益的一种制度安排。它包括从公司董事会到执行人员激励计划的一切东西——公司治理的需求随市场经济中现代股份公司所有权与控制权分离而产生。"❶ 我国著名经济学家吴敬琏则更具体地指出,"所谓公司治理结构,是指由所有者、董事会和高级执行人员即高级经理人员三者组成的一种组织结构。在这种结构中,上述三者之间形成一定的制衡关系。通过这一结构,所有者将自己的资产交由公司董事会托管;公司董事会是公司的最高决策机构,拥有对高级经理人员的聘用、奖惩以及解雇权;高级经理人员受雇于董事会,组成在董事会领导下的执行机构,在董事会的授权范围内经营企业。"❷ 而我国上海财经大学现代经济研究所所长费方域先生则认为,公司治理是一个复杂的概念,是不可能也不应该用一两句话就给出完整定义的。它应当用一系列互为补充的判断来加以说明:(1)公司治理本身一种合同关系;(2)公司治理的功能是配置权、责、利;(3)公司治理的起因在产权分离;(4)公司治理的形式有多种多样。❸ 究其实质,上述三种观点都是从公司治理制度功能的角度,对公司治理结构进行阐释的,而公司治理的功能具体体现为以下四个方面:(1)权力配置功能,即指通过公司治理结构对所有权同公

---

❶ [英]柯林·梅耶:"市场经济和过渡经济的企业治理机制",转引自费方域:《上海经济研究》1996年第5期。

❷ 吴敬琏:"现代公司与企业改革",转引自费方域:《上海经济研究》1996年第5期。

❸ 费方域:"什么是公司治理",载《上海经济研究》1996年第5期。

司治理结构的权力配置,以及公司内部剩余控制权的配置;(2)权力制衡功能,系指明确划分股东会、董事会、监事会及经理人员各自的权力(股东的所有权、董事会的经营决策权、经理人员执行管理权和监事会的监督权)、责任和利益,形成四者之间的权力制衡关系,确保公司制度的有效运行;(3)激励和约束功能,是指通过公司治理结构,向代理人提供货币或非货币、监督或惩罚机制或合约关系对代理人行为产生的一种激励或约束力,促使代理人在追求自身利益的同时,更好地实现委托人的利益或目标;(4)协调功能,是指通过公司治理结构来协调委托人和代理人及其他利益相关者之间的利益关系,使不同利益主体都能尽最大努力为公司工作。❶

(二)我国非上市公司内部治理结构的现状

目前,我国《公司法》在2005年重新修订之后,对于非上市公司中的有限责任公司的内部治理方面有了较大的完善,具有了很强的灵活性和可操作性。但是对于未上市股份有限公司,新公司法并没有因为其属于非上市公司而作出特殊性规定。目前,我国新公司法在非上市公司内部治理问题存在诸多不足,主要表现在:一是机构的设置;二是职权的配置;三是议事程序;四是股东权配置。

1. 内部治理机构设置混乱

在大陆法系国家中,上市公司通常会被要求设置股东大会、董事会和监事会等机关,但对于非上市公司却通常不要求设置董事会和监事会这两个机构,只需设一名经理即可。如德国法规定,有限责任公司只需设立股东会和经理,可以不设董事会和监事会或监事。❷日本最新公司法典则规定,非上市公司可以不设

---

❶ 叶祥松:"关于现代公司治理结构的两个基本问题",载《北京大学学报(哲学社会科学版)》2001年第4期。

❷ 德国《有限责任公司法》第6、35、45和48条。

第五章 非上市公司治理：公司组织与利益相关者的权利制衡

董事会和监事会，但必须设置一人或两人以上的董事。小型的非公开公司也可不设置会计监查人。❶ 而在实行一元制（或单轨制）结构的英美公司法中，无论封闭公司还是公开公司都不设监事会或监事，而封闭公司还可以不设董事会。如英国公司法规定，私人公司可以不设董事会，只设一名董事即可。❷ 在美国，大多数州的公司法和联邦示范公司法都允许封闭公司不设置董事会或取消董事会。❸ 而根据我国新公司法规定，公司必须三权分立，即设立股东会、董事会和监事会，允许股东人数较少或者规模校小的有限责任公司可以设一名执行董事和1～2名监事，不设董事会和监事会❹，但何谓股东人数较少或者规模较少，公司法并没有明确规定。现实中的公司只有象征性地设立所谓的董事会（执行董事）、监事会（监事），而实际上他们的人员完全重合。董事会、监事会职权被弱化也便是自然的结果。由此推之，非上市公司机构设置问题在我国新公司法规定的含糊、不明确性，必将导致我国实践中的公司在机构设置方面一直困禁在设与不设，如何设立的困惑之中，从而也影响非上市公司内部治理结构的完善。

2. 机构职权的配置过于灵活

职权如何在公司机关之间进行划分和配置，是公司内部治理的一个重要方面。对于上述问题，各国基本上赋予了股东完全的自由和自治。即除了极少数的职权由《公司法》作出强制性规定外，绝大多数职权都是通过章程❺或公司合同来进行安排。如

---

❶ 日本《公司法》第326、327、328条。

❷ ［英］月尼斯·吉南：《公司法》，朱羿锟等译，法律出版社2005年版，第257～259页。

❸ 封闭公司制定法补充规定（示范文本）第20～21条；参见施天涛：《公司法》，法律出版社2005年版，第345页。

❹ 我国《公司法》第51～52条。

❺ 英美法国家的公司法将公司章程分为章程或细则，内部机关的职权由公司细则加以规定。

非上市公司立法构造
第五章 非上市公司治理：公司组织与利益相关者的权利制衡

德国有限责任公司法规定，股东们可以通过章程来确定内部职权的分配；也可以将股东的大部分权利转移给经理或监事会或管理委员会。❶ 法国对有限责任公司的经理的职权并没有作出具体的规定，而完全由公司章程来规定，若章程无规定，经理得为公司的利益为一切经营行为。❷ 日本，公司法只是笼统地规定由董事执行公司的业务，负有忠实义务，并对外代表公司，且公司章程对此也可以另行约定。❸ 而我国公司法进行修改后，在规定公司必须设立股东会、董事会和监事会的同时，也强调了公司的章程自治，即通过公司章程在前述强制性规定之外进行其他职权的分配。❹ 但遗憾的是，由于实践中，大部分非上市公司并没有准确把握和足够重视非上市公司章程自治和"人合性"的内涵，从而导致股东会、董事会、监事会在公司实际经营中责权不明，权利义务不清，出现董事会与执行机构事实上的合二为一，加之，董事会对执行机构的约束和监督根本不存在，监事会对董事会也没有直接任命权，造成非上市公司内部治理的"软性监督"，以及内部人对非上市公司的绝对控制，从而导致大部分非上市公司内部治理偏离正常轨道，影响非上市公司的发展壮大。

3. 议事程序和规则规定不完善

通常认为，上市公司的公司法规范基本上为强制性规范，而非上市公司的公司法规范基本上为任意性规范❺。例如，英美法系国家，其中包括在股东的议事方式、程序和规则方面，除了在

---

❶ [德]托马斯·莱塞尔、吕迪格·法伊尔：《德国资合公司法》，高旭军译，法律出版社2004年版，第524页。

❷ 法国《商事公司法》第13、49条。

❸ 日本《公司法》第348、349、355条。

❹ 我国《公司法》第38、47、52条。

❺ [美]罗伯特·C.克拉克：《公司法则》，林长远、徐庆恒、陈亮译，工商出版社1999年版，第18页；江平先生也认为，上市公司相对非上市公司应有更多的强制性规范，而有限责任公司相对股份有限公司应有更多的任意性规范。参见江平："完善公司治理结构的基本法律问题"，载《财经》2002年6月5日。

第五章　非上市公司治理：公司组织与利益相关者的权利制衡

最基本面安排了强制性规范外，也允许股东们通过公司章程对其他事项自行作出安排和规定；而在大陆法系国家，强制性规范相对较多。❶ 同时，相对于上市公司来说，我国非上市公司的规范往往比较简单，且在适当时候还可变通实施。❷ 通过审阅在董事会和监事会的议事程序和规则方面规定，发现我国新公司法对此并未做出任何强制性规定。可见，立法者给非上市公司的治理留下更多的可操作空间。同时，在实践中，非上市公司的股东往往都会参与公司的经营管理，公司股东、董事和经理往往是相同的人，股东就像合伙人一样把自己看作业主管理公司。❸ 甚至，在部分非上市公司中，还存在着股东会与董事会同时召开的"一勺烩"或董事会违反《公司法》和公司章程的规定，不召开股东（大）会或者不按照规定的时间或条件召开股东（大）会的现象，但却没有股东依法提议召开股东大会，致使股东（大）会行使职权和股东"用手投票"权利也无从谈起，而且相关权力往往由董事会或执行机构承接，从而构成决议方法的瑕疵，导致"内部人控制问题"严重。

4. 股东权配置不平衡

尽管非上市公司中由于人数有限，公司股东的利益大多时候表现为一致，但是不可否认，大、小股东之间的利益有时也处于冲突状态。德鲁克曾经说过，管理就是效率和人性的调和。❶ 为此，各国在《公司法》中纷纷规定了少数股东或小股东的股东大会召集权、知情权、退出权和公司解散请求权，且这些权利不

---

❶ 德国《有限责任公司法》第47至51条和法国《商事公司法》第57至60条。

❷ 法国《商事公司法》第57条和日本《公司法》第300条。

❸ 李月娥、李宾："我国中小企业治理状况实证分析"，载《财会月刊》2005年第29期。

❶ ［美］德鲁克：《行善的诱惑》，吴程远译，北京东方出版社2009年版，第45页。

第五章 非上市公司治理：公司组织与利益相关者的权利制衡

得通过公司章程加以排除，来平衡股东权的配置。如德国《公司法》对少数股东的大会召集权、股份的回收权等作出了严格的规范❶，我国《公司法》也通过章程约定不按照出资比例行使表决权、扩大了股东知情权、异议股东的股份回购请求权、赋予股东解散公司请求权、正式引进了累积投票制度、股东代表诉讼制度、股东直接起诉董事、高级管理人员的条款、股份有限公司股东享有提案权、对股东会、董事会决议的请求撤销权等❷。但遗憾的是，大多数公司出于各种目的和原因对出席会议股东的持股数量作出限制，即只有持股数量达到一定界限的股东才能出席会议，这种限制等于公开剥夺了最大多数中小股东的合法权益，与股东民主权原则相背离；另外，非上市公司股权转让的限制性规定，容易导致小股东无法获得其股份的预期利益，甚至失去股本金额，从而不利于少数股份退出权的实现，而我国资本市场的单一性更是阻碍了股权转让渠道的通畅性；尽管对股东的知情权作了进一步的规定，但范围仍然过窄；对收购以后股权如何处理，是减资还是让其他股东购买尚未作出明确规定，容易滋生不规范、甚至违法行为的产生，严重危及债权人的合法利益。

综上所述，之所以存在前述问题的原因，一方面是由于我国公司法立法者对非上市公司的特殊性和普遍性认识不足，对于非上市公司内部治理的重点没有准确把握和足够重视；另一方面则是由于立法者对非上市公司的立法思维在相当程度上还停留在传统公司及公司法理念之中，对应当对给与非上市公司多大的自治自由？哪些规范应当为强制性规范，哪些规范应当为任意性规范？国家强制性与章程自治之间如何平衡等问题既未作出深刻的认识，也没有作出明确的答案。故笔者认为，如若要从真正意义上来完善我国非上市公司的内部治理，首先，在立法上理应尊重

---

❶ 德国《有限责任公司法》第50条和第51条。
❷ 我国《公司法》第22条、第43条、第75条、第106条和第183条。

第五章 非上市公司治理：公司组织与利益相关者的权利制衡

非上市公司的自治精神，并为其创造良好的自治空间和运营氛围。其次，增强公司法立法者对非上市公司的特殊性和普遍性的认识，即立法者须在承认非上市公司资合性的同时，不得忽略非上市公司的人合性的现实特征和需求，从而准确把握和重视非上市公司中的股权配置。其实这也是各国非上市公司内部治理法律调整的重点。

（三）完善我国非上市公司内部治理结构的建议

如前所述，非上市公司不同于上市公司，非上市公司具有封闭性，股东层和公司管理层人员上高度重合，管理系统不复杂，监督方便，所以其法人治理的重点不在对董事等管理人员的权利分配，而在于在股东之间利益平衡的基础上安排股东间的权利义务，从而确保非上市公司的规范运作❶。但由于国内没有比较成熟的内部控制理论可以遵循，因此大多数非上市公司完全照搬美国上市公司的做法。例如，我国的公司治理结构，从董事会和管理层的职能上看，基本仿效了英美的模式，从监事会的设立来看，又在一定程度上采用了德日的二元体制，这种综合在一定程度上是为了适应我国自身的经济体制，但应用的效果并不令人满意。

当然，一种治理模式的产生一定是适应了本国的经济环境、社会环境、人文环境甚至于国民性，从企业特点来看，还需要在如下几个方面进一步改革和发展：（1）建立合理的股权结构。但要注意维护资本市场的稳定，避免在全流通过程中损害流通股股东尤其是中小股东的利益。（2）完善现代企业制度。我国企业目前存在的"内部人控制"、独立董事流于形式、监事会不独立难以发挥监督职能等问题还需要借鉴上文介绍的几种模式，并结合企业自身特点努力摸索解决途径。（3）完善资本市场。我

---

❶ 侯水平、周中举、王远胜："非上市公司：问题与对策"，载《天府新论》2007年第1期。

第五章 非上市公司治理：公司组织与利益相关者的权利制衡

国金融市场缺乏衍生金融工具，资本市场的风险投票的内部治理机制。德国企业实行管理董事会和监管董事会共同治理的"双层董事会"制度，也即理事职能与监事职能分离。从权利行使上看，体现权利分立和制衡的原则，在一定程度上解决外部治理较弱而产生的委托代理问题，具体来说要在公司内部完善以下制度。

1. 非上市公司的股东大会制度

股东大会的立法和现实运作严重错位，在立法上各国均将维持股东大会作为股东民主的象征，然而，"在实践中，股东大会要么被公司经营者架空，要么被大股东把持，股东大会本身完全形式化、空洞化"❶。无论是股份分散化的英美国家，还是股权高度集中的欧洲大陆和东亚国家莫不如此。一般小股东情愿放弃自己的民主表决权，不参加股东大会，其实是一种更理性的选择。由于信息不对称、出席股东会的高额成本和搭便车问题❷和有限责任等因素，致使小股东缺乏出席股东大会的激励机制。总而言之，所有权愈分散，表决权成本愈高，搭便车问题就愈严重，股东大会出席率愈低。❸

笔者认为，我们应当健全非上市股东大会的运营规则，包括建立非上市公司的股东出席法定人数制度、建立并规范通讯表决形式、建立表决权行使例外制度、建立表决权信托、代理权征集、电子表决制度、禁止公司向出席股东大会的股东发送

---

❶ 朱羿锟：《公司控制权配置论——制度与效率分析》，经济管理出版社2001年版，第287页。

❷ 股东出席股东会会议行使表决旨在控制公司，监管经营者，促使其为了股东的利益最大化管理公司。就单个股东来说，出席股东大会既可以保护自己的利益，同时其他股东也跟着获益，但是出席会议的花费，却要由单个股东自己承担。于是，股东便产生了即使自己不参加股东会议，仍然会有其他股东去参加的搭便车心理。如果所有的股东都有这种心态必然会出现股东大会出席率低的现象。

❸ 朱羿锟：《公司控制权配置论—制度与效率分析》，经济管理出版社2001年版，第59页。

礼品。

2. 非上市公司的监事会制度

从1994年的《公司法》至今，监事制度一直是我国公司治理的主要支撑，而且有关监事会与监事的规定一般都是以章程的规定为准。无论是监事会的人员比例还是监事会的议事方式和表决程序，乃至监事的职权都是在符合相关法律规定的前提下，由公司章程规定的。章程一旦生效，监事会就要依照章程的规定对公司的经营管理进行监督，行使章程赋予他们的权利。

笔者以为，公司法倒不如放开监督机制模式，允许非上市公司通过公司章程自由选择由股东互相监督或监事（监事会）监督机制。事实上，股东互相监督机制并非什么新鲜事，甚至可以说，其原本即是公司监督机制最初的模型。监事（会）之所以会产生，主要在于随着现代公司的形成，股东感觉到对公司监督亲力亲为已越来越力不从心，于是有必要将股东的监督权力逐渐让给专门的监督机关——监事（会）。

3. 独立董事制度

为防止股东权利受管理层侵害，小股东权利受大股东侵害，应当设立独立董事制度。❶ 但我国有关法律、法规及各类规范性文件，对上市公司的独立董事制度已然建立，而对于非上市公司，除商业银行等金融类机构外，并没有明确鼓励或强制性设立独立董事的要求。但研读国外一些发达国家，如美国1940年的《投资公司法》，其规定的独立董事制度不限于上市公司。因此，为保护非上市公司的整体利益，不妨在一般非上市公司中设立独立董事。当然，在非上市公司汇总设立独立董事还有很多未确定的问题，笔者试图作以下探讨：首先，非上市公司独立董事的资格问题。根据我国现有规定，要担任董事，必须具有一定的独立性，即不在受聘公司内担任除董事以外的职务、不与受聘公司大

---

❶ 傅明："非上市公司如何设立独董"，载《上海国资》2008年8月18日。

股东或实际控制人存在影响其独立判断的关系，因此对于独立董事资格，可以参照现有的规定。其次，非上市公司独立董事的任期问题。对此，我国关于独立董事的有关规定不是很一致。有的规定任期不得超过 6 年，有的则为 3 年。但是，由于非上市公司封闭性特点，本身缺乏外部性监管。如果独立董事担任久了，可能与管理层关系比较熟稔，结果可能不利于独立董事监督作用，从而会损害其他小股东的利益。故笔者建议，任期最好在 3 年以下，当然具体情况具体分析。最后，有关独立董事的兼职限制。现有规定中多数是规定独立董事不得同时在 5 家以上企业担任独立董事，保险公司的独立董事不得在其他经营同类主营业务的保险公司任职，且不得同时在 4 家以上的企业担任独立董事，而股份制商业银行的独立董事不得在其他商业银行兼职。笔者认为这可由公司章程来自主决定。

4. 股东诉讼制度

发达国家的股东诉讼一般分为"直接诉讼"（direct suits）和"代表诉讼"（derivative suits）两种，前者是指股东以自己的名义起诉公司侵权，后者则是指股东以公司名义、代表公司起诉公司董事等高级管理人员滥用职权侵害公司利益的行为。对于这两类诉讼，发达国家都形成了一整套完整可行的诉讼程序制度。我国旧《公司法》完全没有涉及股东诉讼的规定，新《公司法》第 152 条规定了持股 1% 以上的股东可以书面请求监事会起诉滥用职权侵害公司利益的董事、高级管理人员，一定条件下可以自己的名义直接起诉；第 153 条规定了"董事、高级管理人员违反法律、行政法规或者公司章程的规定，损害股东利益的，股东可以向人民法院起诉"。比较新《公司法》和国外的股东诉讼制度，我们不难看出，《公司法》第 153 条大约相当于国外的股东"直接诉讼"，但第 152 条的规定与真正意义的股东代表诉讼还有一定差距，因为国外的股东"代表诉讼"是以公司名义提起的，诉讼费用由公司承担，而股东依《公司法》第 152 条提出的诉讼须以自己名义，诉讼费用由自己承担，这就极大地削弱了股东提起诉讼的积极性。虽然如此，但《公司法》第152条规定毕竟给小股东维权提供了一条司法渠道。接下来我们要做的是借鉴国外经验，探索出一条切实可行的、符合我国实际的诉讼程序，确保股东诉讼制度有效运行。如，诉讼之管辖；原告和被告能否和解；如果原告胜诉，能否向公司（受益人）主张诉讼支出；被告有哪些抗辩权利；等等。另外，美国公司法赋予小股东一定条件下的"退出权"（诉请法院判令大股东以合理价格购买小股东的股份），我们也可考虑借鉴。

5. 非上市公司法人治理结构

（1）可以考虑改革高层管理人员薪金制度，缩小高层管理人员自身利益与公司利益的矛盾。亚当·斯密在《国富论》一书中认为，公司高层管理人员在使用不是其自己的钱财时，不可能期望他们会有像私人公司合伙人那样的警真性去管理企业……因此，在这些企业的经营管理中，或多或少的疏忽大意和奢侈浪费总是会流行的。❶ 美国公司法学者Jensen和Meckling指出，科学的公司治理结构形式应该把这种代理成本降到最低。❷ 那么，我们可以借鉴一些发达国家成熟的做法，改革非上市公司高层管理人员薪金制度，减少代理成本。比如，可以考虑任期薪金制，高管人员的薪金取决于其完整任期内的业绩，克服经营层的短期掠夺行为；还可以考虑股价薪金制，高管的薪酬取决于公司股票在市场的表现。但前提是建立健全一个有效的非上市公司股票流通市场。

---

❶ [英]亚当·斯密：《国富论》，转引自风间树："构建具有中国特色的国有企业公司治理结构"，http://team.dqccc.com/bbs/thread-100-912-1.html，2010年3月22日访问。

❷ See Michael. C. Jensen&Wiliam. H. Merkling, Theory of the Firm: Managerial Behavior, Agency Cost and Ownership Structure, http://wenku.baidu.com/view/4c9a3a0316fc700-abb68fca7.html，2010年3月22日访问。

(2) 可以在非上市公司中推行董事、监事选举的累积投票制。累积投票制，是指股东大会选举董事或者监事时，每一股份拥有与应选董事或者监事人数相同的表决权，股东拥有的表决权可以集中行使。❶ 假设某非上市公司需选举 6 名董事，则每一股份拥有 6 个表决权，如果采取累积投票制，这 6 个表决权可以集中行使（即 6 票都投给一个候选人），这样就可以增加小股东选择自己的代言人进入董事会、监事会的机会，进而约束大股东侵犯小股东利益行为。

(3) 可以考虑引入"类别股东表决制"，保护小股东利益。"类别股东表决制"在发达市场经济国家比较普遍，指一项涉及不同类别股东权益的议案，须本类别股东及其他类别股东分别审议，并获得各自的绝对多数同意才能通过的一项制度。❷ 推行类别股东表决制，首先要研究如何确定类别股与类别股东。❸ 我国《公司法》尚未有类别股东的概念，除普通股以外的其他种类股票由国务院另行作规定。我们认为，我国非上市股份有限公司"社会公众股"和"发起人股"往往泾渭分明，引入"类别股东表决制"，赋予社会公众股在信息披露、利润分红等事关自身重大利益事项上一定的决定权，可以在一定程度上缓解原始股东对其他加入股的掠夺。但是，我国新《公司法》仍坚持单一股东大会制，引入"类别股东表决制"尚需从法律上对"单一股东大会制"修正补充。

第三节 非上市公司的外部治理

南开大学以李维安教授为代表的研究团队在研究公司治理

---

❶ 我国 2005 年《公司法》第 106 条规定。
❷ 李晓春："论类别股东表决制"，载《武汉大学学报》(哲学社会科学版) 2005 年第 3 期。
❸ 同上。

第五章　非上市公司治理：公司组织与利益相关者的权利制衡

时，提出了"泛公司治理"的概念，即公司治理包括内部治理和外部治理，同时，他认为在研究公司治理时，我们应当从企业内部的制度环境和制度安排逐步扩展到企业之外。因为假若非上市公司内外部治理存在失衡和无序，其必将造成法制环境和市场诚信机制的不完善，从而降低责权不对称，增加公司的委托代理成本。反言之，如果只有内部的公司机关的权利制约，而缺失外部的市场力量的制约，则单个公司的内部制约也很难长时间地有效地维持下去，而整个社会的公司治理状况的根本改善也很难实现。可见，非上市公司无论是内部治理结构存在问题或还是其外部治理机制不完善，都可能导致该公司无法作出科学决策。著名学者哈特曾指出，公司治理结构是公司内部与公司外部自由谈判的结构，事后的外部干预不仅无益，反而有害。❶ 也就是说，我们不仅要完善非上市公司的内部治理，即强化大股东和董事会的监督和约束作用，已在本章第二节中进行了详细分析；还要充分发挥外部治理的监督和约束功能，才能实现非上市公司内外部治理的互动平衡。因此，在构建非上市公司治理制度时，我们既应当保障非上市公司自治性，实现控制权在股东、董事会和经理层之间合理安排，对企业行使事前的监督和治理；也要在兼顾公司价值最大化和社会责任的前提下，实现银行、债权人、顾客、经理等各利益相关者收益帕累托最优的治理模式，即经济型治理❷。

一、非上市公司外部治理的基本概述

（一）非上市公司外部治理的法律界定

何谓非上市公司外部治理呢？迄今为止，也未有一个统一的

---

❶ 李健：《公司治理论》，经济科学出版社1999年版，第31页。
❷ 张鲁彬："公司治理需要内部治理和外部治理的互动平衡之美"，载《网络财富》2009年第11期。

第五章 非上市公司治理：公司组织与利益相关者的权利制衡

界定。但笼统来说，是指来自非上市公司外部的监督，其目的是防止企业管理者在执行公司职务时滥用其权利。❶ 如证监会主席刘鸿儒曾经写到：建立发展适合中国国情的资本市场，其意义在于转化居民储蓄为资金，促进经济结构调整和促进企业机制转换。同时，通过社会公众和股东监督，增加了公司的外部压力和动力。

从市场体系的角度看，公司外部治理机制主要包括以下几个方面：(1) 产品市场。系指在市场经济条件下，通过市场价格的引导，致使不同的产品在不同的企业和产业之间自由流动，从而在整个社会范围内形成一个平均的成本水平和利润水平的市场。而且通过产品市场所形成的企业利润水平乃是反映企业经营状况充分的信息指标。而企业的经营状况在竞争的市场条件下又是由管理层的能力、责任心和经营行为所决定的，所以，出资者只要把单个企业的赢利水平与这个行业的平均利润水平相比照，就可以判断管理层是否称职和尽职尽责，从而有助于克服经营权和管理权分离下的信息不对称所出现的代理人问题。因此，产品市场乃是监督和约束管理层的主要依据。(2) 经理市场。系指经理人员能够在企业间和企业的不同岗位上根据自身的条件自由流动，并且由市场决定他们的价格，也就是他们的薪金水平。换言之，经理人员所经营企业的业绩好坏与否决定了他们在经理市场上的价格和就业机会。因此，经理人员会追求对出资者有利的经营和管理，以提高企业的获利水平和企业价值；同时，对卓越经营和管理的追求，使得经理人员在两权分离下与出资者之间激励相容，从而适当地缓解公司内部的代理人问题。(3) 资本市场。资本市场的公司治理机制可以划分为股权市场的治理机制和

---

❶ 这里需要强调的是，这种监督尽管是来自公司外部的，但这并不代表监督主体必然是来自公司外部的，他们可以是来自公司的内部组织（如股东、员工），只不过他们是通过一些公司外部治理机制对企业管理者进行监督。

债权市场的治理机制。股票市场治理机制，系指通过及时反映企业经营业绩发挥对经理人员的监督作用，通过股票价格变动，对企业经理人员提供一个逐渐的压力，以及通过股票市场进行代理权争夺改进公司治理；而债权市场治理，也称为金融市场治理或融资结构治理，即通过债权人的融资，使经理不得不偿还债务，从而对管理层的无效率形成限制，因为，当债权人在企业正常经营的状态下拥有现金流所有权，当企业经营管理不善时，债权人对企业的资产就拥有所有权。从这个角度来说，企业的所有权只是一种状态依存所有权，也正是所有权的这一依存性才使得出资者都能够有参与治理的动机和能力。（4）并购市场。系指由于经营管理不善，企业的市场价值低于实际价值时，公司外部的并购者（或称为袭击者）会在投资银行或其他金融中介的帮助下，通过资本市场或金融市场对企业发起敌意接管行动，在接管成功以后通过更换管理层改善经营的绩效，实现企业的真正价值，并从中获利。实际上，从公司治理角度来说，竞争的并购和控制权市场构成了合理的公司治理结构的重要组成部分。但唯一遗憾的是，并购机制的发挥需要支付较大的成本和发达的具有高流动性的资本市场作为基础，对目前中国的并购市场来说绝非易事。（5）市场中的独立审计评价机制。系指依靠如会计师事务所、审计师事务所、税务师事务所和律师事务所等中立机构进行客观、公正评判，并发布准确的信息。

（二）非上市公司外部治理的理论基础——经济民主

1984年，美国的弗里曼（Freeman）在《管理策略》（Strategic Management）上发表了一篇名为《利益相关者探讨》（A Stakeholder Approach）的文章指出，股东的利益不应该被看作居于最高地位，而应是利益相关者网中的一员，"利害相关概念将民主原则的范围从政治领域扩展到更广泛的社会组织中，主张像对待普通公民一样，对待组织中的成员，这包括该范围内一切利益受到影响的人们"❶。此一观点对后来各国公司立法影响深远。特别是20世纪80年代后,许多国家开始在公司法中规定,允许经理对比股东范围更广的利益相关者负责,构建一种"利益相关者"的公司治理模式。公司俨然成为包括股东和利益相关者多方利益的集合体,公司欲获成功,当然要发展与雇员、客户、供应商、贷款人、消费者、社区和政府等利益相关者的关系。甚至有人认为,如果一家公司不仅最大限度地为股东谋利,而且还最大限度地增进股东利益之外的其他所有者的社会利益,那么这家公司就可以称为民主化的公司,利益相关者治理是公司经济民主的体现。然而,公司股东之外的利益相关者,因公司性质不同而异,同一公司的利益相关者越多,他们之间利益的异质性也就越大。在这种情况下,如何构筑公司的外部治理结构,体现和平衡各方利益,并保持公司拥有经营活力,将成为本节讨论的核心。

二、我国非上市公司外部治理的现状

我国非上市公司外部治理主要包括银行市场、要素市场、资本市场和经理市场的治理。试图通过上述市场强化公司的外部治理。我国目前所见大部分的公司外部治理研究,一般是集中于资本市场的监督。即当企业的股权结构分散、内部控制不能有效发挥作用时,股东最后的控制就是"退出",用资本市场上的接管来对经营者施加压力,即我们平时所说的"用脚投票",英、美等国由于股权分散,缺乏内部监督约束,普遍采取这种公司治理模式。在这种治理模式下,当企业发展被看好并对其决策持认同态度时,股东就会增加股票的持有份额,否则,股东会抛出股票、减少持有份额以向经理层施加压力。而外部控制有效发挥的

---

❶ [英]保罗·赫斯特:《从经济到政治》,见加文·凯利、多米尼克·凯利、安德鲁·甘布尔:《利害相关者资本主义》,欧阳英译,重庆出版社2001年版,第81页。

第五章　非上市公司治理：公司组织与利益相关者的权利制衡

前提条件是资本市场相对发达和股权相对分散且流动性强。但我国目前的非上市公司根本不具备上述前提条件，股票的流动性亦极差，股东根本无法"用脚投票"，一旦被套就终身被套。因为外部控制根本无法发挥作用，使得中小股东谨慎从事，不会轻易认购、持有这种非上市公司的股票或成为其股东。我国也存在小部分股权相对分散的非上市公司，这种企业的发起必然存在一个有鼓动性的经理层，这样公司的设立、发展必然存在严重的"内部人控制"问题，而非上市公司缺乏规范的会计报表体系及严格的财务公开制度，采用灵活的会计制度、随意变更会计核算方法、利息资本化、潜亏挂账、巨额冲销的手法层出不穷，又缺乏有效的监控，财务报表虚假使投资者难以对企业的经营状况作出准确判断。

但就目前而言，我国银行市场对非上市公司、特别是中小型企业存在身份歧视，而要素市场尤其是资本市场尚不成熟，处于初级阶段，经理市场还没有真正形成，这对公司治理的有效性都构成严重威胁，基本上无法发挥出对公司治理的促进作用，详述如下。

（一）银行市场存在身份歧视

银行市场对公司治理的意义在于它为银行有效地参与公司治理提供了一个可利用的场所和渠道，这就是融资结构的治理。具体地说，就是由公司的负债选择所提供的。如果一个公司选择了负债，由于经理至少不得不偿还债务，那么这就对管理层的无效率形成了限制。但在我国现行的金融体制下，银行市场存在身份歧视，即银行贷款在投向上对不同规模的企业给予不同待遇，存在较为明显的歧视现象。同时，日本近期的经验也证明，以主办银行为代表的大债权人的治理在长期增长的意义上是无效的，主办银行对贷款企业的大量贷款会成为银行在企业手中的"人质"，使得银行不能利用破产清算来对经理层进行有效监管。长期下去，银行就会形成大量的坏账，危及金融安全和宏观经济稳定。因此，笔者认为大债权人银行对公司治理的作用不是太强了而是太弱了。一个竞争的金融市场上应该有多元的融资机构、融资方式和融资工具，而绝不能只是单一的大银行和贷款。

(二) 产品和要素市场竞争效率低下

产品（要素）市场竞争不仅是市场经济条件下，改善整体经济效率十分强大的力量，同时，它在公司治理方面也发挥着重要作用。但它永远不是一个富有效率的治理机制。首先，作为一种公司控制力量，产品（要素）市场竞争总是在事后（代理问题发生后）发挥作用。相对于其他治理机制，作用十分迟缓，以致无法及时挽救很多在公司治理上存在问题的公司，造成社会资源的浪费；其次，尽管产品市场竞争可以降低资本的收益，从而减少经理侵吞股东资产的数量，但它不能从根本上阻止经理人对竞争性收益的侵占。如果一个现代公司无法按竞争性价格销售它的产品，通常与该公司存在严重的代理问题有关。它或者是由于经理人的挥霍浪费，或者是由于缺乏约束经理人行为的有效机制。在最严重的情况下，拙劣的公司业绩会导致公司陷入财务困境，甚至破产倒闭。

(三) 资本市场有待加强

尽管我国资本市场在促进公司治理方面起到了积极的作用，初步具备了公司治理的功能。资本市场主要是指证券市场，包括股票市场、债券市场和投资基金市场等三个部分，以及数十条国内外融资渠道的庞大市场体系。但是，除私募和股权转让以外，针对我国非上市公司开放的融资渠道并不多。而且，非上市公司股权转让或融资渠道所依赖的产权市场、场外交易和创业板市场，在我国还处于初级阶段，信息披露制度、会计审核制度、股票的定价制度都尚未健全。而非上市股份制企业缺乏流动性强的资本市场，外部控制机制无法发挥作用，因此要通过资本市场来强化我国非上市公司的外部治理，其前提是建立并规范多层次资本市场。

第五章 非上市公司治理：公司组织与利益相关者的权利制衡

（四）经理市场处于初级阶段

随着管理者市场的出现，通过引入竞争机制，将经理人员所经营企业的业绩好坏与否直接与他们在经理市场上的价格和就业机会挂钩。而经理人员为追求对出资者有利的经营和管理，必将不断提高企业的获利水平和企业价值。人性的特点决定了必须存在一种强大的来自公司外部的力量通过它来激活经营者之间的就业竞争，不断地清除低效率的不称职的公司经营者，从而造成对他们的真正的工作压力，使他们产生危机感，进而完全勤勉地为公司和股东们服务，以免使自己沦为敌意收购的牺牲品，因此，构建职业经理人市场体系便成为了现代企业制度有效运行的前提条件，是公司外部治理的一个重要构件。但迄今为止，由于我国大部分中小企业（包括香港企业）仍然采用"家族式企业"的经营模式，经营权与所有权尚未完全分开，家族成员仍然掌握着决策权，因此，我国经理人市场仍不尽如人意，其发展仍然是滞后、不成熟的。❶同时，我国职业经理人市场管理的相关制度和法规还很不完善，特别是行业组织的档案记录和披露制度尚未建立❷，因此对民营企业利益的保护和职业经理人行为的约束方面有很大的漏洞，严重制约经理人市场的健康发展。

综上所述，我国《公司法》虽早已建立公司法人的内部治理结构，但实践中，非上市公司的契约特征远远强于上市公司，其公司参与各方相对比较固定，同时由于没有向社会公开募集股份或发行股票，涉及主体从范围和数量上远远不及上市公司，故其内部治理导致的外部性问题往往较少存在。因此，在非上市公司的内部治理中，除了股东关系的处理等方面应设置较多强制性规范外，其他方面的规范应为任意性规范，强调和坚持意思自治原

---

❶ 王伯成、万俊毅："我国职业经理人市场发展的几个制约因素"，载《企业经济》2003年第2期。

❷ 刘远航："我国职业经理人市场发展难点分析"，载《长白学刊》2003年第6期。

则，尊重投资者的自由选择和安排，允许投资者对公司法规范的自由选择是否适用和排除。但目前，我国非上市公司的自主治理意识较差，企业内部治理结构和治理机制的扭曲变形，往往导致"治的多，没的治，治不了，治不好"。导致公司机构设置混乱、职权配置不严谨、监事会的"软性监督"，以及股东权配置不平衡等问题。因此，笔者认为，在非上市公司治理中发挥市场经济中市场机制的资源配置作用就显得弥足珍贵，而充分利用资本市场对公司经营者的配置作用相对于其他三个方面来说，其更具有全局性的意义。因为它直接影响市场机制的其他配置功能的效果。资本市场对公司经营者的配置作用和对公司治理本身的改善作用。

三、非上市公司外部治理的完善

（一）国外非上市公司外部治理机制

1. 美国的外部治理机制及其产生土壤

就公司治理模式而言，美国秉承的是一种"盎格鲁—撒克逊"的文化，其核心就是个人主义价值观。它对经济的解释，就是集中对单个人行为、偏好的观察和分析，而不是将许多不同意识的个人作为一个整体进行观察。这种个人主义的文化特征相信个体在创造秩序中的作用，企业中通过正式制度进行协调，员工间的关系建立以工作任务为基础，企业的领导体制往往实行较大分权。这种个人主义特征导致美国企业股权高度分散。[1] 因此，美国公司主要采用的是内弱外强型模式。该种模式的显著特征是公司主要依靠股权融资，所有权广泛分散，信息披露较多，经营比较透明，以股东价值最大化为治理目标，追求资本的短期回报，主要依靠以下外部市场机制监督约束代理人的行为，减少代

---

[1] 陈芳、向朝进："各国公司治理模式的比较与借鉴"，载 *Eenterprise Management* 2009 年第 6 期。

理成本。❶ 美国的资本市场非常发达，由于股权高度分散化，股权流动十分频繁，证券市场上的并购活动比较活跃。一旦公司经营不善不能使股价上升，投资者采用"以脚投票"的方式抛售公司股票，股价持续下跌，则可能导致公司被并购。正因为外部治理非常有效，美国企业基本不提及内部治理机制，也不单独设置监事会，监督职能由董事会下设的审计委员会行使。企业的经营价值导向以关注企业利润为主，注重股东的利益，因此，美国的治理模式也被叫做"股东治理"。

2. 德国的外部治理机制及其文化背景

德国人秉承引以为豪的"日尔曼文化"，其典型特征是集体本位主义价值观，认为集体利益高于个体利益，企业存在的价值不是个体，而是团队，强调工人对企业的参与和管理，企业应该为利益共同体而不仅仅是股东创造价值。❷ 德国治理模式的显著特点是拥有双层董事会结构，即完全由企业经营者构成的经理事会和由员工代表与股东代表组成的监事会，监事会的规模和构成由法律决定，股权无权改变，而且监事会中必须包括员工代表。银行在德国企业中拥有长期利益，银行代表长期存在于公司监事会中。❸ 可见，德国企业融资主要是通过银行，因此银行往往是大股东，另外企业之间交叉持股也比较普遍。德国企业的资本市场却不够发达。德国企业实行管理董事会和监管董事会共同治理的"双层董事会"制度，也即理事职能与监事职能分离。从权力行使上看，体现权力分立和制衡的原则，在一定程度上解决外部治理较弱而产生的委托代理问题。"工人参与决策制"是德国

---

❶ 张林超、张新英、柴效武："从文化的视角看国外典型公司治理模式"，载《技术经济与管理研究》2005年第1期。

❷ 陈芳、向朝进："各国公司治理模式的比较与借鉴"，载 Enterprise Management 2009年第6期。

❸ 张林超、张新英、柴效武："从文化的视角看国外典型公司治理模式"，载《技术经济与管理研究》2005年第1期。

第五章 非上市公司治理：公司组织与利益相关者的权利制衡

企业治理的一大特点。雇员可以选派代表进入监事会和董事会，因而职工可以参与公司重大经营决策，维护自身权益，也可以持有公司股票，分享公司利润。

3. 日本的外部治理机制及其具体特点

尽管日本和德国都属于大陆法系的外部治理模式，但彼此之间仍然存在差异。首先，日本公司治理中，法人股东之间呈现环状持股状态，并形成稳定股东。据有关数据表明，到目前为止，在日本大部分公司中，公司之间相互环状持股比例已达到相当高的程度。具体如表 5–1 所示。

表 5–1 日本公司相互持股比例（环状持股）

集团名称	相互持股比例（%）
三井集团	18
三菱集团	25.3
住友集团	24.5
芙蓉集团	18.2
第一劝业集团	14.6
三和集团	10.9

资料来源：日本兴业银行调查报告（1991 年）我国非上市公司外部治理的完善❶

一般来说，法人股东所持有的股份，不是以红利和"资本收益"为目的，而是为取得公司控制权，以及影响被持股企业的经营。所以其不会因为股价变动而抛售，因此，该公司的股东比较稳定；其次，在日本公司的股权结构中，银行和金融机构持股占有相当大的比重，几乎达到绝对控股或相对控股的程度，银行既是公司的债权人又是公司的股东，实质性参与公司治理，这对日

---

❶ 转引自田昆儒："中日公司外部治理机制比较研究——以上市公司为中心展开"，载 http://www.cg.org.cn/theory/wbzl/zrgswbzl.doc，2011 年 1 月 12 日访问。

本公司的外部治理产生了直接的影响(见表 5-2、表 5-3)。

表 5-2 三菱商事株式会社股权结构

股东名称	所持股份(千股)	所占股权比重(%)
东京三菱银行株式会社	124826	7.97
东京海上火灾保险株式会社	95752	6.11
明治生命保险株式会社	95552	6.1
三菱信托银行株式会社	83038	5.3
第一劝业银行株式会社	54738	3.49
三菱重工业株式会社	48920	3.12
日本生命保险株式会社	48267	3.08
三和银行株式会社	41935	2.68
东海银行株式会社	36088	2.3
第一生命保险株式会社	33223	2.12
合计	662344	42.26

资料来源:三菱商事株式会社《1997 年有价证券报告书》日文版,日本大藏省印刷局发行❶

表 5-3 索尼株式会社股权结构

股东名称	所持股份(千股)	所占股权比重(%)
东京三菱银行株式会社	31645	6.98
富士银行株式会社	19911	4.39
富士银行株式会社	17183	3.79
樱花银行株式会社	13777	3.04
住友信托银行株式会社	13589	3
三井信托银行株式会社	11247	2.48
雷克株式会社	9985	2.2

---

❶ 转引自田昆儒:"中日公司外部治理机制比较研究——以上市公司为中心展开",载 http://www.cg.org.cn/theory/wbzl/zrgswbzl.doc,2011 年 1 月 12 日访问。

续表

股东名称	所持股份（千股）	所占股权比重（%）
富士银行株式会社	9309	2.05
三菱信托银行株式会社	8996	1.98
东京三菱银行株式会社	8067	1.78
合计	143708	31.68

资料来源：索尼株式会社《2001年有价证券报告书》日文版，日本大藏省印刷局发行❶

总而言之，由于各国具体情况和文化传统存在不同，所以对公司治理进行规定和管制的法律也存在差别，从而致使美国、德国和日本在外部治理的具体制度上存在较大的区别。例如，在经理人市场中，德国、日本、美国呈现了弱——弱——强的趋势；产品市场中，三国呈现了居中——低——高的特点；在债权市场中，德国、日本和美国分别通过内部融资和银行信贷——内部融资和银行信贷——股票融资和债券融资的方式进行融资；其资本市场出现流通性低——比较具有流通性——流通性非常高的态势；而控制权市场上，三国表现出微弱——微弱——非常活跃的特点；银行体系上，全能银行——主银行制——银企分离的特点。❷

---

❶ 以上均为索尼株式会社的2000年度数据；或索尼公司中第一大股和第十大股东均为东京三菱银行株式会社，但其经营范围的业务核算都是独立的。此外，索尼公司中第二大股东、第三大股东和第八大股东均为富士银行株式会社，其情况与三菱银行株式会社相同。各股东均为独立的法人机构，其经营业务范围并不相同，只是使用相同的名称而已。索尼株式会社《2001年有价证券报告书》日文版，日本大藏省印刷局发行，转引自田昆儒："中日公司外部治理机制比较研究——以上市公司为中心展开"，载http://www.cg.org.cn/theory/wbzl/zrgswbzl.doc，2011年1月12日访问。

❷ See Steve N. Kaplan, Corporate Govemance and Corporate performance: A Comparison of Germany, Japan and the US, in Donald Chewed., Studies in International Corporate Finance and Governance Systems, Oxford University Press, 1997, p.252.

第五章 非上市公司治理：公司组织与利益相关者的权利制衡

但近年来，迫于经济全球化和资本市场国际化的外部压力，美国、德国和日本的治理模式也逐渐具有了趋同化态势。例如，日本公司与银行的关系也开始迈入"公司脱离银行"或"相互选择"的时代。

（二）国外非上市公司外部治理机制对我国的启示

上述美、德、日三国外部治理制度的经验表明，来自公司外部的压力有利于改善公司内部治理状况。例如，德国和日本的债权市场在限制经营者的控制权就有明显的效果。对此，我国大部分学者并不否认。但是在是否借鉴国外外部治理机制的问题上，我国学者间却存在一些争议，如罗培新教授在其论文中指出："制度资源具有国别差异，任何制度均无法自给自足，其有效性不仅取决于制度本身，而且还受制于诸多外部因素。"[1] 其意思是说，美、德、日和我国的文化互不相同，不能照搬它们的先进治理机制。但邓峰则认为，"就公司治理和公司法而言，作为法律中的技术性规则，并不存在所谓'中国特色'的问题。"[2] 即我们可以借鉴先进的制度规范。但笔者认为，公司治理的多样性与差异性是一种客观存在，为尽快跳出目前学界对我国公司治理改革存在的悲观论调[3]，我们应当在尊重这种多样性和差异性的基础上，借鉴国外先进外部治理制度中技术性规范，按照系统性和适应性的原则，构建出符合我国国情的公司治理模式。逐步改变、调整其法律和管制环境。具体表现在以下几个方面：一是完善我国股权转让市场。（1）强化非上市公司管理规定。根据

---

[1] 罗培新："科学化与非政治化——美国公司治理规则研究述评——以对《萨班尼斯-奥克斯莱法案》的反思为视角"，载《中国社会科学》2008年第6期。

[2] 邓峰："中国公司治理的路径依赖"，载《中外法学》2008年第1期。

[3] 认为中国的改革是一个从"采邑"到"宗法"的过程，不可能过渡到真正的市场。See Max Boisot and John Child, From Fiefs to Clans and Network Capitalism: Explaining China's Emerging Economic Order, Administrative Science Quarterly, Vol. 41, 1996, pp. 600~628.

《公司法》和《证券法》有关规定，尽快研究制定有关非上市公司股权转让的规定，明确其设立和转让股份的条件、程序、登记托管及转让规则等，并将对其监管纳入法制轨道；（2）完善机构投资者的治理角色。美国沃顿商学院教授迈克尔·尤西姆把美国公司治理结构的这种变化称之为由"管理人资本主义"向"投资人资本主义"的转化。❶ 二是完善我国经理市场。三是完善我国产品市场。四是完善我国债权市场。利用银行相机治理机制，完善公司破产制度，提高银行市场化程度。五是完善政府外部治理，即政府对于证券市场的监管机制。六是完善我国独立审计、会计制度的作用，以及会计、审计服务体系等一系列外部的治理制度。

---

❶ 李维安等：《美国的公司治理：马其诺防线？》，中国财政经济出版社2003年版，第64页。

第六章 非上市公司立法政策：公司和谐与利益平衡

第一节 非上市公司中的利益平衡概述

一、利益平衡的法学内涵

利益是主体对客体的一种价值判断，从法学角度讲，利益"是人类个别地或在集团社会中谋求得到满足的一种欲望或要求，因此人们在调整人与人之间的关系和安排人类行为时，必须考虑到这种欲望或要求。"❶ 而平衡作为一个法学范畴，较多地见于法理学和民商法学的论著中，"平衡"的涵义在不同领域，是有所区别的。在法学中我们所追求的平衡是社会各种利益的平衡，是当其发生冲突时，要对各种利益进行比较和选择，并做出评价的活动。人们在阐述与法律的正义性和公平性有关的问题时，常常使用这个范畴。在较少涉及公共权力和国家利益的私法领域，使用"平衡"范畴比较容易为人们所接受，因为私法调整的是一种既平等又对等的权利义务关系，"平衡"较之"正义"、"公平"等范畴更为具体和形象。❷ 所谓利益平衡是指"通过法律的权威来协调各方面冲突因素，使相关各方的利益在共存和相容的

---

❶ 罗斯柯·庞德：《通过法律的社会控制》，沈宗灵、董世忠译，商务印书馆1984年版，第81～82页。
❷ 张秋华、顾佳："论经济法域中的利益平衡"，载《行政与法》2010年第6期。

第六章 非上市公司立法政策：公司和谐与利益平衡

基础上达到合理的优化状态。❶

美国著名法理学家 E. 博登海默说过："法律的主要作用之一就是调和一个社会中互相冲突的利益，无论是个人利益还是社会利益。这个在某种程度上必须通过颁布一些评价各种利益重要性和提供调整这种利益冲突标准的一般性规则方能实现。如果没有某些具有规范性质的一般性标准，那么有组织的社会就会在做下述决定时因把握不住标准而出差错，如：什么样的利益应当被视为值得保护的利益，对利益予以保障的范围和限度应当是什么，以及对于各种主张和要求又应当赋予何种相应的等级和位序。如果没有这种衡量尺度，那么这种利益的调整就会取决于或然性或者偶然性（而这会给社会团结与和谐带来破坏性后果），或者取决于某个有权强制执行它自己的决定的群体的武断命令。"❷ 从上述内容来看，利益平衡至少包括以下几个含义：（1）社会生活中存在利益与利益冲突，法律上的重要目的之一是协调平衡利益。因为利益是人类自进入文明社会以来作为任何一个个体都在追求的目标。而正是因为有利益，而且很多情况下每个个体对利益的无限扩大的欲望会导致个体之间的冲突，作为社会的组织者的统治集团才会制定"一般性规则"，来界定每个个体的利益的边界，协调利益的冲突。这个规则就是法律。（2）法律作为调节利益的规则应当在制定时主要关注利益的价值（对各种利益进行价值判断，只有有价值的利益才值得法律保护），利益的边界以及协调和平衡利益的冲突。法律在协调多个有价值的利益时，应当考虑他们的位阶，即优先顺序问题。

利益法学家赫克将法律规范视为立法者为解决种种利益冲突而制定的原则和原理，法律确认、界定、分配和权衡各种利益。

---

❶ 陶鑫良、袁真富：《知识产权法总论》，知识产权出版社2005年版，第17～18页。

❷ ［美］E. 博登海默：《法理学：法哲学与法律方法》，邓正来译，中国政法大学出版社1999年版，第398页。

第六章 非上市公司立法政策：公司和谐与利益平衡

毋庸置疑，法律就是通过利益平衡来实现对冲突利益的调整，进而达到社会控制的目的。如何分配、协调与平衡各主体的利益自然也就成为法律规范最重要的价值判断与考量。❶ 对此，美国著名法学家罗斯科·庞德曾经作出过一个基本的判断，即应当得到法律保护并鼓励的利益包括以下几项：一般安全中的利益，包括防止国内外侵略的安全和公共卫生的安排；社会制度的安全，如政府、婚姻、家庭及宗教制度等；一般道德方面的社会利益，自然资源和人力资源的保护；一般进步的利益，特别是经济和文化进步方面的利益；最后且非常重要的一点，即个人生活中的社会利益。这种利益要求每个个体都能够按照其所在社会的标准过一种生活。❷ 对于上述理论，笔者认为虽然其在对"利益"的种类概括上有其独到之处，而且抽象度也较高，但是仍然没有解决一个最为重要，同时也是最实际的问题，就是当在一个具体的问题中，或一个具体的法条设计中，如果上述两个或几个利益发生了冲突，则应如何取舍，或者如何安排其优先顺序。在这个问题背后，还有一个更加深层次的问题，就是在对这些价值进行取舍或者排序的时候，有没有统一不变的标准，是什么标准，如何确定这个标准。这一标准的确定，其实最终还是离不开价值判断，也就是博登海默所说的"利益评价"，即公平、正义、利益、秩序、效率是法律永恒追求的价值目标，利益平衡则是法的基本价值判断标准。公平、正义等法的价值的实现有赖于利益平衡的实现。我们认为，所谓的利益平衡，就是指对各个主体的相冲突的利益主张（需求）进行衡量、调和，使有限的利益总量能够在各个主体之间形成一个各方都可接受的分配格局，从而避免矛盾

---

❶ 王红梅："法学研究视域之下的利益平衡"，载《经济与社会发展》2009年第1期。

❷ [美] E. 博登海默：《法理学：法哲学与法律方法》，邓正来译，中国政法大学出版社1999年版，第398页。

的激化，最大限度减少社会风险，促进社会和谐。❶

二、公司法上利益平衡之理论渊源

利益平衡理论是一个在法学领域，尤其是民商、经济法领域广泛运用的理论，无论从利益分配的结果还是从利益分配的手段来说，都在法学领域具有重要的理论和实践意义。公司法的重要作用之一是为公司法上的利益主体提供法律上的保护。❷ 而在公司法上，无论是经济学还是法学上的"利益平衡"，都可以从理论上追溯到"利益相关者"理论和"公司社会责任理论"。经济学家Ansoff最早使用"利益相关者"一词，他提出要制定理想的企业目标，就必须综合平衡考虑企业的诸多利益相关者之间相互冲突的索取权，这些利益相关者包括管理人员、工人、股东、供应商以及顾客。❸ 美国经济学家Freeman认为利益相关者是指那些能够影响企业目标实现，或者能够被企业实现目标的过程所影响的任何个人或群体，包括股东、员工、政府、供应商、客户、消费者、竞争对手、政治团体、行为群体，等等。❹

自20世纪30年代多德教授提出公司社会责任这一理论以来，公司要不要承担社会责任，以及如何承担社会责任一直是有关公司制度的焦点。尽管公司承担社会责任似乎是大势所趋，已成共识，但反对者从各个不同角度得出的观点却是有相当说服力的。他们或从自由市场经济的特征和性质出发，认为公司社会责任观念将从根本上破坏自由社会所赖以存在的基础，并宣称企业

---

❶ 李磊：《公司司法清算法理与制度研究》，复旦大学民商法博士论文，2010年，第27页。

❷ 张民安：《公司法上的利益平衡》，北京大学出版社2002年版，第1页。

❸ 贾生华、陈宏辉："利益相关者的界定方法述评"，载《外国经济与管理》2002年第5期。

❹ 王建华、王玲珑："基于利益相关者理论的企业生态责任问题研究"，载《福建行政学院学报》2010年第6期。

第六章 非上市公司立法政策：公司和谐与利益平衡

社会责任就是为股东们赚钱；或从公司内部治理结构的效率角度，认为如果董事经理等公司管理人员不对股东负责，而是对股东以外的其他人负责的话，将可能因董事等管理人员首鼠两端、左右其手而导致公司利益旁落；或依法律的经济分析方法，通过成本效益的比较后，认为公司社会责任的成本会在很大程度上以提高产品价格的形式由消费者来承担，同时也是慷他人之慨，削弱股东本人承担社会责任的能力；或从主体特定的角度出发，认为在企业社会责任问题上，没有一般的债权、债务关系上所可以看到的与责任相对应的特定的权利人，只能漠然地将一般公众社会全体看成其责任对象，稍不注意会很容易成为虚构化的内容，难以上升为法制概念。当人们在讨论公司社会责任问题时，很可能是在不同意义上使用着同一个概念。❶ 但不管怎样，"公司社会责任理论"还是打破了公司的设立和运作主要是为了实现公司所有人（股东）的利益这一信条，提出了公司不仅应当为股东服务，还要为利益相关人服务，考虑他们的利益。即公司的决策者们在日常的公司经营决策中，必须在上述非股东利益和股东利益之间作出平衡性的选择（因为它们之间有可能是存在冲突的），即不能只考虑股东的利益，还要考虑非股东的利益。也就是说随着公司社会责任理论的发展，不同的历史时期，公司法所保护的利益主体的范围是不同的。在20世纪20年代之前，公司法所保护的惟一利益主体是公司的股东，公司董事会的惟一社会责任就是尽一切可能和采取一切手段以确保公司股东利润最大化目标的实现；20世纪20年代之后，公司法学家开始提出新的社会责任的理论，认为公司法所保护的利益范围应当逐渐扩张，公司法不仅应当保护公司股东的利益，而且还应当保护公司股东利益之外的其他利益主体的利益。20世纪50年代以来，公司法应

---

❶ 转引自左传卫："公司社会责任理论述评"，载《湖南社会科学》2010年第4期。

第六章　非上市公司立法政策：公司和谐与利益平衡

当对公司法上的各种利益主体加以平等保护的观念正在日益深入人心，公司法对各种利益主体提供法律保护的制度正在逐渐确立，公司所承担的社会责任的范围已经和正在向广度和深度发展。❶

三、非上市公司中利益平衡关系

无论是"利益相关者"理论还是"企业社会责任"理论，都已经在外国公司法的立法和司法过程中产生了很大的影响，甚至直接导致了一些国家和地区的公司法改革。然而，我们也必须看到，从上述理论的产生和发展直至对立法产生影响的国家和地区来看，主要还是西方发达国家。这些国家由于经济发达，社会稳定，人民富裕，社会矛盾相对较少。而且更为重要的是，这些国家由于已经完成了资本的原始积累，市民社会得到较好的培育，正在向更高层次的富裕社会、福利社会迈进，对他们而言，当下需要解决的是全民福利的问题，也就是财富的均衡化分配问题。因此，从这些国家的公司法来说，可以从激励投资的角度来考虑立法目的。就我国而言，必须结合我国的国情民情，充分考虑各种理论的优点和弊端，寻找一种切合本国国情的理论来指导我国的公司立法。具体而言，就是如何协调和平衡公司、股东、债权人、公司管理层及公司员工等之间的利益，因为，在非上市公司中存在公司与公司的管理层、公司与股东、股东与管理层及公司与其他利益相关者等多种主体。而在非上市公司中，股东（大）会与董事会是公司法人治理结构中的两大权利主体，处理好他们之间的制衡关系对于公司来说至关重要。而股东（包括控制股东和中小股东）和董事，作为两大权利主体的人格化代表，他们相互之间存在以下关系：

（1）控制股东与中小股东之间的关系。在早期的公司法理

---

❶ 张民安：《公司法上的利益平衡》，北京大学出版社2002年版，第1页。

论中，对控制股东、中小股东的认定是单纯以其持有的股份数额为标准的。即持股超过公司发行的股份总额的51%者，即可对公司施加支配性影响，从而成为公司的控制股东；持股不足49%的股东则是中小股东。❶ 但是，随着社会经济的发展，股权的日益分散，股东对公司经营的控制并不需要持有公司过半数的股份就可以实现。此外，控制力的形成还可以通过企业合同和连锁董事等方式达到。因此，各国公司法对控制股东的界定都发生了变化。也就是说单纯从持股比例这一形式标准去认定控制股东、中小股东已不能涵盖现实生活中的各种实际控制情形。在美国、德国等国家，均采用实质标准来对控制股东、中小股东进行界定。长期以来，由于缺乏法律约束加之我国公司股权结构不合理的历史原因，控制股东利用其优势地位滥用控股权的问题在公司尤其是股份有限公司中普遍存在。郑百文事件、吉安股份事件以及致使大量中小投资者损失惨重的"亿安科技股价操纵案"无一不是例证。

（2）控制股东与董事之间的关系。除去独立的董事，绝大多数的董事都是由股东选举产生的。此时，资本多数决原则再一次推波助澜。控制股东拥有运用自己手中的选举权来决定到底由谁来担任董事，到底由谁来担任自己在董事会中的代言人，进而在实质意义上控制了董事会。这样选举出来的董事会无疑已经失去了独立性，董事与控制股东之间存在着利害关系，董事根本就成为了控制股东的代言人。

（3）中小股东与董事之间的关系。20世纪以来，在公司组织机构的权力分配上，出现了新的现象，股东会的地位逐渐下降，董事会的地位不断提高，公司经营决策权开始转移到董事

---

❶ 冯果、艾传涛：."控制股东的诚信义务及民事责任制度研究"，载王保树主编《商事法论集》（第六卷），法律出版社2002年版，第65页。

会，并形成学者们称之为"董事会中心主义"的现象。❶ 随着董事会权力的不断扩张，股东大会空壳化为董事滥用权力提供了现实的可能性。为此，平衡股东与董事，股东之间的关系和利益，对于建立良好的公司意义是毋庸置疑的。下面笔者试图从法哲学、法政治学和法政策学的角度对非上市公司中的利益平衡进行分析。

第二节　法哲学视野下的股东与股东利益平等
——平等原则的适用

一、法哲学理论下的平等原则

（一）法哲学上的法律价值

法哲学是法学的一个分支，早在公元前1世纪，古罗马的西塞罗便提出了以斯多亚哲学为基础的义务本位的法哲学，只是法哲学一词最早由C. W. 莱布尼茨在1667年所著的《法学研究和教授的新方法》中使用，并且到1821年才成为一门学科的名称。当年黑格尔完成了《法哲学原理》，其在该书中把法哲学作为其世界解释体系的一部分，并形成了以哲学为基座的法哲学传统，现在关于"法哲学"的书则汗牛充栋，❷ 当前的法哲学是长期发展的结果。❸ 大体上经过了自然法学派、哲理法学派、古典实证主义法学派、马克思主义法学派、古典法社会学派、实用主义法学派、分析法学派等不同的时期，其中边沁和奥斯汀从功利主义和实证主义向传统的自然法哲学提出了挑战。❹ 当然，法哲学也只是一种法学研究方法，20世纪初，菲利·普黑克倡导"利益

---

❶ 雷兴虎：《公司法新论》，中国法制出版社2001年版，第34页。
❷ 徐国栋：《民法哲学》，中国法制出版社2009年版，第3页。
❸ ［德］H. 科殷著：《法哲学》，林荣远译，华夏出版社2002年版，第5页。
❹ 张乃根：《西方法哲学史纲》，中国政法大学出版社1993年版，导论第8页。

第六章 非上市公司立法政策：公司和谐与利益平衡

法学"，认为法律的规定主要涉及：为保护特定社会上的利益，而牺牲其他利益，依哈里·维斯特曼的见解，至少在私法的领域中，法律的目的在于，以赋予特定利益优先地位，而他种利益相对必须做出一定程度退让的方式，来规范整个人或社会团体之间可能发生的，并且已经被类型化的利益冲突。❶

从法哲学上理解，利益平衡的关键是如何坚守"正义"之价值。因为"正义"为社会制度之首要价值，除常被用作评量社会制度之标准外，并依据正义原则来分配个人之基本权利和义务及划分社会利益和负担。然而正义之概念内涵虽具有不确定性及多义性。罗尔斯在《正义论》（A Theory of Justice）一书中，开宗明义地指出"正义即公平"（Justice as fairness）观念，其立论背景系鉴于历史经验，为突显个人主体自由，而相对淡化对于自我责任之要求，使得自由受到滥用，甚至忽略对于他人自由之尊重而无法实现正义之要求。因此，罗尔斯试图透过理论之建构，除延续对于个人自由之保障外，更希望能实现正义。基本上系处于无知之幕（the veil of ignorance）之状态下，亦即个人因为无由得知任何有关个人或所处社会之特殊讯息，而只能在不同选择中，选择相较于其他较差结果中较好之结果。透过此等类似机会成本之选择规则，以避免如同功利主义允许在产生最大利益总额之前提下，容许漠视或甚至剥夺部分个人之自由。❷

在非上市公司中，利益冲突较为明显，其中具体体现为大股东与小股东，股东与公司管理层等之间围绕着股东权与控制权展开斗争。以控制股东与小股东为例，从经济人理性的角度分析，驱使某一经济主体从事行为的根本动机在于其从这种行为中获取的收益所付出的成本。而公司股东获取的收益包括直接收益和间接收益，直接收益包括股利分配和资本利得，体现为货币收益；

---

❶ ［德］卡尔·拉伦茨：《法学方法论》，商务印书馆2003年版，第1页。
❷ See John Rawls, A theory of Justice, Stanford University Press, 1971, p. 153.

而间接收益主要是公司控制权的行使,主要是非货币收入,如在个人偏好满足、职业消费和关联交易等方面获得的收益,可能是货币收入或非货币收入,等等。其中在间接收益方面,控股股东获得的是一般股东所无法享受到的,二者之间存在某种不公平。因此,控股股东与一般股东在公司中的关系体现为如何实现收益和应该付出什么成本。可见,公司法在立法上要考虑如何体现"正义",在公平、效率上兼顾利益平衡。公法规范一般是强行法或强制性规范,一般依靠政府的管制或调节,而不允许当事人依自由意思排除以追求安全、公平和公正的理念为规范内容;私法规范一般体现为任意法或任意性规范,遵循意思自治原则,以自由、平等和效率为价值目标。其中,最为重要的基础是股权平等还是股东平等的制度设计。

(二)平等原则之具体内涵

股东权从法律规范上分为共益权与自益权,而同股同权原则是适应于股东权的自益权部分的,但是如果将同股同权原则不加权能区分地适用于整个股东权,则共益权部分亦被这一原则绝对化了。而共益权部分同股同权绝对化,其实是中国式公司股权结构下的治理症结,它的不良反应是,在全部公司股东中,在行使股东权中的共益权时,除控股股东能按自己意愿而获益外,中小股东的共益权包括表决权被分化、萎缩而最终形同虚设。同样,自益权的绝对性排除了中小股东的共益权权能。为此,对同股同权在自益权和共益权部分分别适用,以此寻求股东权权能的合理配置,达到全部股东共益权的最佳合理实现方式。实际上,现代公司已经从股权平等向股东平等过渡,在具体的法律制度上如何协调股权平等与股东平等原则,尚需要不断深入和探索。[1]

如何有效保护少数股东免于受大股东滥权侵害,实为健全公

---

[1] 王义松:《私人有限公司视野中的股东理论与实证分析》,中国检察出版社2006年版,第329页。

第六章 非上市公司立法政策：公司和谐与利益平衡

司治理不可或缺要素之一。经济合作暨开发组织（Organisation for Economic Co-Operation and Development，OECD）于其2004年公司治理原则（OECD Principles of Corporate Governance）中，即将股东平等对待（The Equitable Treatment of Shareholders）列为公司治理六项要素之一。❶据此，可知国际上发展对于强化股东权之趋势，以及对于股东（尤其是少数股东）给予公平待遇之原则，于当代公司法学中实具有相当重要之意义。

然时至今日，所谓股东平等，仍然是众说纷纭，莫衷一是。我国台湾地区学者认为，公司对该股东按其持有股份的数额，应予以比例上平等的对待，此乃"比例上的平等"，或为"股东平等原则"之由来。❷而在我国大陆，有学者认为，股东平等包含以下之内容：股东主体平等、股东权平等和股东诉权平等三原则。❸也有学者认为，股权平等包括股份内容平等、股权比例平等和股权平等原则。❹还有学者认为，人们习惯将股东平等等同于股权平等，当然股权平等是股东平等的重要内容，但并非股东平等的全部，股东平等具有更丰富的内容。❺换句话说，股东平等与股份平等不完全是一回事，实际上股东平等指的是股东人格平等、股东实体权利平等和股东诉讼权利平等。

1. 股东人格平等

股东人格平等，即股东不论地位高低和资本多少，均享有同等的法律地位和股东权利。股东人格平等强调以资本多数决原则

---

❶ 转引自黄铭杰："'股东'平等原则vs.'股份'平等原则——初探股东平等原则复权之必要性及可行性"，载《月旦民商法杂志》2011年第31期。

❷ 转引自刘渝生："股东平等原则与股东会之决议"，载《东海法学研究》1996年第11期。

❸ 王继远：《控制股东对公司和股东的信义义务》，法律出版社2010年版，第250~251页。

❹ 转引自刘俊海："论股权平等原则"，载《法学杂志》2008年第3期。

❺ 转引自夏文川、方铁道："试论股东平等原则"，载《江西财经大学学报》2002年第6期。

为基础，与股东人格平等原则二元标准对立统一，两者相互牵制。以股东主体平等原则限制资本多数决原则下大股东的权利滥用，以资本多数决原则保障大股东与小股东的差别待遇实现实质公平，最终实现大股东、中小股东权利的平衡，保障中小股东权利。❶ 具体而言，股东平等原则包含以下几层含义：其一，所有股东的法律人格是平等的；其二，基于股东身份所享有的权利性质和类型是相同的；其三，在公司的实际运作中，股东权利的行使在状态上是有差异的，但是这种差异可以依据股东自愿增减其所持股份而发生变化；其四，股东应该遵循同样规则转让股权，所有股东均可以以抛售股份的形式作为保护自身利益的最后手段。这是实现股东平等原则之必要的外部条件。在我国公司立法上，有不少体现股东平等原则的规定，如同股同权和同股同利（第130条）、一股一表决权（第106条）、按股份分配剩余财产（第195条）等。股东平等是从主体的角度出发界定平等的，它是民法上的公平和诚实信用原则在公司法上的具体化，它有利于防止和救济资本多数决之滥用，使大、小股东之间的利益得以平衡，保护中小股东的利益，形成实质上的平等。

2. 股东实体权利平等

股东实体权利实际上就是股东权，它包括股东自益权和股东的共益权，前者指股东以从公司获得经济利益为目的的权利。我国公司法第4条将之概括为资产受益权，具体到法条中则主要有新股认购权（第138条第4项）、股份转让权（第143条）、股利分配请求权（第177条第4款）、剩余财产分配请求权（第195条第3款）等。后者则指股东以参与公司的经营为目的的权利，我国公司法第4条将之高度概括为重大决策和选择管理者的权利。此外还从其他各章作了一些具体规定，如股东大会出席权

---

❶ 转引自王宗涛："股东平等原则与中小股东权益保护——以有限责任公司为视角"，载《中南财经政法大学研究生学报》2009年第4期。

及表决权（第 106 条）；公司章程、股东大会会议记录和财务会计报告查阅权（第 110 条）；建议权和质询权（第 110 条）等。股东权平等原则具体内涵包括：(1) 权利完整性、充分性；(2) 表决权平等；(3) 平等的信息获取权；(4) 利益分配权平等。

3. 股东诉讼权利平等

股东诉讼权利是指当公司股东大会、董事会的决议有违反法律，侵害股东利益的情势时，股东享有的提起诉讼以保护自己合法权益的权利（《公司法》第 11 条）。其中，股东诉权包括股东自益诉讼和股东派生诉讼。

4. 公司法人人格和责任平等

主要体现在公司法人制度上，每个股东都是一个投资者，以其出资为限对公司承担独立责任。同时公司法人人格的独立和股东有限责任合理地分配了由于生产的社会化和社会分工而产生的利益和负担，使公司股东和公司债权人可以各得其所，于和谐的社会秩序中促进现代经济的成长，因而，严格恪守公司法人人格和股东有限责任制度即是维护实质正义。由此可见，所有上述制度的设计无疑都是公司法上对所有股东适用的，是规则平等，也是实质公平。

保护股东权是现代社会本位和经济民主的必然要求，股份平等造就了大股东与小股东实质上的不平等，一定要对股份平等进行矫正，以使股份平等向股东平等回归，其目的就是要寻求股份平等与股东平等之间的利益平衡。❶

二、平等原则作为公司法规范正当性之依据

对于非上市公司中"多数股东——少数股东""大股东——小股东"及"法人股东——自然人股东"间股东平等之具体制

---

❶ 转引自高永周："论股东平等与股份平等的背离与回归"，载《湖北经济学院学报》2009 年第 1 期。

度——资本多数决原则是否存在"不合理的差别待遇",进而深思公司法规范的合理性。我们认为,任何差别待遇的规定,基本上都是作为追求特定目的的手段,所以从手段与目的间的关系出发,判断手段是根据各差别待遇是否"合目的性",以判断其是否合乎平等,可以说是平等审查的最基本判断标准。但应当注意的是,所谓"立法目的"或"制度目的"本身需要符合以下三个要求:(1)必须有差别对待的法理;(2)必须有差别对待之标准;(3)须判断差别对待之合理性。质言之,合理之差别对待须符合"比例原则"与"本质目的"。

单就差别待遇的类型,分别适用不同的审查模型。第一类差别待遇本身所追求的"目的"是追求公平、正义的实质平等。此类差别待遇合理与否,可以适用传统"合目的性"的平等审查模型。因其仅涉及平等或不平等的判断,结果属于绝对的合理与否,而非相对的限制比例程度的衡量,故无比例原则适用的余地。而第二类差别待遇本身所追求的"目的",因其他特殊的政策目的,而与实现平等公平或正义无关,则可以适用比例原则作为平等审查模型。此类差别待遇即非根据不相同特性所作不相同处理,应该属于不平等,其构成了对平等权的干预,但因所追求的政策目的的缘故,审查的标的涉及两法相互对立、冲突的现象,故仍有适用比例原则正当化的可能,亦即其所适用平等审查模型,基本上与自由权之审查无异。❶ 此种区分不同类型繁荣差别待遇所追求的目的,而适用不同审查模型的平等原则审查方式,从"目的最适"的观点也可加以合理化:首先,前述第二类差别待遇明显系牺牲人民之平等权,以追求一个更高利益(其他特殊之政策目的),从而有必要严格审查手段与目的间之合理

---

❶ 转引自许宗力:"从大法官解释看平等原则与违宪审查",载《宪法解释之理论与实务》(第二辑),中央研究院中山人文社会科学研究所2000年版,第107页。

关联性；其次，对于前述之第二类差别待遇，若仅根据单纯之"合目的性"或"事物本质"作平等审查，则平等审查很可能徒留形式，因该差别待遇所追求之政策目的很容易就可证明其本身构成差别待遇之正当理由。❶

徐国栋教授通过考察发现，平等原则属于宪法原则，民法中的平等属于不得歧视的命令，进而将平等观大致可分为描述性的、规范性的、形式性的和实质性的平等观，认为平等的类型分为法律面前平等、法律中的平等和不得歧视中的平等三种。❷ 既然平等原则是宪法的客观价值秩序，立法者必须斟酌社会现实事务之本质，权衡宪法之整体价值体系，方能使其规范同与不同之法律效果之立法行为，有合宪性之正当合理基础。平等原则源于自然法理念之公平与正义，适足以作为检验公司法具体规定有无背离实质正义之准绳。易言之，小股东权利的实质保障，实有赖于平等原则具体实践于公司法规范中，其核心制度是资本多数决原则。

三、平等原则之于股东权利的运用

（一）平等原则之一般功能

1. 保障机会均等

在民主原则下，一切人民的价值均为平等，而人民的政治意见的价值亦属平等。在宪法上，公民在适用法律上要坚持一律平等原则，要如同一枚硬币必须有正反两个方面，反对歧视和特权，秉承公平、公正的效果。❸ 而在公司法上，要在资本多数决

---

❶ 转引自许宗力："从大法官解释看平等原则与违宪审查"，载《宪法解释之理论与实务》（第二辑），中央研究院中山人文社会科学研究所2000年版，第117页。

❷ 转引自徐国栋："平等原则：宪法原则还是民法原则"，载《法学》2009年第3期。

❸ 转引自陈浩铨："公民在适用法律上一律平等新论"，载《法治论丛》2009年第3期。

原则下，由于每个人都有固定之一票机会可自由选择决定其意见，故在机会平等下，今日虽为少数，明日或成为多数。易言之，多数与少数自始既非固定而系流动者，则取决于多数并非压制少数，少数仍有其成为多数的机会。

2. 协同多数利益

在民主政治下，因有宪法及法律保障人身及言论等自由，故通常多数意见的形成，要经过自由投票而得，非出于威逼胁迫，或武力之驱使。尤其赞成性意见对反对性意见，经自由辩论后互相影响，从而形成所谓协同多数（concurrent majority）之团体意思。这个多数，实为社会上各种冲突的利益团体互相调和妥协后的再结合，而成为一全新的社会意志，故称之为"协同多数"，已非单纯数量上的多数可比。因而，少数服从多数的决定，已有其实质上之充分理由与根据。对此，德国学者进行了很好的概括："基于私法自治原则，在行使领导权中，公司决议如同公司章程一样，其合法性取决于其正确性。'正确性'标准在于票数——以全票或多数票通过的便视为正确。"❶

3. 确保公司民主政治

虽然多数决要经过讨论、理解、妥协、自由投票等过程，使社会上对立矛盾的利益趋于均衡的一种方式，但此一方式，并非保证所有经由此一过程而成立之团体意志，均较"专制"、"独裁"或"少数人"的明智决定为优越或更有价值与接近真理；相对地，有些专制帝王与独裁英雄是卓越的人物，其判断与抉择常属正确而贤明。就此以观，多数决单纯仅系数量上之表示，确实会使人怀疑其价值。然而，为求确保公司民主政治于不坠，虽明知少数人或一人确属贤明，仍宁可牺牲此一较正确的决定，而确立多数人的优越观念，让人民自己决定自己的事务。

---

❶ 转引自朱慈蕴："资本多数决原则与控制股东的诚信义务"，载《法学研究》2004年第4期。

第六章　非上市公司立法政策：公司和谐与利益平衡

（二）平等原则之实现——小股东权利之保障

股东在公司中的角色是通过股东权的行使来实现的。股东权的配置是一个世界性的问题，凡存在公司制度的地方，不可避免地存在股东权之间的利益冲突。大家知道，股东权有两个最基本的原则，有限责任原则和同股同权原则。股东有限责任原则是公司法的基石❶，早已为人们普遍接受。但同股同权原则有些绝对化，它与资本多数决原则一样在实践中却受到批评和质疑。尽管在民主宪政体制下，资本多数决仍然为议会民主政治运作的基本原理。即一方面少数人应依"服从多数"的原理，顺从多数意见为"整体共同意见"；另一方面，多数人亦应依"尊重少数"的原理，允许少数人充分、继续提出说明其意见，并藉由妥协、说服等方式，使"少数意见"能全部或一部为"多数意见"所接纳包容，甚或顺应时代潮流，但诚如 James Bryce 教授所言，纵然是最热衷民主政治者，亦不敢断言多数意见必定正当，亦即不敢倡言多数票决必然贤明。民主政治的真谛，即在于容许少数人能藉由说服方式，以影响多数人的观念、进而变更多数人的行为，同时，也可以自行努力成为多数人，来变更过去多数人所作的决议。❷ 原因在于在现代公司中，资本的高度集中和控制权的争夺，特别是法人持股、机构持股的出现，公司的股份并不是呈分散趋势，而是已经越来越相对趋于集中，这种现象在日本被称为"法人资本主义"❸。由于持股相对集中，中小股东（尤其是个人股东）在大企业中的影响大为下降，这样，持股与被持股公司、控制与被控制公司，它们的关系不是朝分离的方向发展，而是几乎趋于完全等同的一人状态，以至于公司控股权与其所有权

---

❶ 虞政平：《股东有限责任——公司法的基石》，法律出版社 2001 年版，第 12 页。

❷ 李鸿禧："多数决原理之民主宪政真义"，载《宪法与议会》（台大法学丛书），植根杂志社有限公司 1997 年版，第 100 页。

❸ 施天涛：《关联企业法律问题研究》，法律出版社 1998 版，第 16 页。

第六章 非上市公司立法政策：公司和谐与利益平衡

已相分离的传统时代价值的观点，受到了现实的挑战。即在股权结构集中型态的我国企业体制下，公司高级管理者可能由主要股东担任，或由其聘任的经理人担任，此时既需要防止主要股东只顾及自身利益，甚而利用职权进行利益输送而侵害一般小股东的权益。也需要缓解强势大股东与弱势少数股东间的对抗关系。因此，虽然公司法为少数股东的权益，针对公司为合并、收购、股份转换及分割等企业组织再造行为，设有股份收买请求权等相关规定，赋予异议股东在符合一定条件下，请求公司以公平价格收买其股份，但是，在资本多数决原则的假象下，多数派股东会通过对少数派股东的欺诈、压迫或挤出合并等手段侵害小股东的权益。

（三）股东利益平衡之法律保护

非上市公司股东主要是非流通股份的发起人，包括控股股东、非控股股东、法人股东、国有股股东、自然人股东。不同类型的股东承担的风险、责任、在企业价值创造中的角色不同，风险偏好、价值取向及利益并不完全一致，甚至冲突。例如，内部控股股东通常是公司价值的创造者和价值分配决策者，承担更多的企业长期经营责任，属于长期股东，关注公司核心竞争力和持续竞争、盈利能力。而其他少数派股东或自然人股东则关注的是股票的财产性收益，其最大的目标是追逐利润。但是，非上市公司的投资者在投资之后也要参与公司的管理与决策以及在公司中被雇佣而成为公司的管理者、决策者，甚至成为公司的雇佣者。因此在非上市公司中股东的利益平衡之一仍存在于控制股东与少数股东之间。

依据公司法规定，公司是由股东出资设立的，股东作为出资者按投入公司的资本额享有股东权，即按持有的股份比例分配公司利润，按所持股份参加股东大会，每一股份享有一个表决权。股东所持股权量越多，其在股东大会上的表决权越大；董事名额分配也与股东持股量成正比。当股东持股数量达到公司全部股份

第六章 非上市公司立法政策：公司和谐与利益平衡

的半数以上时，他即享有了公司的绝对控制权。因此，公司的事务实际是由拥有公司多数资本的股东决定的，控制股东可以通过在股东大会上行使表决权左右局面，还可以通过担任董事或派出董事控制董事会。也就是说，拥有多数资本的股东不仅支配自己的股权，而且通过董事会和股东大会的表决机制，还间接支配控制其他少数股东的股权。

尽管同股同权是合理的，就像当初认为少数服从多数是合理的一样。但是实际情况是大股东为了自己的利益而经常据此损害小股东的利益。也就是说，同股同权极易导致控股过半数的大股东操纵公司决策权的情况发生。股份平等并不等于股东权利平等。大小股东之间权利失衡问题还表现为董事长和董事之间的权力失衡。❶ 特别是控股股东的利益和外部小股东的利益常常并不一致，两者之间存在着严重的利益冲突。在缺乏外部控制威胁，或者外部股东类型比较多元化的情况下，控股股东可能以牺牲其他股东的利益为代价来追求自身利益，通过追求自利目标而不是公司价值目标来实现自身福利最大化。❷ 其主要原因在于一方面，公司中如果存在持股比例较高的大股东，那么就会产生控制权收益。这种收益只为大股东享有，而不能为其他股东分享。另一方面，股权集中在少数控股股东手中，导致控股股东掠夺小股东问题的发生。总之，控股股东可能采取多种手段掠夺小股东，如支付给公司高级管理者过高的报酬（高级管理者常常由控股股东派出自己的代表担任），控股股东通过上市公司担保而取得贷款，股权稀释，关联交易，窃取公司的投资机会或者迫使公司投

---

❶ 张公信："试论公司法应体现的社会正义理念"，载《河南工业大学学报》（社会科学版）2005 年第 4 期。

❷ 转引自杨松令、李丽莎："建立和谐共生的股东关系初探"，载《会计之友》2010 年第 6 期（上）。

第六章 非上市公司立法政策：公司和谐与利益平衡

资于不获利但却有利于控股股东的投资项目，等等。❶

而实现控制股东与少数股东之间的利益平衡，一方面要对大股东控制股东进行规制，另一方面要加强对少数股东的保护，具体来说就是要平等保障股东预期利益，通常有三条路径：协议保障、立法保障和司法保障。❷

1. 协议保障

公司股东依法享有资产收益、参与重大决策和选择管理者等权利。可以说，股东的权利和权益均是围绕上述权利展开的。而公司出资人或股东（为便于叙述以下统称"股东"）通过在股东会上行使股东表决权来对上述权利的行使和展开。而表决权的行使除股东按照投资比例行使表决权外，一般情况股东在公司章程中另有规定。因为公司股东在设立公司时均采用工商行政管理部门或者公司设立代办机构提供的《公司章程》固定范本。不过这些文本通常只规定了一般原则，不会针对股东的具体情况在法律允许的范围内作出符合实际需要的约定。这样的公司章程往往由于公司出资比例设计的不合理、股东对公司法人治理的无知等原因，造成大股东（控股股东）一股独大、一言堂的局面。而在这样的现实下，大股东控制着公司的董事会、董事长等公司管理部门，极可能出现放任他人或自己有意损害公司利益，而导致小股东（非控股股东）利益受损且得不到保护的后果。因此，还需要立法保障。

2. 立法保障

通常认为少数股东即是占公司发行的股份总数的比例不到一半的股东的集团，它是一个相对于多数派股东的概念。少数股东的权益保护问题在公司法理论界进行了反复的探讨。但是用什

---

❶ 转引自余明桂、夏新平、吴少凡："公司治理研究新趋势——控股股东与小股东之间的代理问题"，载《外国经济与管理》2004年第1期。

❷ 转引自赵学刚："求解有限责任公司股东预期利益实现的制度困境"，载《重庆大学学报》（社会科学版）2009年第2期。

样的方法才能切实地保护好少数股东的权益，到现在依然是一个难以解决的问题。因为有一个原则是在讨论少数股东的权益的时候必须要加以考虑和顾及的，这个原则就是资本多数决原则。正因为这个原则的存在，如何既保护了少数股东的权益，又不违反公司法的这个基本原则，便成了一个让法学家们深感棘手的问题。为此，学者建议应该保护少数股东的单独股东权、少数股东权、累计投票表决权、少数股东股份购买请求权，等等。❶

另外，在美国纽约州 Gimpel v. Bolstein 一案❷中，法官主张闭锁公司创始股东之间的关系，在很大程度上类似于合伙人之间的关系。因此，各国立法通过直接规定股东之间信义关系来确保小股东的权利和课以大股东的义务，如我国《公司法》第148条就明确规定了董事、监事和高级管理人员对公司的忠实义务和勤勉义务。

3. 司法保障

在公司法理论中，"资本多数决"原则是贯穿始终的一条最基本原则，因此，在实践中人们常按持股数量多少和对公司的实际控制权大小将公司的参与者的股东分为控制股东和少数股东，或者叫做大股东和中小股东。在公司的运行过程中，由于该原则的作用，"两类股东之间发生结构性、普遍性的利益冲突也是必然的"❸。因此，对如何协调两者利益关系，特别是制衡和防止控制股东滥用权利、维护少数股东合法权益方面的课题研究，长期以来一直是中外法学界长期的研究课题。为此，在我国新公司法中，都大大拓展了司法介入公司运作的空间。"法院"一词在新公司法条文中出现了23次。在股东大会、董事会决议的撤消请求权（新《公司法》第22条）、股东的查阅权（新《公司法》

---

❶ 转引自龚桂莲、潘鹰："以股份买取请求权为中心浅谈闭锁性公司的少数股东权益保护"，载《西南民族学院学报》（哲学社会科学版）2001年第10期。

❷ See Gimpel v. Bolstein, 477 N.Y.S.2d (Sup. Ct. 1984), p. 1024.

❸ 钱卫清：《公司诉讼》，人民法院出版社2004年版，第5页。

第34条），以及异议股东股份回购请求权（新《公司法》第75条）和公司的司法解散请求权（新《公司法》第182条）中，都活跃着法院的身影。原因在于公司法中有太多私法自治的空间，这个法院的裁决增加了自由裁量的空间。

第三节 法政策学理论下的公司与股东利益平衡
——公司权力与股东权利

一、法律政策学概述

法律政策（Rechtsplitik，legal policy）和法律政策学概念，早在19世纪末就已被欧洲的法学家们广泛使用。1893年波兰俄裔著名心理学家莱翁·彼得拉茨基在其所著两卷本的《收入学》便提出自己的法律政策计划。嗣后，又在1896年其《法律政策学导论》一书中系统论述了法律政策与法学理论之间的关系、法律政策的社会理念……及法律政策的方法等问题。而英美国家则迟至20世纪40年代初才由美国政治学家哈罗德·拉斯威尔（Harold Lasswell）和国际法学家麦克道格尔（M S Mcdougal）开启法律政策学研究之门。麦氏在刊于《耶鲁法律杂志》（1943）的《法律教育和社会公共政策》等论文，提出有关法律政策学的许多基本问题，并作了较为深入的研究。❶ 他们指出，法律政策学（Policy Science of Law）意味着法律制定、执行及其解释的政策考虑，也隐含着为政策制定、执行及解释法律的可能。❷ 1950年，拉斯威尔在与卡普兰（A Kaplan）合著的《权利和社会：政治研究的框架》一书中正式提到"政策科学"一词，

---

❶ 详见胡平仁："法律政策学视野中的法本质"，http：//www.dffy.com/faxueji-eti/zh/2003，11/20031119086125.html；访问时间：2010年10月1日。

❷ See M. S. McDougal, *Jurisprudence for a Free Society*, 1 GEORGIA L. REV. pp. 1~19，1966.

1951年其又与丹尼尔·赖纳（Daniel Lerner）合著并出版了《政策科学》一书，至此，宣告了现代政策科学在美国的正式诞生，❶嗣经其与以色列学者叶海卡·德洛尔（Yehezkel Dror）的热衷推展和卓越的研究，政策科学乃与哲学、政治学、法学、经济学、社会学、心理学、数学、决策科学、管理科学等相互影响、援用、交流时下新兴的一门应用学科。拉斯威尔也因此被英美国家视为"法律政策学"的创始人。具体来说，所谓法政策学，是有关下列内容的一般性理论框架和技法：从法的角度对意思决定理论进行重构、并与现行的实定法体系相联系，设计出法律制度或者规则，由此控制当今社会面临的公共问题、社会问题，或者提供解决这些问题的各种方法、策略，或者就这些方法、策略向法律意思决定者提供建议。❷

从性质上看，由于法律政策学是一个新兴的法学领域，所以学者常对于"何谓法律政策学？法律政策学研究方向为何？"这类问题存有模糊甚至错误的认识。鉴于我国法律学界通常将法理学视为综合性的法学理论学科，若欲对法律政策学也作一学科定位，则它可以说是法理学中之继法哲学、法社会学、法经济学之后的综合性的应用研究，是法哲学通向部门法学的桥梁。欧洲大陆研究法律政策的学者，一般也倾向将其视为一门独立学科，不仅在法律技术层面考察立法程序、步骤、目标设定的合理性，而且纳入法哲学的范畴中加以研究。❸

从价值上看，如果说法律政策学是法哲学通向部门法学的桥梁，那么，法律价值理论（包括价值多元、价值冲突、价值选择

---

❶ 吴定等著：《行政学》（二）（修订版），国立空中大学出版社2006年版，第5页。

❷ 转引自解亘："法政策学——有关制度设计的学问"，载《环球法律评论》2005年第2期。

❸ 转引自胡平仁："法律政策学的学科定位与理论基础"，载《湖湘论坛》2010年第2期。

与价值平衡等等）乃是法律政策学与法哲学之间的纽带。法律政策学的价值论背景，实际上触及两个问题：一是面对多元文化观念所必然会带来的价值冲突，二是由此引发的价值选择与价值平衡。也就是说，法律政策学的价值论基础实际上意味着法律的政策考量，即立法、执法、司法和仲裁过程中，面对复杂多变的世态和面目各异的个案所作的政策定向与自由裁量，也就是用政策的观点和方法来研究和处理法律问题。❶

二、法律政策学分析之理论基础

法律乃达成特定政策目标之工具，因而法律具有工具性，以及伴随着工具性而来之合目的性。从其来源来看，法学与政策学应该说是同宗——它们都起源于政治学。只不过法学脱胎于政治学的历史要古老得多，而政策学脱胎于政治学则是20世纪以来的事，即使从作为政策学前驱和分支的社会政策学来讲，也还不到一个半世纪。法政策学之研究目的，可以用两句话表达出来：从政策之观点看法律，从法律之观点看政策。从政策之观点看法律，着眼于法律之工具性以及合目的性，探究如何使法律能顺利达成其所代表之政策。从法律之观点看政策，重点在政策之适法性以及可行性，究明政策是否适合或有必要以法律出之。概言之，法政策学基本上乃研究法律与政策二者相互关系的学问。即从民主政治、法治国家的观点而言，政策往往必须经由法律之制定、施行，才得以推行。然则，法律常表现出特定政策目标与政策内容，而政策则每每表现在法律规定之中，法律与政策有着密切之关系。法律与政策二者之密切关系，尚可从立法政策之观点来看，现代法治国家皆试图透过法律来影响、改变人们之制度性行为（institutional behavior），使人民之行为朝向决策者、立法者

---

❶ 转引自胡平仁："法律政策学的学科定位与理论基础"，载《湖湘论坛》2010年第2期。

第六章 非上市公司立法政策：公司和谐与利益平衡

所企求之方向。但是，法学和政策学仍然有重大区别，这在于它们各自的研究视角与核心不同。经过两千多年的发展、演变，如今的法学可谓是枝繁叶茂，蔚为大观，但一言以蔽之，则是以权利为核心，是关于权利的科学。而与以权利为核心和立足点的法学不同，政策学的视角与立足点在于权力。❶ 也就是说，政策学着重于"权力"；法学则偏向于"权利"。法律政策学则是对权利和权力关系的考察。但是对权利与权力两种观点的价值取向在许多情况下往往是不一致的，有时甚至是相互冲突的。从权利本位的观点出发，法律是悬挂政策的衣架；而从权力本位的观点出发，法律则成了实施政策必须跨越的栅栏。如果在法律（权利）和政策（权力）两极对立中，执其一端，是无法调和其矛盾的；而将其放在法治的天秤上来衡量，则轻重立判。当然，法律政策学在平衡通过法律和政策而体现出来的外部性权利与权力关系方面的作用既然明了，那么，体现在法律内部的权利与权力的关系上，其也会有所作为。只是法律内部权力与权利的矛盾主要是由立法造成的，而与执法和司法没有直接的因果关系，因而其解决也只得从立法环节入手。说得具体一点，就是要抓住立法政策这个牛鼻子，从理论和技术两个层面，理顺公共政策、立法政策和法律政策这三者之间的关系，弄清其相互间的转换机制，从而达到通过立法环节平衡法律内部权力与权利矛盾的目的。❷ 基本上，"政策"与"法律"具有高度之连贯性，此"连贯性"内容（即中间变量），应包括三大部份："政策与法律的层面"、"将政策转化为法律"❸ 及"法律之效能及效果"。其中，政策与法律的层面主要涉及到政策与法律结合为一体，立法者必须考虑可能

---

❶ 胡平仁："法律政策学：平衡权利与权力的科学"，载《当代法学》2001年第3期。

❷ 同上。

❸ 陈铭祥："立法政策－将政策转化为法律之理论与实践"，载《月旦法学杂志》2002年第86期。

第六章 非上市公司立法政策：公司和谐与利益平衡

会影响其结果的主要因素，包括："立法干预之领域"（area of intervention）、"法律干预之层级"（level of intervention）及"立法之形式"（form of legislation）。如美国法学家约翰·奇普曼·格雷和博登海默，把政策视为一种法律渊源，只不过，他们所说的政策（公共政策）不同于法定政策或法律政策，而是指尚未被整合进法律之中的政府政策和惯例。❶ 而"将政策转化为法律"主要系指政策内容如何透过法律之制定与执行方式予以实现而言。亦即如何以法律条文方式表达主要政策内容。法律规定的内容或事项，或出以单纯之强制、禁止规定乃至诱因鼓励方式；或设计出较复杂、精巧之制度、作法，以为执行机制之设计与运用。立法者可选择其一或兼采数种，惟应注意无论采取何种执行机制，均须考虑执行机关之执行能力问题。如德国学者赫克、美国学者德沃金等把政策视为法律的内在构成要素之一。赫克认为，法律规范仅仅是立法者解决利益冲突而制定的原则或准则。其中包括当局的政策。在德沃金看来，法律不仅仅是规则，还包括非规则的其他标准，即原则和政策，任何复杂的立法案，都既需要原则也需要政策两方面的考虑，尤其是在处理疑难案件时，往往不是规则而是原则和政策在起作用。因此，他提出了法律的"规则—原则—政策"构成模式。❷ 而"法律效能（efficacy）及效果（impact）"，意即法律所规范之目标群体是否遵守法律及其影响程度，它根据目标群体之不同，分为个人部分及政府部分。

---

❶ ［美］E. 博登海默：《法理学：法律哲学与法律方法》，邓正来译，中国政法大学出版社1999年版，第413～415、463～468页。
❷ 胡平仁："法律政策学的研究路向"，载《当代法学》2001年第5期。

三、非上市公司中公司权力与股东权利平衡机制的法政策学分析

1. 权利与救济的法政策学分析

人生而平等，无人能凭借其优势的社会地位而对其他人实施欺诈、奴役和掠夺。"法律的条件下对人人都是同等的，因此既没有主人，也没有奴隶。"❶ 在公司中，无论是控制股东还是中小股东，在法律地位上是平等的。自然应该享有完全的权利。而在非上市公司中，天然存在控制股东与中小股东，其中，中小股东往往处于弱者的地位。而在自由竞争经济的良性发展中，保护弱者被文明社会广泛地接收为普遍性价值准则，即使在工商业领域同样成立。特别是随着人类社会文明程度在整个20世纪不断提高，保护弱者的新的生存观念不仅成为政府的行动准则，而且为全社会所认知。法律是社会关系的调整器，而且归根到底是社会利益的调整器。"社会弱势群体和强势群体之间的关系从根本上讲是一种深层次的利益冲突，资源占有上的差距，往往导致弱势群体的利益无法得到实现，因此，需要法律进行调整。"❷ 正如日本学者星野英一认为，现代民法对权利的抽象把握，已转变为坦率地承认人在各个方面的不平等、根据社会经济地位把握具体的人、对弱者保护的年代。❸ 为此，立法政策上课以公司董事、监事和高级管理人员等以义务而赋予中小股东以权利。如我国新公司法第148条明确规定"董事、监事、高级管理人员应当遵守法律、行政法规和公司章程，对公司负有忠实义务和勤勉义务。"同时新公司法第16条严格了公司为公司大股东或实际控制人提

---

❶ [英]卢梭：《社会契约论》，商务印书馆1980年版，第24页。
❷ 详见吴宁："社会弱势群体保护的权利视角及其理论基础"，载《法制与社会发展》2004年第3期。
❸ [日]星野英一："私法中的人"，载梁慧星主编《民商法论丛》（第8卷），法律出版社1997年版，第186页。

第六章 非上市公司立法政策：公司和谐与利益平衡

供担保的程序规定，排除了利害关系股东的表决权；新公司法第21条明确禁止关联行为，禁止控股股东、实际控制人、董事、监事、高级管理人员利用其关联关系损害公司利益；新公司法第106条规定了累积投票制，使得中小股东提名的候选人有可能进入董事会、监事会，参与公司的经营决策和监督，反映中小股东的意见。而新公司法明确规定了中小股东享有撤销权，避免大股东利用其优势地位，任意决定公司的重大事项，第22条规定，股东有权提请人民法院撤销股东大会、董事会做出的违反公司章程的决议；中小股东享有查阅权，新公司法第34条规定，股东有权查阅、复制公司章程、股东会会议记录、董事会会议决议、监事会会议决议和财务会计报告，并可以向公司提出书面请求查阅公司会计账簿；中小股东享有股东大会的召集权，新公司法第102条规定，董事会不能履行或者不履行召集股东大会会议职责的，连续90日以上单独或合计持有公司10%以上股份的股东可以自行召集和主持；中小股东享有提案权，新公司法第103条规定，单独或合计持有3%以上股份的股东，可以在股东大会召开10日前提出临时提案并书面提交董事会；董事会应当在收到提案后2日内通知其他股东，并将该临时提案提交股东大会审议；中小股东享有质询权，新公司法第151条规定，董事、监事、高级管理人员应当列席股东会并接受股东的质询。此外，新公司法在加强对中小股东实体权益方面进行保护的同时，也在程序上给予中小股东充分的保障和救济，切实构建了实体与程序并重的双重保障体系。一是在公司利益受到不法侵害，而公司不能或怠于对不法侵害提起诉讼的情况下，中小股东的利益也会因公司利益受损而受到难以弥补的损害；为了充分保障中小股东的利益不受侵害，新公司法第152条规定，公司的董事、监事或者高级管理人员发生侵害公司利益的事由，而有权的公司机关怠于维护公司权益时，股东有权为了公司的利益以自己的名义直接向人民法院提起诉讼。二是公司、公司的董事、监事、经理等及控股股东的行为损害了股东利益时,受损害股东可以自己的名义对加害人提起诉讼,从而维护自己的权益。新公司法第 153 条规定,董事、高级管理人员违反法律、行政法规或者公司章程的规定,损害股东利益的,股东可以向人民法院提起诉讼。

2. 制度与程序的法政策学分析

为了确保非上市公司的利益平衡,新公司法在制度上对股份有限公司与有限责任公司股权立法采用了差别待遇。

第一,在股权转让方面,尽管股权自由转让是现代各国公司法所普遍遵循的基本原则之一,股权的可转让性与有限责任具有同样重要的地位,它们一起构成了现代公司制的两大基本特征。但因为,股份有限公司是公司的典型形态,具有完全的资合性质,世界各国立法对股份有限公司的股权转让一般不做限制。而有限责任公司则兼具资合与人合的特点,其特征表现为股东人数较少、公司股份缺乏有效的流通市场、股东实质参与管理与经营以及股东之间的关系更多的靠互相信任及内部契约来调整,外部干预相对较少等方面。为此,关于股权转让,在我国新公司法中对股份有限公司和有限责任公司采取了区别对待,如我国有关有限责任公司股东对外转让股权的规定以《公司法》第 35 条为中心。该条规定:"股东之间可以相互转让全部或者部分出资。股东向股东以外的人转让出资时,必须经全体股东过半数同意;不同意转让的股东应当购买该转让的出资,如果不购买该转让的出资,视为同意转让。经股东同意转让的出资,在同等条件下,其他股东对该出资有优先购买权。"

第二,设立方式与股东人数上的差别。有限责任公司由 50 个以下股东出资设立,最少为 1 人。《公司法》允许设立一人有限责任公司。且有限责任公司只能以发起方式设立,公司资本只能由发起人认缴,不允许向社会募集。而股份有限公司应当有 2 人以上 200 人以下为发起人,最少为 2 人,其中须有半数以上的发起人(注意这里的称谓是"发起人"而不是"股东")在中国

第六章 非上市公司立法政策：公司和谐与利益平衡

境内有住所，并且，股份有限公司通过股权转让、新股发行等途径可以无上限地增加股东人数，有"大众化公司"的称谓。其设立方式既可以发起设立，又可以募集设立，即由发起人认缴公司设立时发行的一部分股份，其余部分向社会公开募集。

第三，注册资本最低限额和出资证明形式上的差别。有限责任公司的注册资本最低限额为3万元，不分为等额股份，股东以其投资比例行使权利，其股东出资证明为出资证明书，通常为记名的纸面形式。股份有限公司的注册资本最低限额为500万元，可划分为等额股份，股东一般以其所持股份数额行使权利。其股东出资证明为股票，股票通常在上市公司为无纸化形式，除法律另有规定者外，既可以有记名形式，又可以有无记名形式。

第四，组织机构和特别事项通过方式上的差别。有限责任公司的组织机构的设置更为灵活。公司的股东人数较少或规模较小，可以不设董事会，只设一名执行董事，可以不设监事会，只设一至两名监事，在股东会的召集方式、通知时间等方面也较为灵活。而且，一人有限责任公司和国有独资公司不设股东会，机构运作模式也较有差异。在特别事项通过方式上须经代表2/3以上表决权的股东通过。股份有限公司必须设置股东大会、董事会和监事会，依法规范运作。其特别事项要由出席会议的股东所持表决权的2/3以上通过。

此外，有限责任公司和股份有限公司在信息披露义务要求上有差异。有限责任公司的财务状况，只需按公司章程规定的期限交给各股东即可，无须公告和备查，财务状况相对保密，因而有封闭公司的说法。股份有限公司，由于其出资人分散，出资人只有通过公司的财务报表才能得知公司的经营状况，因此，股份有限公司也称为开放公司，并要求公司定期公布财务状况。

3. 政策与策略的法政策学分析

在现代公司立法上，自由主义就是公司法的精髓和灵魂。一是公司的自由人格主义。我国公司法原则上承认公司的独立人格，但与现代化程度较高的公司法相比较，却又存在着相当多的束缚和缺陷。这种束缚来自于对公司权力能力的限制，如《公司法》第12条对转投资的限制，包括不能转投资于合伙企业。《公司法》第60条对担保、贷款的限制，等等。二是公司的自由设立主义。设立公司法律政策的演变揭示了公司法的现代化和自由化的发展趋势。在不同的历史阶段，法律对设立公司的态度不同。早期的企业被笼罩在政府"特许"的樊篱中，现代企业则享受着尽可能广泛的自由。即使是同一国家，也可能采取不同的设立政策。不同的设立政策产生不同的竞争效果。我国公司法对设立公司的要求则相当苛刻，如根据我国《公司法》第8、27、77条规定，股份有限公司的设立一律应经过国务院授权部门或省级人民政府批准；我国《公司法》第19、73条分别对有限责任公司和股份有限公司的设立条件进行了规定，但对股东或者发起人最低人数的要求和法定最低资本制、出资实缴制限制了投资者的选择和设立公司的门槛。三是自由资本主义。尽管传统的资本为了平衡公司债权人利益不因股东的有限责任而受损害，立法上预先设计了一整套关于公司资本形成、维持和退出的机制。但我国《公司法》第24条采取列举方式将出资形式限定为货币、实物、工业产权、非专利技术、土地使用权。同时规定了技术出资的最高限额。出资形式单一。我国《公司法》第24条明确要求对非现金出资必须进行评估作价。《公司法》第26、91条还要求出资或者股款缴纳后必须经法定的验资机构验资。这里有两个问题值得讨论：一是谁有权力进行评估作价；二是对所有的出资财产是否均须经过法定验资机构进行验资。四是自由治理主义。公司法的任务就是如何最大限度地将这种自由治理主义反映到公司法的制度安排中去，同时将公司治理中的干预主义和强制主义减少到最低限度。我国现行公司法未能满足这一要求。譬如，我国公司法仍然固守传统的公司治理模式，公司法上关于权力的分配过分倾斜于股东会，关于股东会议和董事会议的相关程式过于僵化；公司代表人制度和经理人制度法定化，等等。五是自由交易主义 公司法不仅是组织法，而且是交易法。交易法的最大特点就是交易自由。而我国现行公司法却将交易自由限缩在极其狭窄的范围，公司交易自由受到较大限制。《公司法》第35条对有限责任公司股东出资的转让进行了限制。有限责任公司具有很强的人合性，因此，对有限责任公司的出资转让的限制具有一定的合理性。但问题的另一方面是限制并不等于禁止。《公司法》第149条关于股份回购的法律政策仍然采用的是"原则禁止，例外许可"的模式，即将股份的回购仅仅限定于公司合并或者减资两种情形。这样的法律政策不仅远远落后于发达国家的法律，而且极大地限制了公司运用资本的灵活性，也限制了股东退出公司的自由。

第四节　法政治学理论下的公司利益相关者利益平衡
——和谐的公司政治

一、法政治学理论概述

对于现代社会、尤其是致力于建立和维护民主宪政制度的社会而言，法律与政治的关系始终都是一个不可能绕开或忽视的重大的理论和实践问题。西方学者，无论是法学学者还是社会学学者，都始终强调"西方社会的法律自主"，认为"西方社会之所以具有自主的法律体系这一显著特征，正是功能专一化和社会规范成为规范性结构中一个独立因素这两者所造成的结果"，并相信"从分析角度看，西方法律和政治分属不同的子系统，所以相对独立于政治功能，尽管两者之间存在密切的关系。这就是为人们所熟知的，西方社会的'司法权相对独立于国家的行政权和立法权'"❶。对于这样的思想，包括本人在内的中国学者基本上都

---

❶ 科特威尔罗：《法律社会学导论》，华夏出版社1989年版，第95~96页。

第六章 非上市公司立法政策：公司和谐与利益平衡

是认同的，即作为一个客观的事实，而且在法治的语境下，法律确实具有自主性，法律与政治的确属于迥然有别的两个不同的社会事物，它们之间的区别是肯定而明确的。但是，正如一枚硬币的二个方面一样，从一个角度来看，法律与政治的区分只是一种相对的区分，也可以说只是一种技术性的区分，或者说是表面上的区分。而从另一角度看，在实质上不论是从彼此的构造生成，还是从实际的运作实践来看，法律与政治都始终具有非常密切的内在联结，也就是说，法律与政治始终都是共生的。❶ 正因如此，一门新的科学诞生了——法律政治学。我们所认为的"法政治学"，并不是"从政治学和法学的双重视角来研究的法学、政治学的边缘学科"也不是研究一些具体的学科交叉问题，❷ 而是从政治与法律相统一的视角来综合考量非上市公司的重大理论问题不是政治学法治化、用法学的方法来研究政党政治问题，而是把民主法治的原则和精神引入到公司政治的领域，按照民主法治的要求来思考公司政治问题，不是把法律绝对化，而是从根本上认为政治是法律的基础、法律是现代民主政治的核心内容、法律是政治治理的基本方式。也就是说，法政治学以"法治政治"作为其研究对象。分析法与政治之间具有本质的相关性，从这个意义上讲，所谓法治政治，就是通过法律等规则的选择与运用以建立社会秩序、分配社会利益的公共治理活动。因此，法治政治的本质属性就是它的规则性。具体包括规则人性分析、法的规则性分析和政治的法治性分析等视角。根据上述分析方法与视角，可以抽象出由规则人性、政治本原、人本生成、政治主体、政治形式和政治价值所构成的法治政治的要素分析模型。这种分析模型就是以人的规则性作为逻辑起点，对法治政治的起源、生成、

---

❶ 转引自姚建宗："论法律与政治的共生：法律政治学导论"，载《学习与探索》2010 年第 4 期。

❷ 转引自卓泽渊："论法政治学的创立"，载《现代法学》2005 年第 1 期。

第六章 非上市公司立法政策：公司和谐与利益平衡

本质、形式与价值等进行研究的理论分析框架。❶

社会公正就是社会的政治利益、经济利益和其他利益在全体社会成员之间合理而平等的分配，意味着权利的平等、分配的合理、机会的均等和司法的公正。从一定意义上讲，我国当前利益格局的失衡主要源于社会资源和权利分配的不公正，在我国利益分化和利益结构调整的进程中，要实现不同社会群体的利益均衡，构建和谐社会，关键是要通过有效的制度安排来容纳和规范不同利益主体的利益表达和利益博弈，实现社会资源和权利的公正分配。❷ 诚如美国法学家博登海默所说，在一个健全的法律和政治制度中，程序与正义这两个价值常常是紧密相连、融洽一致的。一项法律和政治制度若不能满足正义的要求，那么从长远的角度来看，它就无力为政治实体提供秩序与和平。❸ 就公司而言，到今天为止，我们对公司以及公司法的理解，主要是一种经济性与法律性的思维，政治、社会的影响常被忽略不计。近年来，这样的状况有些改变，一些研究公司的政治理论开始关注于政治目标的设定或者公司内部的利益冲突，将公司看成是"利益共同体"，法律调整也常常设计利益冲突，相应的也将公司内部的"选民"称之为"利益攸关者"❹。还有一些研究开始研究政治与公司所有权等角度关注公司法的政治根源，认为社会民主扩大了经理人和分散股东之间的沟壑，社会民主阻碍了公司形成能够缩小沟壑的工具。近来部分学者通过对法国、德国、意大利、瑞典、日本、英国等国家公司的政府的政治定位的对比与数据分

---

❶ 转引自刘俊祥："'法政治学'论要"，载《光明日报》（理论版）2007年2月27日。

❷ 转引自缪文升："关于构建公正社会的法政治学视角分析"，载《理论前沿》2006年第7期。

❸ ［美］E. 博登海默：《法理学：法哲学及其方法》，中国政法大学出版社1999年版，第318页。

❹ 邓峰：《普通公司法》，中国人民大学出版社2009年版，第64页。

析，认为随着政治发生变化，所有权结构也会发生变化。[1] 但是，相应的研究多是对美国、日本、德国等发达国家公司制度的分析，很少有研究关注在中国这样的转型国家中的政治与公司，而且研究的路径很少分析公司内部的政治问题。即很少研究公司内部的公司文化与社会化，即实际上从组织行为来看，在大众视角，是技术与理性问题；而从少数人视角看，则是文化解释认识的问题。[2] 当然，从政治的角度看，也很少触及公司内部的管理决策和股东利益平衡，这不仅涉及公司内部的政治权力的分配，也涉及到在公司日常决策中的权力执行，如在中国公司的股东会、董事会运作中，商谈色彩浓厚，较为随意，投票权不像西方那样受到尊重，往往是投票之前早就由董事长或者总经理拍了板。可以说，中国多数公司的股东会、董事会的运作是不需借助投票机制的，到处一团和气、唯唯诺诺。这与政治过程中的长官决定、一言谈、表决形式化如出一辙。[3]

二、法政治学视野下的公司政治之具体内涵

1. 公司政治的本质是公司权力与股东权利的配置

现代公司制起源于西方，公司内部的权利构造也与西方国家制度的三权分立制度有惊人的相似。英国学者高尔认为："除公司不是主权国而唯一有点资格限制以外，公司与国家无其他差别。"[4] 我国学者邓峰认为，现代社会是一个大公司的时代，公司既是经济制度的重要支柱，又对社会结构——政治制度构成了

---

[1] 马克·J. 罗：《公司治理：趋同与存续》，赵玲、刘凯译，北京大学出版社2006年版，第267~301页。

[2] [美]理查德·瑞提、史蒂夫·利维著：《公司政治》（第6版），中信出版社2004年版，第2页。

[3] 转引自蒋大兴："公司法的政治约束——一种政治解释的路径"，载《吉林大学社会科学学报》2009年第5期。

[4] 高维尔：《现代公司法原理》，第15页，转引自梅慎实：《现代公司机关权力构造论》，中国政法大学出版社2000年版，第309页。

冲击和挑战，公司和组织的扩大，对社会结构、经济制度和政治体制乃至社会价值系统，产生了巨大的影响，从而直接或间接改变着我们的社会生活，尤其是规则体系，包括法律制度。[1] 为此，美国学者沃尔芬森进一步指出，"现代巨型公众公司是由控制团体管理的强有力的微型国家，因此，法律的制衡成为必要。公司法的首要目标是试图构架一部'宪法'，以界定和限制公司权力中枢——董事会和高级经理层——的特权。"[2] 笔者认为，在某种意义上讲，公司的本质是西方国家分权制衡的国家制度在公司治理上的再现。公司是有权力的，这个"权力"谓之"公司的权力"（Corporate Power），依照英美公司法学者的理解，"公司本质上是参照民主政治体制来设置的，是指公司依照宪法和法律的规定去做某些事情的能力或权利，公司被授权去做的事情就是它的权力。法院也通常在这种意义上使用权力的概念。"[3] 由此可见，我们认为，公司内部体现为一种权利与权力的公司政治，他根据股权多少来投票决定，实行的是资本多数决。与现代民主政治唯一不同的是，公司，一人可以持有多股，民主政治是一人一票，但公司终究是一股一票。这一股股都是出钱买来的，这才是真正的金钱政治。不过，由于股票有限，总额只能是100%，因此，到最后决战时，即使是钱最多，能买到的票也有限，而且，要真的买贵了，未必合算，因为，在大多数情况下，做股东的目的是为了赚钱，而不是为争一口气却亏钱。在商言商，公司政治最后的结果，仍应该是求财，而不是为了打败对手。

---

[1] 邓峰：《普通公司法》，中国人民大学出版社2009年版，第1~7页。
[2] 沃尔芬森：《现代公司》自由出版社1984年版，第3页。转引自梅慎实：《现代公司机关权力构造论》，中国政法大学出版社1994年版，第54页。
[3] 张瑞萍：《公司权力论——公司的本质和行为边界》，社会科学文献出版社2006年版，第7页。

第六章 非上市公司立法政策：公司和谐与利益平衡

2. 公司政治的最终目标是通过公司治理实现公司和谐

所谓和谐，即和睦协调，就是要充分调动和利用子系统成员的积极性和能动性，创造机会、条件和促进各子系统能量释放的协同发展的环境，通过各个系的发展和协同作用来实现系统整体目标。❶ 随着"社会主义和谐社会"的提出，"和谐"成了点击率颇高的词汇，在社会义市场经济环境中的企业，和谐不仅应是公司治理应该具备的一个基本特征，且努力构建公司和谐治理是我国社会主义市场经济建设的一个重要目标。在公司内部，和谐具有以下内涵：构成和谐、组织和谐、然而，在目前的公司内部法律关系中，公司管理层内部关系、公司管理层与公司股东、内外部环境和谐、总体和谐等。公司管理部门与员工、普通员工等都不同程度地出现相互之间的关系不和谐。如公司管理层内部既存在于"公司治理"的组织架构层面，也存在于"公司管理"的具体经营层面的不和谐，严重阻碍了公司的发展。特别是公司管理层的运作过程之中，信息不对称的存在，使公司管理层之间产生猜疑，不信任，出现"搭便车""内部人"控制、经理人偷懒等问题。而公司股东与管理层之间因为股东投票权和控制权也出现大股东、控制股东、强势股东压制小股东、少数派股东及弱势股东等不和谐问题；在公司内部公司对员工的考评及待遇不合理，没有明显的激励作用，人力资源配置手段较弱，管理部门没能根据员工的能力制定出一套合理的网络机制，忽视营造和推进企业文化的形成和发展工作，从而不能相机做出选择、培养、任用等方式而出现员工不能成为企业公民等不和谐问题。要实现公司和谐，其关键要有完善的公司治理。（见图6-1）

但由于公司治理涉及公司内部股东、董事会、管理层、员工的利益以及政府、其他利益相关者、资本市场等方方面面的利益，决定了企业组织机构的设置、企业决策的形成、企业为谁服

---

❶ 席酉民：《和谐理论与战略》，贵州人民出版社1989年版，第431页。

第六章 非上市公司立法政策：公司和谐与利益平衡

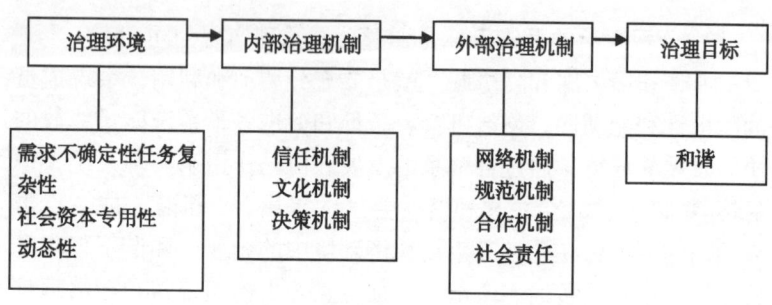

图 6-1　公司和谐治理的理论架构

务、由谁控制、风险和利益在投资者、管理层、员工和相关利益群体之间怎样分担等问题，因而是一项非常复杂艰难的工作。如何进行有效的公司治理至今仍然是一个引起人们持续关注而又没有得到很好解决的问题。我认为，以和谐社会理论为指导，运用民主、友好的办法对公司进行治理，有利于公司治理既定目标的实现，进而为实现资本市场的持续发展提供根本动力。全球化潮流推动中国企业打造和谐企业。也正是在这一时期，中国政府提出以科学发展观统领经济社会发展全局。科学发展观包括以人为本、全面协调和可持续发展等重要理念。这些理念与全球范围的强化公司责任的潮流完全吻合。那么，和谐企业有没有可以遵循的标准，❶ 为此，要实现以下三点和谐目标：

（1）实现利益关系的和谐。和谐的公司治理要求解决公司财产因所有权与控制权分离产生的委托——代理问题，即代理人追求自身利益而损害委托人利益的行为，尽可能降低代理成本和风险，实现股东价值以及各方面利益的最大化。为此要建立有效的激励机制，使代理人积极为投资者的利益努力工作，促使他们关注公司资产的增值和发展。为了激励，就要使代理人有职、有权、有利。同时要建立有效的约束机制，使代理人

---

❶ 冯宗智：“和谐企业：是愿景还是现实选择”，载《新智囊》2007 年第 2 期。

不至于追求自身利益而损害投资者的利益。为了约束，就要使代理人的职位、权利、利益时刻受到监控、威胁。兼顾了股东、经理人员和其他各方面的利益，也就是实现了股东和经营者利益的和谐统一，从而有利于规范企业的行为，促进企业的健康发展。

（2）实现权力分配和制衡的和谐。公司治理涉及股东、董事会、经理层和其他利益相关者在公司内部控制权的合理配置问题。一般来说，股东大会是公司最高权力机构，决定公司重大事务，其权力由股东或股东委托人直接行使；董事会依据股东大会的决议对公司重大事项进行决策；经理人员则执行董事会的决定；而监事会则代表股东和职工对公司活动实行监督。这种职权分明而又相互制衡的治理结构保证了公司的正常运行。

（3）创建和谐的公司文化。从内部来看，和谐的公司文化建设要注重培育良好的人际关系，建立和谐的管理者关系、和谐的员工关系。公司管理要以人为本，以人为中心，努力提高员工的业务素质和思想道德素质，实现员工的愿景与公司的愿景的吻合；还要创立共同的价值观念，并用它来统一员工的意志，激发员工的工作热情，增强企业的凝聚力，最终塑造出良好的公司形象。从外部来看，和谐的公司文化建设要处理好与外部环境的关系，重点是完善投资者关系管理，履行社会责任。上市公司由于股东人数众多而且非常分散，多数投资者不直接参加公司的经营管理，主要依靠公司披露的信息来了解公司的经营情况，并作出投资决策。因此，公司一方面要不断完善信息披露机制，真实、及时地披露公司相关信息，给投资者树立一个真实的诚实守信的公众形象。另一方面，公司管理层应主动加强与投资者的沟通，密切与投资者的关系，增加投资者对公司的信任。还要按照构建和谐社会的要求，把履行社会责任和谋求企业的发展结合起来，实现企业利益、消费者利益和社会利益的和谐统一。

第六章 非上市公司立法政策：公司和谐与利益平衡

3. 公司政治是通过企业社会责任与企业社会责任投资实现商本质的拓展

（1）商的本质之体现——营利与营业

在传统的商法中，一直以来，"营利"被视为商的本质属性和主要特征。所谓营利，通说认为，指法人取得利润并将其分配给成员的行为。❶ 因此，仅法人自身营利，如果不将所获得利益分配与机构成员，而是作为自身发展经费，则不属于营利性法人。❷ 也就是说，营利性法人应包括两个典型特征：一是法人本身从事经济活动，以追求利润为目的；二是作为法人之盈余要分配给其社员，即社员要追求其投资收益的最大化。然而，也有学者只强调后者对界定营利的重要作用。如德国学者梅迪库斯认为，"社团本身是否追求利润之事实是无关紧要的，只要社团促进其成员的营利性宗旨，即可认定社团从事营利性事业。"❸ 我国台湾地区学者史尚宽先生也认为，"为营利法人须以营利为目的，谓非以法人本身；受财产利益为目的，而系使其社员；受财产上之利益为目的"❹。质言之，"商"之"营利"的典型特征包括两方面：①营利性，即赚取利润。法人、合伙、自然人等各种形式的商主体从事商活动的目的、动机，或根本出发点、着眼点，就是为了谋取一定的经济利益。商人通过权衡利弊、精打细算、趋利避害，谋求高于其成本的收益；②营业性，所谓营业性，可从两方面考察：持续性和同一性。前者指行为于时空上之延续或多次重复，后者指行为类型或方式之同一或类似，惟有两方面综合认定，才称得上专门经营以其为业的营业性。即开展经营以其为业。营业性是从从事商活动的主体及方式出发作出的判

---

❶ 江平著：《法人制度论》，中国政法大学出版社1994年版，第53页。
❷ 梁慧星著：《民法总论》，法律出版社2001年版，第146页。
❸ ［德］梅迪库斯：《德国民法总论》，邵建东译，法律出版社2000年版，第830页。
❹ 史尚宽：《民法总论》，中国政法大学出版社2000年版，第143~144页。

断,即特定的商人群体以从事商活动为其专门职业。可见,营利性乃商内在之蕴涵,营业性乃商外在之表现。恰如学者正确指出,"经营商业的目的在于营利,商业活动体现为营业。也可以说营利是商业的主观要素,营业是商业的客观要素。这两者的有机结合,才是商业的全貌。"❶

(2) 商的本质之拓展——非营利:企业社会责任

在我国的经济生活中,企业与社会职能存在分离与结合模式。在计划经济时代,公司并不是经济组织,而是安置单位,公司办社会,从而成为国家整合与控制的中介;在市场经济条件下企业与社会责任相结合,企业形成双重人格。❷ 但无论如何,公司都具有独立人格,具有商主体资格,以营利作为其本质特征。但是,营利并非唯一特征。营利性并不等于不从事任何非营利性活动。从价值目标上看,非营利性包含着公益性与生态性的特征,有时候甚至也从事营利性行为,如许多非营利企业在提供服务的过程中可以营利,只是这种营利不以"营利"为目标,不为成员分配利润,资产不能变为私人财产。当然,关于企业的非营利性,我国现行法律并未作出明确规定,不只是我国,即使是美国《示范非营利法人》(修订版)也同样未对此作出界定,理由是实在找不到一个令人满意之定义;❸ 不过,有学者认为,是否从事营利活动并谋取经济利益,与法人成立目的并非完全吻合。问题关键不在于法人是否能够从事营利活动,而在于其营利活动所得之归属。❶ 我们认为,营利与利益虽具有一定的因果关

---

❶ 任先行、周林彬:《比较商法导论》,北京大学出版社2000年版,第12页。
❷ 转引自董保华:"企业社会责任与企业办社会",载《上海师范大学学报》(哲学社会科学版) 2006年第5期。
❸ See Aristotle and Lyndon Baines: *Thirteen Ways of Looking at Blackbirds and nonprofit Corporations-The ABA'Revised Model Nonprofit Corporation Act*, 39c Case W. RES., 1989. pp. 751~756.
❶ 尹田:《民事主体理论与立法研究》,法律出版社2003年版,第18页。

联性,但是,二者既不能并列,也不宜将营利作为一种结果加以认定,以营利或者非营利来定位法人特性,充其量只是一种工具理性。也就说,营利性、非营利性与公益性之间存在交叉关系。一是营利性与公益性虽有冲突,但在特殊场合,通过营利性行为也可达到公益性后果,如商业开发、商业赞助;二是非营利性也并不等于公益性,如个人从事企业社会责任投资或个人民事交易,虽是非营利性的,但却不具有公益性。

(3)"商"的本质特征之新趋势:非营利之商业性——企业社会责任投资

亚当·斯密从"经济人"的假设出发,认为人类的本性是利己的,个人在利己心的支配下尽力追求个人利益,每个人都是自己经济利益的最佳判断者。由于分工和交换的需要,每个人又不得不顾及其他"经济人"的利益。但是,现代社会,由于劳动者与经营者、雇工与雇主、消费者与经营者等具体人格的出现,公司中各种利益相关者出现强弱变化趋势,各国立法开始强调企业社会责任的立法。而在西方如英国、美国、荷兰、瑞典、挪威、加拿大等国同样有一种发展趋势,将企业社会责任作为一种投资的理念,即企业社会责任投资,它被认为是一种活动,以投资人、企业与政府在社会、环境与道德风险的影响力的认知为基础的长期企业表现中永续发展的议题。❶ 也就是说社会责任投资乃是整合多方面的因素(包括社会公益性、环境永续性和财务性),使得社会责任投资同时产生财务性和社会性的利益。

而企业社会责任与商业机会之间的关系,主要在于社会为企业提供市场。企业社会责任目标优先的观点与利润目标优先的观点表面上是对立的。但实际上也有共通之处,前者虽然强调股东的利益,但也强调企业经营的守法、不欺诈、不欺骗的法律、道

---

❶ See Eurosif, *Pension Programme Socially Responsible Investment* (2004~2005), p. 8.

德底线；后者虽然强调非股东的利益及相关者利益，但也强调满足这些利益要求可以更好地回报股东。也就是说，二者都承认股东价值和利润目标。由此，专家对企业的社会责任决策提出建议：随着对企业社会责任问题关注的普遍增强，企业领导者必须高度重视社会责任问题。应该在企业社会责任与企业利润之间寻求平衡。❶ 企业社会责任所推崇的观念是"企业应该努力赚钱、守法、有道德，而且做良好企业公民"❷。具体来说，企业社会责任探求商业经营如何能够通过负责任的行为、透明的报告和监督、利害相关者的参与、革新和管理，促进社会的发展。企业社会责任和利益相关方营销是不折不扣的商业行为，旨在使经营环境变得更有利。虽然给社会带来了表面好处，但真正的目的仍是商业利益。

三、公司和谐：从"股东至上"向"利益共同体"观念转变

（一）公司产权观念的变革

股东权益与社会公共利益之间的权衡与调和早已是各国公司或企业所面临的问题之一。传统公司产权理论为一元论，即我们耳熟能详的一句话："公司是股东的"，或者"股东是公司的所有者"。但现代公司产权理论将财产权进行二元划分，现代公司产权理论认为：公司中存在着两种财产权，一是股东私人的财产所有权，另一是公司的企业所有权。在20世纪末以前，公司法理念的变化在思想理论层面主要表现为对公司职能、公司社会责任等问题的争论；在制度层面，主要表现为对公司法领域之外的、与公司制度相关的其他领域法律的调整，即外部制约，以弥

---

❶ 杨春方："企业社会责任的目标选择"，载《中国高校技术导报》2008年6月9日，C3版。

❷ Carroll AB. *Corporate Social Responsibility*: *Evolution of a Definitional Construct*, Business & Society. 1999, 8 (3), pp. 268~295.

第六章 非上市公司立法政策：公司和谐与利益平衡

补公司制度的先天缺陷，达到有效控制和社会利益保护的目的，而公司法规范本身并没有突破传统的理论模式。公司法关注的仍然只是公司中最富于资本主义特征的关系——股东和管理人员的关系；公司的基本信条仍然是股东利益最大化和经理只为公司利益最大化服务。公司中除股东外的其他利益相关者的权益保护问题，以及公司与社会协调发展的问题都还没有成为公司法的内在规定和制度。之后，特别是宾夕法尼亚公司法改革后，美国布鲁金斯研究所布莱尔（Magaret M. Blair）教授通过对新公司法和公司制度的研究，提出了状态依存所有权理论。该理论认为，企业是股东、债权人、工人、经理四方不同利益相关者的共同体，而不同的利益主体在公司中的状态是不同的。但无论处于何种状态，其关联性、协同性、相互依存性是毋庸置疑的。❶ 1984年，美国法学会向社会推出建议性蓝本——《公司治理的原则：分析与建议》。其中第2条第1款就企业的社会责任明确写到：公司"（a）与自然人有相同的在法律范围内行事的义务，（b）负责任的经营行为可以被认为是首要因素，以及（c）可以把合理数量的资财用于公共福利、人道主义、教育和慈善的目的。"该条文的意义在于，关于公司社会责任问题，已不再是单纯的学理讨论，它在公司法领域内，已朝着文化方向迈出了决定性的一步。

而在我国近年来，随着经济发展，人与人，人与自然的矛盾日益加剧，如2008年汶川大地震、"三鹿"奶粉事件、华为公司员工"过劳死"事件、"手机短信色情"、富士康员工连续跳楼事件等，无不折射出企业社会责任的缺失。如今，"企业社会责任"再次成为我国学术界新的研究热点，甚至成为今年欧盟与中国人权网络中讨论的话题之一。其实，早在我国2005年修订的《公司法》第5条就已经将公司的社会责任作为一项法定义务予

---

❶ 郑祝君："公司与社会的和谐发展——美国公司制度的理念变迁"，载《法商研究》2004年第4期。

第六章 非上市公司立法政策：公司和谐与利益平衡

以明确的规定。但我国公司法并没有给企业社会责任下一个明确的定义，也没有给出企业履行社会责任的范围，更没有对如何履行社会责任制定一个标准。人们不断在追问，"企业社会责任"（Corporate Social Responsibility）这一英文词汇的直译概念如何与现有法学理论相协调，具体来说，此处的"责任"是道德责任还是法律责任，法律是否能够苛责企业承担法律义务之外的责任？因为作为社会规则的道德与法律均是第二性的，不能明显违背人性和基本的社会需求，不能"要求不可能之事"❶。当然，虽然我国公司法没有给企业社会责任一个统一的定义，但是根据一般的理解，它包括在社区发展、环境保护、人权和劳工权利及慈善活动等方面超越法律的自愿行为。在这里，公司社会责任可以分为二个层次，即基础层次的责任（包含经济责任和法律责任）和伦理层次的责任（包含道德责任和社会义务）。具体表现为尊重利益相关者的人本责任，道德信念上的诚信责任，保护生态的环保责任，济世救困的扶贫责任，热心公益的慈善责任。根据《经济学人》杂志的一份专题报告（Franklin 2008）把这些活动划分为三个层次：企业爱心（出于种种善因）；风险管理（因为有损声誉的事件，譬如走私或侵害消费者遭到法律诉讼，而采取的亡羊补牢措施）；及价值创造（把行善作为建立竞争优势的策略）。可见，企业社会责任（又称"利益相关者营销"或"善因营销"）涵盖了经济、社会、环境和公益等各个领域。

然而，如今企业在考虑社会责任问题时，容易走入两个"误区"：要么把企业和社会对立起来，无视两者之间的相互依存性；要么只泛泛地考虑社会责任，而漠视企业营利性和非营利性的边界，不从切合企业发展战略的角度做决定。其结果是，造成实践中人们对企业社会责任的错误认识，仿佛企业社会责任等同于慈

---

❶ [美] 富勒：《法律的道德性》，郑戈译，商务印书馆2007年版，第83~84页。

善捐赠等纯公益活动,从而直接影响到立法与政策的制定,实际上,企业社会责任也是一种投资和营销行为。

(二)从"股东至上"向"利益共同体"观念改变的具体实践

企业对社会责任的承担动力可从两个方面理解:一是企业将社会责任作为企业经营策略的工具,从而获取商业利益,如商业赞助;另一个方面将社会责任视为商业价值取向的商业道德观,而对企业持有者富有谋求福祉的道义责任,如企业捐赠、公司赞助、劳动者参与和企业社会责任投资。

1. 商业赞助

如我国2007年新修订的《中华人民共和国个人所得税法》第6条,2007年制定的《中华人民共和国企业所得税法》第9条均将公益性捐赠作为减税对象,而把其他的捐赠和赞助支出排除在外。实际上,广义上的赞助的含义包含捐赠、赠与、资助和商事赞助等行为。其中,"商事赞助",既不同于公益捐赠,也有别于纯粹的商业广告与商业投资,它具有"公益性、商业性"双重属性。因为,在动机与价值上,对个体而言,以"营利性"为主。但对整个社会而言,具有公益性。如其选择的赞助对象多为从事体育、文化、艺术等活动的个人、公益性组织或与此相关的特定事件。可以说,"商业赞助"能够将企业与社会,企业与战略完美结合,不失作为公司承担社会责任的方式之一,应该为政策和立法所考虑。正如诺贝尔经济学奖得主弗里德曼所言:"企业的很多商业活动经常打着履行社会责任的旗号来进行。"然而,在我国商事赞助还存在与相关公益性行为界定不明、缺乏相应的政策支持、侵犯赞助商排他性权利的救济手段缺失等缺陷,亟需加强商事赞助立法,规定商事赞助的宗旨、概念、性质、原则调整范围,明确商事赞助的程序,强化商事赞助的法律救济。❶

---

❶ 王继远、陈雪娇:"论商事赞助",载《社会科学家》2006年第5期。

2. 公司捐赠

慈善或公益的思想，在许多古希腊先哲的论著或演讲中或多或少都有涉及。但第一次系统地阐述慈善思想的是古罗马的西塞罗。《辞海》对慈善的定义是："心地仁慈善良"。中国现代语汇中的"慈善"概念，其含义直接承袭了我国古代的"慈善"概念。据《汉语大词典》，"慈善"指的是慈爱、善良、仁慈、富有同情心。而在西方文化中，与慈善相对应的有"philantropy"和"charity"这两个词，其中，philantropy 一词具有中性含义有人将philantropy 翻译成"公益"，而 charity 则带有西方较强的宗教色彩。而慈善的表达方式之一便是捐赠，至于"捐赠"，又称捐助，在传统民法上，是以设立财团法人为目的而筹集资金的手段；现代民法则多指筹集资金用于救灾等公益事业或其他特定目的的无偿给予行为；我国合同法上则将其视为一种特殊的赠与。与捐赠相似的概念还包括捐献、赠与、资助、救助、赞助等。其中，捐献是指"以财物捐助；也泛指舍弃，献出"，涉及财物时，捐献的对象往往是国家、集体；赠与是"以帮助、支持为目的的物质或金钱馈赠"，往往并不涉及"赠"背后的道德含义；资助"帮助、提供、以财物帮助"之意，着重于物资、财物等客观物件的提供，于主观的精神世界并无深入交流；救助具有"拯救和援助"之意，是帮助处于危险和困难中的人们；而赞助是指"赞同并给予帮助"，包含了捐赠、赠与、资助和商业赞助等多重含义。可见，在外延上，赞助最广，赠与次之，捐赠最窄。[1] 关于公司慈善捐赠实际上是公司社会责任理论在实践中的具体体现。在我国，原《公司法》第 1 条和第 14 条分别强调了对"公司、股东和债权人的合法权益"的保护以及促进"社会主义精神文明建设"。在该语境下的公司社会责任是模糊的，是不确定的。而在最新的《公司法》

---

[1] 王继远："赞助合同探究"，载《求索》2008 年第 1 期。

第六章 非上市公司立法政策：公司和谐与利益平衡

修正案中确立了公司社会责任。❶ 这对加强公司的商业道德，更好地保护劳动者、消费者，以及社会公众的利益具有积极的意义。然而，明确规定公司捐赠的法律不是公司法而是1999年的《中华人民共和国公益事业捐赠法》。该法第24条规定"公司和其他企业依照本法的规定捐赠财产用于公益事业，依照法律、行政法规的规定享受企业所得税方面的优惠。"该法的某些相关内容有利于规制公司慈善捐赠中的问题。当然，从捐赠法的内容和立法主旨可以看出，捐赠法主要是平衡捐赠人和受捐人之间外部主体的利益，公司捐赠中的问题主要是源于股东和管理层之间内部主体的利益冲突。对此，捐赠法对于规制公司慈善捐助，特别是公司政治捐赠更显得无能为力。❷ 如果要对公司捐赠立法，正如韩国李哲松先生在探讨公司的社会责任时明确指出：企业的社会责任的责任主体是"董事"❸。同样，如果公司在捐赠行为中需要承担责任时，其责任主体无疑也应该以董事为主。

3. 劳动者参与

劳资双方之间关系的和谐，除了通过工会进行团体协商以谋求共识，更多的可通过劳动者参与经营的方式来增进劳方与资方之间的信赖。所谓劳动者参与，从广义上说是包括岗位职务层面的参与、企业层面的参与和社会层面的参与在内的概念。狭义上通常指的是劳动者在企业层面的参与。❶ 在西方，除了美国与德国，在英国、法国与日本，甚至我国台湾地区无论是理论研究还

---

❶ 2005年10月27日通过《中华人民共和国公司法》修正案第五条规定："从事经营活动，必须遵守法律、行政法规，遵守社会公德、商业道德，诚实守信，接受政府和社会公众的监督，承担社会责任。"

❷ 李领臣："公司捐赠能力的法律分析——以日本八幡钢铁股份公司政治捐赠案为例"，载《新疆社会论坛》2007年第1期。

❸ ［韩］李哲松著：《韩国公司法》，吴日焕译，中国政法大学出版社2001年版，第50页。

❶ 李立新：《劳动者参与公司治理的法律探讨》，中国法制出版社2009年版，第18页。

是公司法实践都很盛行,即使是在社会主义的中国也并非新生事物,它随着现代企业制度的确立,以及大量公司制企业的诞生和发展。关于劳动者参与的理论基础有经济学基础和法哲学基础。就经济学基础而言主要是产业民主,依据国际劳工组织(internantional labor organization, ILO)的界定是指一种增进劳工参与管理之各项政策或措施的总称,旨在除去由资方或管理人员专断之管理方式,而代之以让劳工表示意见或申诉,使劳工之权益获得资方或管理人员的尊重。其常见类型有集体协商、劳工参与与财务参与。而法哲学理论则是劳动者享有民主管理权,其外在表现形式主要有信息参与、经营参与和监督参与等。[1]我们认为,产业民主主要强调的是劳工参与企业管理与经营,其真实的含义是劳工参与原本是公司的管理者、所有者或出资股东一方的专属权利,其类型不应该包括集体协商或财产式管理。

4. 企业社会责任投资

企业社会责任源于工业发展过后的人文关怀。早期有关企业社会之讨论多数集中于员工权益与企业内部治理。第二次世界大战前后,先进国家开始将其国内产业扩及于国家。50年代后期,消费者势力开始兴起;60、70年代早期,环保意识觉醒,相继出现非营利团体组织活动;80年代,全球政治、经济剧烈变动,加上社会主义、共产主义等意识形态的衰微,社会责任之议题逐渐成为焦点。但是,作为一种以社会责任为主题的基金成立于1972年,强调伦理、人权和动物福利。根据尼尔逊投资经理协会1997年的年报,全美共有710个投资机构,共有1185兆美元的社会责任投资基金。到了2003年以后随着地球南北议题在全球的影响不断扩大,对环境保护、能源危机、人权和反战、劳工标准等问题也成为企业所普遍关注的问题,特别是2010年中国

---

[1] 郝晶:"劳动者的民主管理权及其实现路径分析",载《行政与法》2008年第2期。

第六章 非上市公司立法政策：公司和谐与利益平衡

深圳"富士康员工跳楼事件"，关于"血汗工厂"再次成为企业和老百姓关注的社会热点问题，投资人只对合乎其社会责任要求的公司进行投资便成为一种很普遍的现象。这种企业的投资行为便是社会责任投资。其主要策略有：道德排除、正面筛选和道德排除与正面筛选的结合。❶ 关于企业社会责任投资最为重要的是如何评估，如目前世界范围内比较典型的有美国道琼斯、英国金融时报和日本晨星社会责任投资指数等专门的企业社会责任投资评价指数。在我国相关的社会责任投资主要是退休基金和社保基金。但是我国相关的法律法规却并不健全。不仅近几年出现相关政府负责人"挪用社保案"，而且相关的法律也比较缺乏。反观国外，如英国2000年后修订的《退休金法案》要求职业退休计划的托管人应该公开其投资原则申明，揭露其决定投资决策的股票是否考虑社会、环境与道德的因素。随后比利时（2003年）、法国、德国、西班牙（2004年）与瑞典也有类似的规定。❷

总之，从商法的私法精神本质来看，商法强调主体的平等，交易的自由和效益的最大化，应该遵从"营利"是商的本质。但从商法的私法"公法化"的趋势看，效率和公平无疑是其核心价值。为此，商事主体在坚持营利目的的同时，也通过从事公益性等非营利性行为实行其营利性的战略目标。正因如此，在我看来，商事主体营利性理论未来的发展和立法趋势，就是要坚持在商事主体营利性的同时，顺应时代发展和社会变迁，走理论的商法与实践的商法相结合的道路，适度在立法条文上从商主体和商行为规制的角度体现公益性特征，加强商业赞助、公司捐赠、公司社会责任、社会责任投资和企业设立基金会等方面的立法，促进人自身、人与人、人与社会和人与自然的和谐发展。

---

❶ 谢幸真：《社会责任投资之研究》，台湾"国立"政治大学2009年硕士论文，第15页。

❷ 同上书，第33页。

结　语

一、回顾

自20世纪80年代以来，我国对部分国有企业进行股份制改造，非上市公司便成为了我国公司理论和实务界共同探讨的一个热点问题。但由于各种原因，非上市公司问题迅速被上市公司所取代，成为了公司理论界和实务界瞩目的新星。然而，笔者在考察我国非上市公司发展历程时，却清楚地发现：非上市公司不仅具有特定的国家经济烙印、文化特征和坚实的政策导向，而且在我国也存在深厚的发展土壤和理论蕴涵。尽管在我国公司理论界，部分学者依据公司股份是否在证券交易所挂牌上市流通为准，已将公司分为上市公司和非上市公司。但在立法界，即我国在进行《公司法》修订时，仍然沿袭了1994年《公司法》中关于将公司划分为有限责任公司、股份有限公司和上市公司的立法体例，对非上市公司及其相关法律制度却毫无涉及。例如，非上市公司概念和外延的界定等还没有考虑进去，有限责任公司和未上市的股份有限公司之间的同一性仍然没有规定，等等。正如弗里德曼所认为的，"企图通过法律进行社会变革是现代世界的一个基本特点"❶。因此，在经济持续发展的今天，如何根据非上市公司人合性、封闭性、自治性、微型性等特点，针对非上市公司面临的内涵、外延界定不清，公司治理内外交困、控制权争夺激烈、滥用频繁等客观现实，完善我国非上市公司法律制度，实

---

❶ ［美］弗里德曼：《法律制度》，李琼英等译，中国政法大学出版社1994年版，第323页。

结　语

现我国公司法制度从追求完美的理想向活生生的现实转变等，将成为了我国公司学界的一个不可忽视的重大课题，故笔者以此作为本书的选题。但完成本书的撰写，比最初设想的要难得多。一方面，非上市公司的概念和外延在我国公司法学界众说纷纭，观点各异，其在立法中也尚未作出任何规定；对于非上市公司法律制度研究，我国学术界的探讨也仅仅针对非上市公司的某一领域进行具体分析；我国非上市公司产生的简要历史表明，我国的非上市公司在其出生时已存在定位错误情况，因此，在过去十几年，我国非上市公司都呈现畸形发展的基本态势；在研究非上市公司股权转让时，学者们经常将研究主体局限于未上市的股份有限公司。另一方面，在公司类型的划分上，我国与英美法系和其他大陆法系国家存在较大的差异，在国外的公司立法和理论研究中，并没有完全等同于我国非上市公司的公司类型，因此在资料借鉴上存在令人困扰的地方；同时，学者们对于构建多层次资本市场时，仍然停留在对国外经验的介绍阶段，但在我国具体国情背景下，应如何构建非上市公司的股权转让等资本市场却并未做进一步地具体阐述。因此，在整本书的写作过程中，对非上市公司立法进行"归零思考"，对法律资源进行重新整合，法律架构进行整体调整时，套用我们改革开放总设计师邓小平的一句话：我们都还是在摸着石头过河。

二、结论

行文至此，我们可以把本书凝结为如下几个基本结论。

（一）随着经济全球化，数以百万计的中小型企业不仅为世界发达国家的经济发展，也为我国经济发展作出了极其重要的贡献。但非上市公司的内涵和外延在公司法上没有作出明确的立法界定。因此，部分学者便得出了以下观点，即非上市公司乃系除上市公司外的其他一切公司，并建议将上市公司的研究成果和立法规定推广到非上市公司中去，但由于非上市公司本身存在很强的政策性和特殊性，所以在适用公司法时，便出现了种种的不适应。在此意义上，非上市公司法律制度的研究便具有极强的立法与实践意义。

（二）非上市公司对我国经济发展作出重要贡献的事实，已是无可否认。但由于理论的缺乏，立法的空白导致了非上市公司实践中存在内外交困的现象极其严重，且无法得到有效解决。因此，为了正本清源，即在推动非上市公司内部治理健康发展的同时，也让非上市公司可以获得足够的资金，从而推动企业始终沿着可持续的轨道演化，本文提出了三点建议：首先，应当完善我国《公司法》《证券法》和地方性立法规定的建议；其次，应该合理地设计章程和符合非上市公司实际的法人治理结构，并在借鉴国外发达资本主义国家外部治理模式成功经验的基础上，从立法、政府监管和机构投资者治理等方面，完善我国非上市公司外部治理的政策建议；最后，应当建立非上市公司股权交易市场，构建有关非上市公司中股权转让的场所、信息披露、监管和托管等制度。

（三）目前而言，由于非上市公司内部治理和股份转让等问题尚未解决，加之非上市公司本身存在的封闭性、人合性、微型性等特点，所以非上市公司中控制权争夺、滥用公司控制权的行为频频发生，因此，要解决非上市公司中的控制权问题，应当完善非上市公司中权力路径的选择，非上市公司控制权滥用的法律规制，非上市公司法人治理结构，强化公司负责人信义义务体系，以及完善我国非上市公司中中小股东的股东权。并从法哲学、法政策学和法政治学等理论视角，建议非上市公司立法应该从"股东至上"向"利益共同体"观念转变，实现利益相关者利益平衡，建立和谐的公司政治。

（四）至于如何将非上市公司纳入我国公司法，以解决不合时宜的现状。大致上有几种修法方式：一是大幅度彻底调整现行公司法规范的架构，废除有限责任公司制度，将公司划分为上市的股份有限公司和非上市股份有限公司两种制度；二是保留现行公司法律制度，另新制定一部专门的法规或另设专章规范非上市公司；三是可保留有限责任公司制度，但于股份有限公司章节中加入排除性条文，允许股东可透过自治协议之方式排除强行规定的适用，以满足非上市公司的需要。但综合各种相关因素的考虑，最后，笔者建议，借鉴日本现代公司法的作法，将有限责任公司的规范架构进行大幅调整，整体取消，并将股份公司划分为"上市公司"和"非上市公司"。并在公司法中对我国非上市公司的内涵和外延进行明确界定。

三、展望

然而，要解决非上市公司立法构造的设计这项浩大、系统性的工程并不是几个人，一部法律就能够解决的。对此，笔者也只能凭借着对非上市法律制度问题的巨大热情及浅薄的法学、经济学和管理学等相关知识，在查阅国内外相关材料的同时，请教理论界和实务界方面的专家，不断地修改和完善，最终完成本书。尽管本书在结构上和语言上还不够严谨，有些观点和想法还不成熟，部分论据并不是很有说服力，论证也不够周密，问卷设计的内容和调查的对象也不够全面。但在对非上市公司内涵外延的界定、立法模式、内部治理、股份转让和控制权等问题的探讨中，本书力图指出问题的关键并试图寻找解决的方案的想法是有目共睹的。同时，笔者也热切希望大家皆能加入目前这个热门急待解决的问题的大讨论中，并期待能够引起立法界的足够关注，早日出台符合中国国情的非上市公司的法律。

参考文献

一、著作

[1] 卞耀武. 当代外国公司法 [M]. 北京：法律出版社，1995.

[2] 曹富国. 少数股东保护与公司治理 [M]. 北京：社会科学文献出版社，2006.

[3] 陈富良. 放松规制与强化规制 [M]. 上海：上海三联书店，2001.

[4] 崔延花. 日本公司法典 [M]. 北京：中国政法大学出版社，2005.

[5] 邓峰. 普通公司法 [M]. 北京：中国人民大学出版社，2009.

[6] 邓辉. 论公司法中的国家强制 [M]. 北京：中国政法大学出版社，2004.

[7] [德] H·科殷. 法哲学 [M]. 林荣远，译，北京：华夏出版社，2002.

[8] [德] 托马斯·莱塞尔、吕迪格·法伊尔. 德国资合公司法 [M]. 高旭军，译，北京：法律出版社，2004.

[9] [德] 霍恩. 德国民商法导论 [M]. 朱林，译，北京：中国大百科全书出版社，1996.

[10] [德] 卡尔·拉伦茨. 法学方法论 [M]. 陈爱娥，译，北京：商务印书馆，2003.

[11] [德] 梅迪库斯. 德国民法总论 [M]. 邵建东，译，北京：法律出版社，2000.

[12][德]卡尔·拉伦茨.德国民法通论（上册）[M].王晓晔等,译,北京：法律出版社,2003.

[13]丁丁.商业判断规则研究[M].吉林：吉林人民出版社,2005.

[14]段威.公司治理模式论——以公司所有和公司经营为研究视角[M].北京：法律出版社,2007.

[15]范健.商法[M].北京：高等教育出版社、北京大学出版社,2007.

[16][法]泰勒尔.产业组织理论（中译本）[M].张维迎,总译校,北京：中国人民大学出版社,1997.

[17][法]卢梭.社会契约论[M].何兆武,译,北京：商务印书馆,1980.

[18][法]孟德斯鸠.论法的精神.（上册）[M].张雁深,译,商务印书馆,1982.

[19][法]米歇尔·克罗齐埃.科层现象[M].刘汉全,译,上海：上海人民出版社,2002.

[20][法]伊夫·居荣.法国商法.（第一卷）[M].罗结珍,赵海峰,译,北京：法律出版社,2004.

[21]樊云慧.英国少数股东权诉讼救济制度研究[M].北京：中国法制出版社,2005.

[22]费方域.企业的产权分析[M].上海：上海三联书店出版社,1998.

[23]冯果.现代公司资本制度比较研究[M].北京：武汉大学出版社,2000年。

[24]冯果.公司法要论[M].武汉：武汉大学出版社,2003.

[25][古希腊]亚里士多德.尼各马科伦理学[M].苗力田,译,北京：中国社会科学出版社,1998.

[26]甘培忠.公司控制权的正当行使[M].北京：法律出版

社，2006.

[27] 甘培忠.非上市股份公司运营与治理法律制度研究[M].北京：法律出版社，2012.

[28] 高德步.产权与增长：论法律制度的效率[M].北京：中国人民出版社，1999.

[29] 葛伟军.英国2006年公司法[M].北京：法律出版社，2008.

[30] 官以德.上市公司收购的法律透视[M].北京：人民法院出版社，1999.

[31] 郭富青.中国非公司企业法[M].北京：法律出版社，2009.

[32] 郭雳.美国证券私募发行法律问题研究[M].北京：北京大学出版社，2004.

[33] 胡果威.美国公司法[M].北京：法律出版社，1999.

[34] 胡智强.公司控制权：话语权与法律调整[M].北京：法律出版社，2008.

[35] 黄茂荣.法学方法与现代民法[M].北京：中国政法大学出版社，2001.

[36] 黄运成、申屹、刘希普.证券市场监管：理论，实践与创新[M].北京：中国金融出版社，2001.

[37] 韩忠谟.法学绪论[M].北京：中国政法大学出版社，2002.

[38] [韩] 李哲松.韩国公司法[M].吴日焕，译，北京：中国政法大学出版社，2001.

[39] 江平.新编公司法教程[M].北京：法律出版社，1994.

[40] 江平.民法学[M].北京：中国政法大学出版社，1999.

[41] 江平.罗马法基础[M].北京：中国政法大学出版社，

1987．

［42］江平．法人制度论［M］．北京：中国政法大学出版社，1994．

［43］姜一春．日本公司法判例研究［M］．北京：中国检察出版社，2004．

［44］蒋大兴．公司法的观念与解释Ⅱ——裁判思维&解释伦理［M］．北京：法律出版社，2009．

［45］乐强毅．我国未上市公司股份交易市场建设研究［M］．上海：上海财经大学出版社，2008．

［46］李东方．证券监管法律制度研究［M］．北京：法律出版社，2002，

［47］李健．公司治理论［M］．北京：经济科学出版社，1999，

［48］李立新．劳动者参与公司治理的法律探讨［M］．北京：中国法制出版社，2009．

［49］李维安．美国的公司治理：马其诺防线？［M］．北京：中国财政经济出版社，2003．

［50］李维安．现代公司治理研究［M］．北京：中国人民大学出版社，2002．

［51］雷兴虎．公司法新论［M］．北京：中国法制出版社，2001．

［52］刘静．产品责任论［M］．北京：中国政法大学出版社，2000．

［53］梁慧星、陈华彬．物权法［M］．北京：法律出版社，1997．

［54］梁慧星．民法总论［M］．北京：法律出版社，2001．

［55］梁彗星．民商法论丛（第8卷）［M］．北京：法律出版社，1997．

［56］梁上上．论股东表决权——公司控制权争夺为中心展开

[M].北京：法律出版社，2005.

[57] 刘丹.利益相关者与公司治理法律制度研究[M].北京：中国人民公安大学出版社，2005.

[58] 刘静.产品责任论[M].北京：中国政法大学出版社，2000.

[59] 刘俊海.现代公司法[M].北京：法律出版社，2008.

[60] 刘俊海.公司法学[M].北京：北京大学出版社，2008.

[61] 刘俊海.股份有限公司股东权的保护[M].北京：法律出版社，2004.

[62] 刘连煜.公司治理与公司的社会责任[M].北京：中国政法大学出版社，2001.

[63] 陆小华.信息财产权——民法视角中的新财富保护模式[M].北京：法律出版社，2009.

[64] 罗培新.公司法的合同解释[M].北京：北京大学出版社，2004.

[65] 梅慎实.现代公司机关权力构造论[M].北京：中国政法大学出版社，2000.

[66] [美] 罗伯特·W·汉密尔顿.公司法（第5版）[M].齐东祥等译，法律出版社，2008.

[67] [美] 路易斯·普特曼、兰德尔·克罗茨纳.企业的经济性质[M].孙经纬，译，上海：上海财经大学出版社，2000.

[68] [美] 罗斯柯·庞德.通过法律的社会控制[M].沈宗灵、董世忠，译，商务印书馆，1984年.

[69] [美] 弗兰克·伊斯特布鲁克、丹尼尔·费希尔.公司法的经济结构[M].北京：北京大学出版社，2005.

[70] [美] 富勒.法律的道德性[M].郑戈，译，北京：商务印书馆，2007.

[71] [美] 理查得·奥利佛.什么是公司欺瞒？[M].魏聘，

译北京：华夏出版社，2004.

［72］［美］理查德·瑞提、史蒂夫·利维.公司政治（第六版）［M］.侯东灼，韩卫平，译，北京：中信出版社，2004.

［73］［美］罗伯特·C·克拉克.公司法则［M］.胡平等，译校，北京：工商出版社，1999.

［74］［马来西亚］罗修章.公司法：权力与责任［M］.杨飞等，译，北京：法律出版社，2005.

［75］［美］玛格丽特·M·布莱尔.所有权与控制：面向21世纪的公司治理探索［M］.张荣刚，译，北京：中国社会科学出版社，1999.

［76］［美］杰弗里·戈登、马克·罗.公司治理：趋同与存续［M］.赵玲、刘凯，译，北京：北京大学出版社，2006.

［77］［美］乔迪·S·克劳斯、史蒂文·D·沃特.公司法和商法的法律基础［M］.金海军，译，北京：北京大学出版社，2006.

［78］［美］阿道夫·A·伯利、加德纳·C·米恩斯.现代公司和私有财产［M］.北京：商务印书馆，2005.

［79］［美］埃瑞克·G·菲吕博顿、鲁道夫·瑞切特.新制度经济学［M］.孙经纬，译，上海：上海财经大学出版社，1998.

［80］［美］德鲁克.行善的诱惑［M］.吴程远，译，北京：东方出版社，2009.

［81］［美］E·博登海默.法理学——法哲学及其方法论［M］.邓正来，译，北京：华夏出版社，1999.

［82］［美］亨利·汉斯曼.企业所有权论［M］.北京：中国政法大学出版社，2001年.

［83］［美］奥利佛·E·威廉姆森.资本主义经济制度［M］.段毅才，王伟，译，北京：商务印书馆，2002.

［84］［美］伯纳德·施瓦茨.美国法律史［M］.王军，等译，

北京：中国政法大学出版社，1997.

[85] [美] R·W·汉密尔顿.公司法 [M].刘俊海，徐海燕，译，北京：中国人民大学出版社，2001.

[86] 苗壮.美国公司法制度与判例 [M].北京：法律出版社，2007.

[87] [奥] 凯尔森.法与国家的一般理论 [M].沈宗灵，译，北京：中国大百科全书出版社，1996.

[88] [日] 落合诚一.公司法概论 [M].吴婷等，译，北京：法律出版社，2011.

[89] [日] 前田庸.公司法入门 [M].王作全，译，北京：北京大学出版社，2012.

[90] 强力.金融法 [M].北京：法律出版社，2004.

[91] 钱卫清.公司诉讼 [M].北京：人民法院出版社，2004.

[92] 沈四宝.西方国家公司法原理 [M].北京：法律出版社，2006.

[93] 施天涛.公司法论 [M].北京：法律出版社，2006.

[94] 史尚宽.民法总论 [M].北京：中国政法大学出版社，2000.

[95] 沈贵明.公司法学 [M].北京：法律出版社，2003.

[96] 孙建军、成颖、邵佳宏、徐美凤.定量分析方法 [M].江苏：南京大学出版社，2002.

[97] 孙宪忠.德国当代物权法 [M].北京：法律出版社，1997.

[98] 沈宗灵.法理学 [M].北京：高等教育出版社，1994.

[99] 石少侠.公司法（修订版）[M].吉林：吉林人民出版社，1996.

[100] 施天涛.关联企业法律问题研究 [M].北京：法律出版社，1998.

[101] 陶鑫良、袁真富.知识产权法总论［M］.北京：知识产权出版社，2005.

[102] 梁慧星.民商法论丛（16卷）［M］.北京：法律出版社，2003.

[103] 王爱冬.政治权力论［M］.河北：河北大学出版社，2003.

[104] 王保树.商事法论集（21卷）［M］.北京：法律出版社，2013.

[105] 王保树.最新日本公司法［M］.北京：法律出版社，2006.

[106] 王保树.中国商法［M］.北京：人民法院出版社，2010.

[107] 王保树.商事法论集（第6卷）［M］.北京：法律出版社，2002.

[108] 王保树.商事法论集（第3卷）［M］.北京：法律出版社，1999.

[109] 梁上上.论股东表决权——公司控制权争夺为中心展开［M］.北京：法律出版社，2005.

[110] 王继远.控制股东对公司和股东的信义义务［M］.北京：法律出版社，2010.

[111] 王文宇.公司法论［M］.北京：中国政法大学出版社，2004.

[112] 王文宇.新公司与企业法［M］.北京：中国政法大学出版社，2003.

[113] 王义松.私人有限公司视野中的股东理论与实证分析［M］.北京：中国检察出版社，2006.

[114] 吴越.私人有限公司的百年论战与世纪重构：中国欧盟比较研究［M］.北京：法律出版社，2005.

[115] 吴敬琏等.大型国有企业改革：建立现代企业制度

[M].天津：天津人民出版社，1994.

[116] 席酉民.和谐理论与战略[M].贵州：贵州人民出版社，1989.

[117] 徐国栋.民法哲学[M].北京：中国法制出版社，2009.

[118] 谢宇.社会学方法与定量研究[M].北京：社会科学文献出版社，2006.

[119] 杨华.公司控制权市场的微观基础和宏观调控[M].北京：中国人民大学出版社，2003.

[120] 叶林.中国公司法（修订版）[M].北京：中国审计出版社，1999.

[121] 叶林.公司法研究[M].北京：中国人民大学出版社，2008.

[122] 尹田.民事主体理论与立法研究[M].北京：法律出版社，2003.

[123] 殷召良.公司控制权法律问题研究[M].北京：法律出版社，2001.

[124] [英] 亚当·斯密.国民财富的性质和原因的研究（下卷）[M].王亚南等，译，北京：商务印书馆，2005.

[125] [英] A·J·博伊尔.少数派股东救济措施[M].叶林，译，北京：北京大学出版社，2006.

[126] [英] 罗杰·科特威尔.法律社会学导论[M].潘大松等，译，北京：华夏出版社1989.

[127] [英] 哈特.法律的概念[M].张文显等，译，北京：中国大百科全书出版社，1996.

[128] [英] 加文·凯利、多米尼克·凯利、安德鲁·甘布尔.利害相关者资本主义[M].欧阳英，译，重庆：重庆出版社，2001.

[129] [英] 丹尼斯·吉南.公司法[M].朱羿锟等，译，北

京:法律出版社,2005.

[130][英]保罗·戴维斯.英国公司法精要[M].樊云慧,译.北京:法律出版社,2007.

[131]于良芝.图书馆学导论[M].北京:科学出版社,2003.

[132]于敏.日本公司法现代化的发展动向[M].北京:社科文献出版社,2004.

[133]虞政平.美国公司法规精选[M].北京:商务印书馆,2004.

[134]虞政平.股东有限责任——公司法的基石[M].北京:法律出版社,2001.

[135]郁光华.公司法的本质——从代理理论的本质观察[M].北京:法律出版社,2006.

[136]张嶷.公司法原理[M].天津:南开大学出版社,1995.

[137]张民安.公司法上的利益平衡[M].北京:北京大学出版社,2002.

[138]张乃根.西方法哲学史纲[M].北京:中国政法大学出版社,1993.

[139]张广兴.债法总论[M].北京:法律出版社,1997.

[140]张文显.法哲学基本范畴研究[M].北京:中国政法大学出版社,2001.

[141]张文显.二十世纪西方方法法哲学思潮研究[M].北京:法律出版社,1996.

[142]张维迎.企业理论与中国企业改革[M].北京:北京大学出版社,1999.

[143]张瑞萍.公司权力论——公司的本质和行为边界[M].北京:社会科学文献出版社,2006.

[144]赵廉慧.财产权的概念——从契约的视角分析[M].

北京：知识产权出版社，2005.

[145] 赵志钢.公司治理法律问题研究［M］.北京：中国检察出版社，2005.

[146] 朱伟一.美国公司法判例解析［M］.北京：中国法制出版社，2000.

[147] 朱羿锟.公司控制权配置论——制度与效率分析［M］.北京：经济管理出版社，2001.

[148] 周林彬、任先行.比较商法导论［M］.北京：北京大学出版社，2000.

[149] 郑立、王益英.企业法通论［M］.北京：中国人民大学出版社，1993.

[150] 郑玉波.民法总则［M］.北京：中国政法大学出版社，2003.

二、论文

[151] 陈丛林.简析新公司法对公司章程自治的扩大——以有限责任公司治理机制为例［J］.现代商业，2010（2）.

[152] 陈浩铨.公民在适用法律上一律平等新论［J］.法治论丛，2009（3）.

[153] 陈恺、李红.封闭公司的特性与规制［J］.新疆社科论坛，2009（6）.

[154] 陈铭祥.立法政策——将政策转化为法律之理论与实践［J］.《月旦法学杂志，2002（86）.

[155] 陈雪萍.商事信托之商主体地位研究［J］.法商研究，2010（6）.

[156] 陈怡男.公司控制权的商品属性分析及意义［J］.当代财经，2005（11）.

[157] 戴天柱.推进我国多层次资本市场发展的总体思路［J］.经济研究参考，2007（66）.

[158] 董保华. 企业社会责任与企业办社会 [J]. 上海师范大学学报（哲学社会科学版），2006（5）.

[159] 樊华、胡泓英. 有限责任公司股份转让的实现条件与实践中存在的问题浅析 [J]. 经济与法，2002（3）.

[160] 费方域. 什么是公司治理 [J]. 上海经济研究，1996（5）.

[161] 付艳丽、牟莉莉. 证券场外交易市场监督管理体制比较研究 [J]. 大连海事大学学报，2003（3）.

[162] 傅明. 非上市公司中如何设立独董 [J]. 上海国资，2008（18）.

[163] 傅穹、王志鹏. 公司控制权滥用规制的法理基础与司法判断 [J]. 社会科学战线，2011（5）.

[164] 甘培忠，雷驰. 司法介入公司自治与公司法解释的政策尺度 [J]. 河北学刊，2009（1）.

[165] 甘培忠，周游. 论当代企业组织形式变迁的趋同与整合——以国家需求与私人创新的契合为轴心 [J]. 法学评论，2013（6）.

[166] 高洁，蒲华林. 浅论公司控制权的权力本质观 [J]. 暨南学报（人文科学与社会科学版），2004（6）.

[167] 高洁，唐晓东，李晓波. 公司控制权及其"相邻权"关系研究 [J]. 开发研究，2004（6）.

[168] 龚桂莲，潘鹰. 以股份买取请求权为中心浅谈闭锁性公司的少数股东权益保护 [J]. 西南民族学院学报（哲学社会科学版），2001（10）.

[169] 郭富青. 公司法权形态二元配置的法理解析 [J]. 甘肃政法学院学报，2010（2）.

[170] 郝晶. 劳动者的民主管理权及其实现路径分析 [J]. 行政与法，2008（2）.

[171] 郝磊. 试论利益平衡理念与我国公司立法 [J]. 甘肃政

法学院学报，2003（4）.

［172］何振华.非上市股权交易如何破局［J］.上海国资，2005（9）.

［173］侯东德.封闭公司股权转让限制的契约解释［J］.西南民族大学学报》（人文社科版），2009（8）.

［174］侯水平，周中举，王远胜.非上市公司：问题与对策［J］.天府新论，2007（1）.

［175］胡滨，曹顺明.股东派生诉讼的合理性基础与制度设计［J］.法学研究，2004（4）.

［176］胡海峰，罗惠良.多层次资本市场建设的国际经验及启示［J］.中国社会科学院研究生院学报，2010（1）.

［177］胡金焱.非上市公司：一种非规范公司形式的规范化运作［J］.经济经纬，1999（5）.

［178］胡平仁.法律政策学：平衡权利与权力的科学［J］.当代法学，2001（3）.

［179］胡平仁.法律政策学的学科定位与理论基础［J］.湖湘论坛，2010（2）.

［180］胡平仁.法律政策学的研究路向［J］.当代法学，2001（5）.

［181］胡智强.公司控制权的法律透视［J］.安徽大学学报（哲学社会科学版），2009（1）.

［182］胡改蓉.非上市股份公司股权登记的制度选择——以规范场外交易为视角［J］.证券市场导报，2011（4）.

［183］郇志茹.表决权信托之理论正当性证明［J］.法学，2007（10）.

［184］贾生华，陈宏辉.利益相关者的界定方法述评［J］.外国经济与管理，2002（5）.

［185］蒋大兴，金剑锋.论公司法的私法品格——检视私法的立场［J］.南京大学学报（人文社会科学版），2005（1）.

[186] 蒋大兴.公司法的政治约束——一种政治解释的路径[J].吉林大学社会科学学报,2009(5).

[187] 蒋大兴.私法正义缘何而来——闭锁性股权收购定价原则的再解释[J].当代法学,2005(6).

[188] 蒋大兴.私法自治与国家强制——闭锁性股权收购中的定价困境[J].法制与社会发展,2005(2).

[189] 解亘.法政策学——有关制度设计的学问[J].环球法律评论,2005(2).

[190] 金朝武.美国封闭公司法律制度及其立法选择[J].广州大学学报(综合版),2000(4).

[191] 金伟.公平与效率:文化视野中的公司治理价值平衡[J].淮阴师范学院学报(哲学社会科学版),2005(1).

[192] 金锦萍.社会企业的兴起及其法律规制[J].经济社会体制比较,2009(4).

[193] 井涛.非上市股份有限公司的特殊性[J].法学,2004(7).

[194] 康俊亮.非上市公开发行公司股票交易制度构建研究[J].西南民族大学学报(人文社科版),2008(6).

[195] 柯卫.论权利的法律实现途径[J].山东社会科学,2004(3).

[196] 雷玉德.论公司控制权的制度约束[J].理论探讨,2006(6).

[197] 李建伟,姚晋升.非上市公众公司信息披露制度及其完善[J].证券市场导报,2009(12).

[198] 李建伟.中国企业立法体系的改革与重构[J].暨南学报(社会科学版),2013(6).

[199] 李劲华."强制"还是"自治"——有限责任公司治理的应然性解读[J].国家行政学院学报,2008(1).

[200] 李劲华.公司控制权的偏离与矫正[J].中共济南市委

党校学报，2006（3）.

［201］李劲华.有限责任公司的人合性及其对公司治理的影响［J］.山东大学学报（哲学社会科学版），2007（4）.

［202］李菁，钟民.非上市公司登记中的问题和对策［J］.工商行政管理，2007（11）.

［203］李君，林治洪，李怀.自然选择——企业组织形态的变迁［J］.东北财经大学学报，1999（5）.

［204］李领臣.公司捐赠能力的法律分析——以日本八幡钢铁公司政治捐赠案为例［J］.新疆社会论坛，2007（1）.

［205］李晓春.论类别股东表决制［J］.武汉大学学报（哲学社会科学版），2005（3）.

［206］李月娥，李宾.我国中小企业治理状况实证分析［J］.财会研究，2005（29）.

［207］林全玲，胡智强.公司控制权的法律保障初论［J］.社会科学辑刊，2009（4）.

［208］梁洪学.公司控制权的演进及其本质、来源和特征［J］.江汉论坛，2008（10）.

［209］刘纪鹏.应该让非上市公司股权转让合法化［J］.产权导刊，2007（1）.

［210］刘俊海.论股权平等原则［J］.法学杂志，2008（3）.

［211］刘水林，王波.社会企业法的性质：社会法私法化的新路径——以英国社区利益公司条例为样本的分析［J］.上海财经大学学报，2012（1）.

［212］刘小勇.论股份有限公司与有限责任公司的统合——日本及其他外国法关于公司类型的变革及启示［J］.《当代法学，2012（2）.

［213］刘迎霜.我国公司类型改革探讨——以非公众股份有限公司为视角［J］.广东社会科学，2014（1）.

［214］刘远航.我国职业经理人市场发展难点分析［J］.长白

学刊，2003（6）．

[215] 鲁阳.非上市公司股权转让场所应定位在产权市场[J].产权导刊，2006（2）．

[216] 缪文升.关于构建公正社会的法政治学视角分析[J].理论前沿，2006（7）．

[217] 马涛.有限责任公司股权转让规则的完善与发展[J].改革与战略，2008（7）．

[218] 马振江.构建董事会中心主义的公司法人治理结构[J].东北师大学报（哲学社会科学版），2009（2）．

[219] 毛玲玲.论闭锁公司与公众公司立法范式之区分——合同路径下的公司法修改之一[J].金融法苑，2005（5）．

[220] 么学禹.我国未上市公司股权交易的途径及其存在的问题[J].现代商业，2008（17）．

[221] 梅夏英.民法上"所有权"概念的两个隐喻及其解读——兼论当代财产权法律关系的构建[J].中国人民大学学报》，2002（1）．

[222] 聂德宗.公司法人治理结构的立法模式及发展趋势[J].法学评论，2006（6）．

[223] 蒲自立，刘芍佳.论公司控制权及对公司绩效的影响分析[J].财经研究，2004（10）．

[224] 乔旭东.上市公司会计信息披露与公司治理结构的互动：一种框架分析[J].会计研究，2003（5）．

[225] 任尔昕，马建兵.论我国企业立法模式与商事立法模式的契合[J].甘肃政法学院学报，2006（1）．

[226] 任尔昕.我国法人制度之批判——从法人人格与有限责任制度的关系角度考察[J].法学评论，2004（1）．

[227] 石水平，石本仁.上市公司控制权争夺的动机及其特征[J].当代经济科学，2007（4）．

[228] 史玉伟，和丕禅.企业控制权内涵及配置分析[J].石

河子大学学报》（哲学社会科学版），2003（1）.

[229] 司艳丽，罗智勇.试论一人公司及其立法构想［J］.财经理论与实践，2001（9）.

[230] 宋从文.公司章程的合同解读［J］.法律适用，2007（2）.

[231] 孙长坪.论企业形态与企业分类［J］.学术研究，2008（12）.

[232] 孙宏，黄清.刍议信息时代企业组织形态的演进与趋势［J］.边疆经济与文化》，2004（8）.

[233] 孙一平.理想的传承：对平等与公平关系的思考［J］.学术交流，2007（8）.

[234] 覃有土，陈雪萍［J］.表决权信托：控制权优化配置机制［J］.法商研究，2005（4）.

[235] 谭宗宪，骆月敏.论公司权力的经济学属性［J］.当代经济管理，2008（1）.

[236] 唐杰英.日本中小公司灵活而规范的公司法制度对我国的启示［J］.政治与法律，2009（5）.

[237] 王建华，王玲珑.基于利益相关者理论的企业生态责任问题研究［J］.福建行政学院学报，2010（6）.

[238] 王征.非上市公司股权定价初探［J］.商业研究，2003（17）.

[239] 王保树.非上市公司的公司治理实践：现状与期待——公司治理问卷调查分析［J］.当代法学，2008（4）.

[240] 王保树.有限责任公司法律制度的改革［J］.现代法学，2005（1）.

[241] 王伯成，万俊毅.我国职业经理人市场发展的几个制约因素［J］.企业经济，2003（2）.

[242] 王海明.平等新论［J］.中国社会科学，1998（5）.

[243] 王海.公司章程的性质与股东权益保护的法理分析

[J]. 当代法学, 2002 (3).

[244] 王红梅. 法学研究视域之下的利益平衡 [J]. 经济与社会发展, 2009 (1).

[245] 王继远, 陈雪娇. 论商事赞助 [J]. 社会科学家, 2006 (5).

[246] 王继远. 商事组织中信义义务的源流及其嬗变 [J]. 甘肃社会科学, 2010 (3).

[247] 王继远. 赞助合同探究 [J]. 求索, 2008 (1).

[248] 王建文. 从商人到企业: 商人制度变革的依据与取向 [J]. 法律科学 (西北政法大学学报), 2009 (5).

[249] 王平. 也谈股权 [J]. 法学评论, 2000 (4).

[250] 王文宇. 物权法定原则与物权债权区分——兼论公示等级制度 [J]. 月旦法学杂志, 2003 (93).

[251] 王文宇. 论闭锁公司的立法模式——从外商投资企业法谈起 [J]. 商事法论集, 2012 (21).

[252] 王涌. 分析法学与中国民法的发展 [J]. 比较法研究, 1997 (4).

[253] 王宗正. 从强行性规范到任意性规范——关于累积投票的公司法规范 [J]. 宁夏社会科学, 2002 (2).

[254] 吴汉东. 论财产权体系——兼论民法典中的"财产权总则" [J]. 中国法学, 2005 (2).

[255] 吴宁. 社会弱势群体保护的权利视角及其理论基础 [J]. 法制与社会发展, 2004 (3).

[256] 伍坚. 缺省性公司法规则的角色——基于股东自治缺陷的分析 [J]. 河南省政法管理干部学院学报, 2010 (2).

[257] 夏文川, 方铁道. 试论股东平等原则 [J]. 江西财经大学学报, 2002 (6).

[258] 谢怀栻. 论民事权利体系 [J]. 法学研究, 1996 (2).

[259] 徐国栋. 平等原则: 宪法原则还是民法原则 [J]. 法

学，2009（3）.

［260］徐强胜.企业形态的法经济学分析［J］.法学研究，2008（1）.

［261］杨姝玲.公司章程自治的空间［J］.经济研究导刊，2010（35）.

［262］姚建宗.论法律与政治的共生：法律政治学导论［J］.学习与探索，2010（4）.

［263］叶林，宋尚华.解读'公司法'第二十条第三款［J］.国家检察官学院学报，2009（5）.

［264］于群.公司治理的法哲学分析［J］.当代法学，2002（6）.

［265］余明桂等.公司治理研究新趋势——控股股东与小股东之间的代理问题［J］.外国经济与管理，2004（1）.

［266］袁媛.评我国的股东派生诉讼制度［J］.财经界，2007（1）.

［267］曾颜璋.董事会中心主义阶段公司权力异化与对策的法学分析［J］.法学杂志，2009（6）.

［268］翟云岭，王莉莉.评鉴公司法之意思自治理念——以合同为视角［J］.河南省政法管理干部学院学报，2010（6）.

［269］张公信.试论公司法应体现的社会正义理念［J］.河南工业大学学报（社会科学版），2005（4）.

［270］赵蕊.关于建立多层次资本市场的思考［J］.中国城市经济，2006（7）.

［271］张令柏等.产权交易市场非上市公司股票交易问题研究［J］.财会研究，2007（3）.

［272］张旻昊.公司本质属性的动态分析［J］.山东大学学报（哲学社会科学版），2004（4）.

［273］张秋华，顾佳.论经济法域中的利益平衡［J］.行政与法，2010（6）.

[274] 张瑞萍. 从公司组织法到公司行为法——从公司权力的演变看公司法规制重心的转变 [J]. 清华大学学报（哲学社会科学版），2005（2）.

[275] 张余华. 家族企业控制权的演进研究 [J]. 科技与管理，2003（4）.

[276] 张治. 关于非上市公司的规范化建设及其股权转让 [J]. 改革与理论，2008（12）.

[277] 赵克祥. 控股股权交易中控股股东的义务——以控制权溢价为视角 [J]. 暨南学报（哲学社会科学版），2008（1）.

[278] 赵万一，华德波. 公司治理问题的法学思考 [J]. 河北法学，2010（9）.

[279] 赵学刚. 求解有限责任公司股东预期利益实现的制度困境 [J]. 重庆大学学报（社会科学版），2009（2）.

[280] 桢容. 控制权、收购与反收购及其他 [J]. 上市公司，2003（3）.

[281] 郑东. 不应拒"场外交易"于门外 [J]. 中国律师. 1999（4）.

[282] 郑杭生. 社会公平与社会分层 [J]. 江苏社会科学，2001（3）.

[283] 郑祝君. 公司与社会的和谐发展——美国公司制度的理念变迁 [J]. 法商研究，2004（4）.

[284] 中山大学课题组. 控股股东性质与公司治理结构安排——来自珠江三角洲地区非上市公司的经验证据 [J]. 管理世界，2008（6）.

[285] 周友苏，李红军. 现代化视野下中国公司法改革前瞻 [J]. 社会科学，2012（4）.

[286] 朱慈蕴. 资本多数决原则与控制股东的诚信义务 [J]. 法学研究，2004（4）.

[287] 卓泽渊. 论法政治学的创立 [J]. 现代法学，2005

(1).

[288] 左传卫.公司社会责任理论述评［J］.湖南社会科学,2010（4）.

[289] 郭峰.国美之争的症结：股东权力被董事会超越［R］.http∶//www.youth.cn.

[290] 顾敏康.我国目前不应当引入美国式的有限责任公司［R］.http∶//mkgu2003.fyfz.cn/art/249279.htm.

[291] 李蕾.公司章程在公司治理中的重要地位和作用［R］.http∶//www.hnqylawyer.com/qyzl/ShowArticle.asp?ArticleID=441.

[292] 吕甲木.对非上市公司股权转让的回顾与展望［R］.http∶//article.chinalawinfo.com/Article_Detail.asp?ArticleID=37149&Type=mod

[293] 陆文山,王升义.证券交易所信息权利的法律保护研究［R］.http∶//www.szse.cn/UpFiles/Attach/1951/2006/11/17/0947442776.doc.

[294] 任胜利."两非"公司的称谓及其由来［R］.http∶//hi.baidu.com/myher/blog/item/880285ee377bf92a2df534da.html.

[295] 日本法务省民事局参事官室,会社法のパンフレット［R］.http∶//www.moj.go.jp/MINJI/minji96.pdf

[296] 尚福林.今后将重点解决中国资本市场深层次问题［R］.http∶//news.xinhuanet.com/politics/2007-03/22/content_5883563.htm.

三、学位论文

[297] 陈民锁.非上市公司控制权转让中控制股东的信义义务研究［D］.北京：中国政法大学,2010.

[298] 丁清光.上市公司控制权的维持与争夺机制研究［D］.福建：厦门大学,2006年.

[299] 关璐. 非上市公众公司法律制度研究 [D]. 长春：吉林大学, 2013.

[300] 赖世昌. 从法政策学观点论"我国特别牺牲之损失补偿制度"建构之困境——以既成道路补偿为中心 [D]. 台湾：国立高雄大学, 2008.

[301] 李磊. 公司司法清算法理与制度研究 [D]. 天津：复旦大学, 2010.

[302] 李萌. 公司控制权滥用的法律规制 [D]. 长春：吉林大学, 2009.

[303] 林建伟. 股权质押制度研究——以制度价值为中心的考察 [D]. 北京：中国政法大学, 2005.

[304] 卢昭庆. 闭锁性公司股东地位与其股份转让之研究 [D]. 台湾：国立台湾海洋大学, 2006.

[305] 唐福睿. 闭锁性公司章程自治之法律经济分析与公司法制之改革——以我国与日本新公司法为中心 [D]. 台湾：天主教辅仁大学, 2009.

[306] 吴建颐. 董事会规模对公司价值的影响 [D]. 台湾：中正大学, 1999.

[307] 吴再丰. 我国公司治理的法律问题研究 [D]. 北京：中国政法大学, 2003.

[308] 谢幸真. 社会责任投资之研究 [D]. 台湾：国立政治大学, 2009.

[309] 杨忠勇. 非上市公司产权交易市场研究 [D]. 西安：西北大学, 2007.

[310] 尹哲. 基于不同成长阶段的我国中小企业控制权转移问题研究 [D]. 长沙：中南大学, 2008.

[311] 张迪. 美国封闭公司司法解散制度研究 [D]. 北京：对外经济贸易大学, 2006.

[312] 张蜻蜻. 控制股东滥用控制权的法律规制研究 [D].

北京：中央民族大学，2007.

[313] 朱琪.上市公司控制权变更：理论与实证分析 [D]. 杭州：浙江大学，2003.

四、外文文献

[314] Abbott. Andrew, *Methods of Discovery*: *Heuristics for the Social Sciences*, W. W. Norton&Company, 2004.

[315] Adrian. Cadbury, *The Financial Aspects of Corporate Governance (Cadbury report)*, Burgess Science Press, 1992.

[316] Andrew. Abbott, *Time Matters*: *On Theory and Method*, University of Chicago Press, 2001.

[317] Frank. Easterbrook and Daniel. Fishel, *The Economic Structure of Corprate Law*, Harvard University Press, 1991.

[318] L. D. Brandeis, *Other People's Money and How the Bankers Use it*, 1967.

[319] L. E. Mitchell&L. D. Solomon, *Corporation Finance and Governance Cases, Materials, and Problems for and Advanced Course in Corporations*, Cardemina Academic Press, 1992.

[320] Lawrence. M. Friedman, *A history of American Law* (2nd edition), Smion & Schuster, Inc. 1985.

[321] Louis. Loss & Joel. seligman, *Securities Regulation*, Little and Brown Company, 1991.

[322] Mary. Siegel, *Fiduciary Duty Myths In Close Corporate Law, in Delaware Journal of Corporate Law*, Delaware Law School of Widener University, Inc. 2004.

[323] National Association of Securities Dealers, *NASD Manual*, Bantam Double day Dell Publishing Group Inc, 1999.

[324] Organization for Economic Co-Operation and Development, *Principles of Corporate Governance*, OECD Publications, 1999.

[325] Paul. Davies, *Gower's Principlesof Modern Company Law* (Sixth Edition), (Balliol College, Oxford) D D. Prentice (Pembroke College, Oxford), London Sweet & Maxwell, 1997.

[326] Ralph. Nadir & Wesley J. Smith, *No Corprate lawyers and Perversion of Justice*, Random House, 1996.

[327] Randall. W. Quinn, *the SEC'Return to agency Theory in Regulation Broker-Dealers*, Professional Publishing Group, 1990.

[328] Robert. Cooter & Thomas. Ulen, *Law and Economics* (3rd Edition), Addison Wesley Publishing Company, 1999.

[329] Stephen. Bainbridge, *Corporation: Law and Economics*, Foundation Press, 2002.

[330] Steve. N. Kaplan, *Corporate Govemance and Corporate Performance: Acomparison of Germany, Japan and the US*, in Donald Chewed., *Studies in international Corporate Finance and Governance Systems*, Oxford university Press, 1997.

[331] Yin. R. K, *Case study research resign and methods*. Sage Publications Ltd. (1984).

[332] FrankH. Easterbrook & DanielR. Fischel, *The Economic Structure of Coporate Law*, Harvard University Press, 1991.

[333] Steve. N. Kaplan, *Corporate Govemance, and Corporate performance: A Comparison of Germany, Japan and the US*, in Donald Chewed., *Studies in international Robert W. Hamilton*, West Group, 1996.

[334] Aristotle & Lyndon. Baines, *Thirteen Ways of Looking at Blackbirds and nonprofit Corporations*, The ABA'Revised Model Nonprofit Corporation Act, 39c Case W. RES., 1989.

[335] Carroll. A. B., *Corporate Social Responsibility: Evolution of a Definitional Construct*, Business & Society, 1999.

[336] Claessens. S., S. Djankov, L. P. H., Lang, *The Sepa-*

ration of Ownership and Control in East Asia Corporations, Journal of Financial Economics, 2000.

[337] Gilgun, J. F, *a Case for studies in social work research*. Social Work Journal, 1994.

[338] Grossman. Sanford. J, Oliver. D. Hart, *One Share One Vote and the Market for Corporate Control*, Journal of Financial Economics, 1988.

[339] Hodge. O'Neal, *Restrictions on Transfer of Stock in Closely Held Corporations: Planning and Drafting*, Harv. L. Rev., Vol65, 1952.

[340] Lawrence. Mitchell, *Fairness and Trustin Corporate Law*, Duke Law Journal, Vol43, 1993.

[341] ManneH. G, *Mergers and the market for corporate control*, Journal of Political Economy, Vol73, 1965.

[342] Marcua. Lutter, *Limited Liability Companies and Private Companies*, International Encyclopedia of Comparative Law, Vol. 13, Ch. 2, 1998.

[343] Paul. J. Gudel, *Relational Contract Theory and the Concept of Exchange*, BUFF. L. Rev. Vol46 (Fall, 1998).

[344] Ulrich. Bosch, *ECT. Corporate Governance in Europe: Report of a CEPS Work Party*, Centre for European Policy Studies, 1995, P. V.

[345] Williamson, *Organization Form, Residual Claimants, and Corporate Control*, Law & Econ. Vol26, (1983).

[346] Alchian&Demsetz, *Production, Information Cost, and Economic Organization*, Am. Econ. Rev. Vol62, (1972).

[347] Aronson v. Lewis, 473 A. 2d (Del, 1984).

[348] Gimpel. v. Bolstein: 477 N. Y. S. 2d (Sup. Ct. 1984).

[349] Jensen, Organization Theory and Methodology, 50 ACCT.

Rev. (1983).

[350] Paul. J. Gudel, *Relational Contract Theory and the Concept of Exchange*, Buff. L. Rev. Vol46 (Fall, 1998).

[351] Shleifer & Vishny, *A Survey of Corporate Governance*, Journal of Finace, Vol.52, 1997.

[352] Southern Pacific Co. V. Bogert, 250 U.S 43 (1919).

后　记

　　本书的选题起源于2007年偶然看到的一则新闻，时任中国证监会主席的尚福林在一次证券期货监管系统视频会议上讲话指出"将深入开展打击非法证券活动，构建非上市公众公司监管长效机制"。尽管在当时，有关非上市公司的论题主要还停留在一些新闻片段与政策文件中，但五年过去，当书稿完成之时，笔者欣慰的看到，2012年中国证监会已经发布了《非上市公众公司监督管理办法》，2013年《公司法》也进行了修改，有关公司经济结构和非上市公司立法的研究已经成为公司法学科新的学术热点。

　　本书是陈雪娇和王继远共同合作撰写的一部著作。其中，王继远副教授撰写10万字，书中的很多观点和章节也是二位作者共同商定和完成的。

　　在本研究的完成过程中，得到了很多人的帮助。首先感谢恩师中南财经政法大学覃有土教授的指点，是先生将我领进学术殿堂，先生严谨的治学理念、深厚的学术功底、坚忍不拔的治学精神以及对学术前沿敏锐的观察力都将是我今后努力的方向。同时也要感谢中国社科院的梁慧星教授对年轻人的提携，10年前笔者的一篇译作在《民商法论丛》上的发表，最终使笔者走上了学术道路。感谢中南财经政法大学雷兴虎教授为本书体系结构的完善提出了非常宝贵的意见和建议。也要感谢陈小君教授、曹诗权教授、赵家仪教授、樊启荣教授、周佳念教授、方世荣教授、石佑启教授、章新生教授等众多老师曾经的授业、解惑。感谢五邑大学张国雄副校长、罗清旭副书记等校领导社科处李霆处长和政法学院及法律系同事们的鼓励和帮助，感谢知识产权出版社的彭小华编辑为本书的出版所给予的无私帮助。

  我们是站在前人的肩膀上进行的研究，在本研究的过程中曾借鉴和吸收了大量的前辈、作者的研究成果，所以，在此也十分感谢你们。

  最后，此书能得以顺利出版，也得益于父母陈永忠先生、罗秀珍女士，兄长陈雪飞先生的大力支持和儿子王力翔所带来的快乐与灵感源泉。

陈雪娇

2013 年 12 月 31 日